Arquitetura, Industrialização e Desenvolvimento

Coleção Debates
Dirigida por J. Guinsburg

Equipe de realização – Revisão: José Bonifácio Caldas; Diagramação: Alberto Seixas Levy; Produção: Ricardo W. Neves e Sergio Kon.

# paulo j. v. bruna
# ARQUITETURA, INDUSTRIALIZAÇÃO E DESENVOLVIMENTO

PERSPECTIVA

CIP-BRASIL. CATALOGAÇÃO NA PUBLICAÇÃO
SINDICATO NACIONAL DOS EDITORES DE LIVROS, RJ

B919a
2. ed.

    Bruna, Paulo J. V. (Paulo Júlio Valentino), 1941-
      Arquitetura, industrialização e desenvolvimento /
    Paulo J. V. Bruna. - 2. ed. - São Paulo : Perspectiva,
    2013.
    312 p. : il. ; 21 cm. (Debates ; 135)

      Inclui bibliografia
      ISBN 978-85-273-0223-4

    1. Política habitacional. 2. Habitações - Projetos
e construção. 3. Arquitetura de habitação - Brasil.
4. Habitação popular. 5. Planejamento urbano.
6. Política social. I. Título. II. Série.

13-04540                       CDD: 363.5
                            CDU: 351.778.532

2ª edição – 1ª reimpressão
[PPD]

Direitos reservados à
EDITORA PERSPECTIVA LTDA
Rua Augusta, 2445, cj.1
01413-100 – São Paulo – SP – Brasil
Tel.: (0--11) 3885-8388
www.editoraperspectiva.com.br
2021

# SUMÁRIO

Prefácio.................................................................. 11
Introdução............................................................. 13
1. Conceituação Preliminar..................................... 17
2. Arquitetura e Primeira Revolução Industrial.......... 31
3. Arquitetura e Segunda Revolução Industrial......... 71
4. Exame da Situação Brasileira............................... 101
   Bibliografia....................................................... 147
   *Explicações Necessárias*................................... 147
   *Livros*............................................................. 153
   *Coordenação Modular*..................................... 183

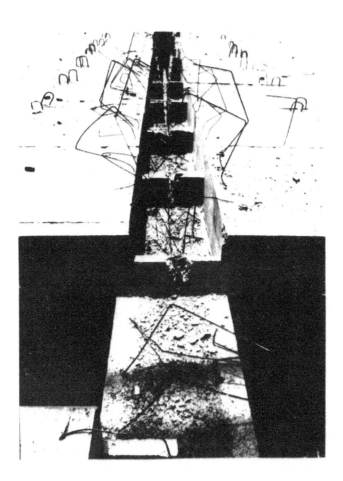

Ilustração 1

1 — "Cumpre, de início, descartar as soluções românticas que deliberadamente procuram conter a melhoria da produtividade para gerar empregos. Trata-se de recomendações do estilo: dificultar a mecanização da agricultura, incentivar o minifúndio, estimular o uso de técnicas industriais obsoletas, etc. Essas recomendações, quando postas em prática, costumam gerar apreciáveis dificuldades ao crescimento do produto, à redução de custo, à competitividade externa, etc. (lembre-se, à propósito, a desastrada experiência das siderúrgicas de quintal da China de Mao-Tsé-Tung)" Mário Henrique Simonsen.

SECRETARIA DA AGRICULTURA DO ESTADO DE SÃO PAULO.
Projeto do autor, em colaboração com os arquitetos A. Martino, A.S. Bergamin, JG. Savoy de Castro. Projeto estrutural dos engenheiros U. Tedeschi e Y. Ogata, 1969.

## PREFÁCIO

Em fins de 1962, a Faculdade de Arquitetura e Urbanismo, no seu recém instalado Departamento de História da Arquitetura e Estética do Projeto, contratava como auxiliar de pesquisa o estudante Paulo Júlio Valentino Bruna. Seu desempenho, no atendimento das responsabilidades de diversos projetos, levou-nos a recomendar-lhe aprofundamento de estudos numa área em que já concentrava a maior parte de seu interesse: Racionalização e Industrialização da Construção.

Como aluno do 5? ano e, a seguir, recém formado, Bruna dedicou-se durante esse período ao levantamento sistemático da bibliografia disponível sobre o assunto, do qual resultou um primeiro trabalho. A seguir, pleiteando uma bolsa do British Council, passou um ano trabalhando em escritório especializado de Londres, no qual se familiarizou com as técnicas de ajustamento dos projetos arquitetônicos à sistemática dos processos industriais de construção daquele País.

Em 1973, defendia com distinção sua tese de doutoramento, versando sobre "Arquitetura, Industrialização e Desenvolvimento" onde focaliza o problema da política de racionalização da construção no Brasil. É esse trabalho que hoje vemos publicado, colocando-se ao alcance de todos os profissionais do País, incluindo, como apêndice, a extensa bibliografia que coletou em todos esses anos de estudo.

O livro de Paulo Bruna é de grande oportunidade, quando se reabre o debate sobre as condições de desenvolvimento da indústria da construção e sobre as condições de aperfeiçoamento e ampliação dos programas habitacionais. Seu complemento natural são os outros trabalhos do Autor e de outros docentes da Faculdade onde leciona.

A esse propósito, não seria demais registrar que as condições atuais de trabalho na Faculdade de Arquitetura e Urbanismo, que reúne nos seus quadros alguns dos mais destacados pesquisadores de planejamento e racionalização da construção no País, confirmam o acerto da orientação adotada por nossa instituição há quase 15 anos, estabelecendo de modo pioneiro condições adequadas para o melhor suporte tecnológico ao aperfeiçoamento da produção de edifícios no País.

NESTOR GOULART REIS FILHO

# INTRODUÇÃO

O objetivo do presente trabalho é procurar demonstrar que dificilmente serão atingidas as metas propostas pelo atual Plano Nacional de Habitação, se não se adotarem, na construção de habitações, métodos e sistemas que industrializem uma produção, que até aqui revestiu-se de um caráter essencialmente artesanal.

A elevação da renda familiar de extensas camadas da população, que se integram às cidades, como mão-de-obra sem qualificação profissional, e a redução dos custos finais da habitação, pela racionalização dos materiais e técnicas construtivas, permanece no Plano Nacional de Habitação como um objetivo teórico sem uma conseqüente política de desenvolvimento tecnológico. A construção tradicional justamente por ser uma somatória de atividades artesanais requer um extenso contingente de mão-de-obra especializada. O emprego de operários não qualificados é teoricamente limitado; na prática, porém, altíssimo, a ponto de o padrão atual das construções, nos grandes centros urbanos, principalmente São Paulo e Guanabara, estar comprometido, pois está sujeito a ineficiências de toda ordem, a desperdícios de materiais e homens-hora, o atraso nos prazos e, em conseqüência, a apresentar um altíssimo custo, apesar dos salários pagos à mão-de-obra serem irrisórios. A solução proposta no sentido de promover a formação de operários especializados, além de ser longa, é cara, correndo-se o risco de formar uma mão-de-obra anacrônica, porque de baixa produtividade e porque significa manter uma estrutura de trabalho artesanal. A racionalização e mecanização dos métodos construtivos parece ser o caminho para integrar extensos contingentes de mão-de-obra não qualificada; a máquina pode ser operada por trabalhadores cujo treinamento é muito curto, e a economia de escala pela produção em massa é o único meio para baratear o custo final da habitação.

Tais são, em síntese, os aspectos abordados e que para uma maior clareza expositiva foram divididos em quatro partes. No Cap. 1, foram analisados os princípios gerais que governam a industrialização da construção, no sentido de se chegar a uma metodologia, a uma sistemática de abordagem coerente. No Cap. 2, foram examinados os principais aspectos históricos relacionando a arquitetura à Primeira Revolução Industrial; e, numa segunda parte, alguns aspectos técnicos necessários à compreensão dos processos de industrialização, principalmente no que se refere aos problemas de escala: industrialização de ciclo fechado e industrialização de ciclo aberto. No Cap. 3, foram estudadas as relações da arquitetura com a Segunda Revolução Industrial, principalmente no que se refere ao período que se inicia com o término da Segunda Guerra Mundial. Além disso, foram examinados aspectos da política de desenvolvimento tecnológico adotada por alguns países, notadamente a França. Finalmente, no Cap. 4, procurou-se compreender a situação brasileira contemporânea, analisando o conjunto de fatores que condicionaram o desenvolvimento da industrialização da construção e, em particular, o Plano Nacional de Habitação.

No estágio atual dos conhecimentos sobre a industrialização da construção, que se caracterizam por uma prevalência de enfoques restritos sobre os de caráter mais geral, pareceu útil relacionar fatores e experiências esparsas, para, numa visão de conjunto, individualizar os fios condutores de uma política de desenvolvimento tecnológico, no campo específico da industrialização da construção. Foi-se tornando claro, à medida que os estudos prosseguiam e que experiências práticas eram realizadas, inclusive estágios em grandes firmas européias, que os problemas da industrialização da construção não são técnicos; que as dificuldades encontradas não são de ordem tecnológica, produtiva ou organizativa; são, na realidade, problemas muito mais administrativos, de caráter econômico, político e social. Por esse motivo foram propositalmente deixados à margem determinados assuntos que, na prática profissional, se revelam importantíssimos: juntas, vedações, tolerâncias, resistências mínimas para desforma, manuseio de peça, redução do número de detalhes, padronização, etc.

Pela colaboração inestimável na escolha das opções e caminhos a pesquisar, no encorajamento e nas críticas sempre construtivas e estimulantes, ao longo dos anos de trabalho na Faculdade de Arquitetura o autor sente-se em débito para com o Professor Dr. Nestor Reis Goulart Filho, sem o qual este trabalho não teria sido possível.

São Paulo, dezembro de 1972

## 1. CONCEITUAÇÃO PRELIMINAR

A extensa bibliografia existente sobre a industrialização da construção indica haver uma considerável preocupação, um notável trabalho de pesquisa e proposição no sentido de encontrar novas soluções para os problemas estruturais e metodológicos da construção. Estes trabalhos, em sua grande maioria estrangeiros, resultaram de experiências e desenvolvimentos peculiares de cada país, resultaram da análise e interpretação de problemas técnicos e sociais específicos que condicionaram a forma e o desenvolvimento que os diversos métodos e programas de construção industrializada assumiram nesses países. Ocorre que a discussão em geral se processa em um nível essencialmente técnico, com um enfoque restrito, limitado aos materiais e processos, problemas e sistemas existentes, sem uma preocupação maior em definir os parâmetros, extensão e profundidade do problema. Discutem-se detalhes de sistemas em alumínio ou concreto, tolerâncias e juntas; a vantagem de usinas centrais ou ao pé dos canteiros, industrialização pesada ou leve, fechada ou aberta, e a maioria das contribuições aos congressos ou dos livros que pretendem esgotar o assunto, como verdadeiros catálogos de sistemas, incluem sob a mesma denominação de industrialização da construção uma infinidade de soluções e propostas diversas. Isto deu origem a uma certa confusão entre os termos empregados e por extensão entre a validade e finalidade dos métodos por eles definidos principalmente entre as soluções essencialmente restritas aos problemas de uma obra e aquelas que pretendem assumir a generalidade de um verdadeiro sistema industrial, entre pré-fabricação e industrialização de construção. Mesmo entre os grupos técnicos interessados, o emprego indiscriminado de conceitos cuja extensão é consideravelmente distinta tem acarretado uma certa dificuldade em avaliar o peso e as reais possibilidades das soluções propostas.

No Brasil, onde a literatura técnica sobre o assunto é menor não tendo sido ainda possível sistematizá-lo de uma forma satisfatória, o interesse despertado pela industrialização da construção tem levado arquitetos, engenheiros, construtores, industriais e entidades públicas a equívocos conceituais de graves conseqüências. Tem sido posta em questão a própria validade da industrialização da construção como resultado de análises de processos restritos ou de insucessos parciais técnicos ou econômicos sem terem sido devidamente esclarecidos a escala e os objetivos dessas experiências. Ao abrir o simpósio sobre a Construção Industrializada promovido pelo Centro Brasileiro da Construção, o engenheiro Teodoro Rosso afirmou:

> Entretanto não é sempre fácil responder a quem pergunte se a pré-fabricação é solução para o Brasil, e somos forçados a reconhecer que o conceito de pré-fabricação tem sido freqüentemente alvo de confusões. Se por pré-fabricação entendemos industrialização da construção, podemos responder que pré-fabricação é solução também para o Brasil. Embora essa afirmação possa parecer algo subjetiva e também apriorística, este aspecto deverá ser esclarecido por uma melhor enunciação de pré-fabricação e industrialização[1].

---

1. ROSSO, Teodoro. Introdução ao Seminário sobre Construção Industrializada. In: *Simpósio: A Construção Industrializada*, São Paulo, Centro Brasileiro da Construção (Bouwcentrum), maio 1969.

É o que deverá ser feito em seguida, analisando, mesmo sucintamente, as relações de produção envolvidas por cada um desses conceitos através do estudo da mecanização dos meios de produção.

A "pré-fabricação" dos elementos de uma construção constitui uma fase de "industrialização", uma vez que não está, como esta, associada aos conceitos de organização e de produção em série. Um número qualquer de unidades projetado e executado para um fim específico será simplesmente pré-fabricado e não deverá ser considerado como produção industrial[2].

A industrialização está essencialmente associada aos conceitos de organização e de produção em série, os quais deverão ser entendidos, analisando de forma mais ampla as relações de produção envolvidas e a mecanização dos meios de produção. A história da industrialização identifica-se, num primeiro tempo, com a história da mecanização, isto é, com a evolução das ferramentas e máquinas para a produção de bens. Podem ser individuadas três grandes fases nessa evolução.

A primeira, que justamente assinala os primórdios da era industrial, como modernamente a entendemos, assiste ao nascimento das máquinas genéricas ou polivalentes. Estas, pelo fato de poderem ser reguladas livremente, reproduzem de certa maneira as mesmas ações artesanais anteriormente executadas, diferindo destas pelo fato de serem movidas por uma energia diversa daquela muscular ou natural localizada, como uma queda d'água. São máquinas que, dentro dos limites de sua própria versatilidade, são capazes de executar uma multiplicidade de ações produtivas cabendo ao operário tão-somente comandá-las e ajustá-las, como a retificadora de John Wilkinson de 1775, o

---

2. A Associação Italiana de Pré-Fabricação deu-se ao trabalho de definir o que se deve entender por pré-fabricação: "Fabricação industrial, fora do canteiro, de partes das construções capazes de serem utilizadas mediante posteriores ações de montagem". Citada por G.M. OLIVERI em *Prefabricazione o metaprogetto edilizio*, Milão, Etas-Kompass, 1968, p. 12 e ss.

O *Dicionário da Arquitetura Brasileira* de E. CORONA e C. LEMOS, São Paulo, Edart-São Paulo Livraria Editora Ltda., 1972, assim define pré-fabricação: "Processo empregado na construção, que se baseia na redução do tempo de trabalho e racionalização dos métodos construtivos, para conseguir-se pela montagem mecânica, de elementos produzidos ou pré-moldados diretamente na fábrica, economia de materiais e de mão-de-obra".

torno paralelo de Henry Maudslay de 1800, a plaina mecânica de Richard Roberts de 1817 ou a fresadora do americano Eli Whitney de 1818, já no limite das máquinas da segunda fase pois já possuía um dispositivo para o controle mecânico do percurso e do movimento de corte[3].

A segunda fase assiste à transformação dos mecanismos no sentido de ajustá-los à execução de determinadas tarefas. A máquina "motorizada e regulada" substitui o homem na capacidade de repetir um ciclo sempre igual. Neste período, o trabalho manual foi subdividido em atividades unitárias mais simples; o operador da máquina repete continuamente determinadas operações físicas, limitando sua sensibilidade e seu raciocínio, antes essenciais na verificação da sua regulagem; o operário é então treinado para repetir determinados movimentos (estudo do método), no menor tempo (estudo do tempo) com o objetivo de obter os melhores resultados econômicos e qualitativos. Disto resulta que o operador da máquina pode receber os conhecimentos necessários para operá-la de forma rápida, sitemática, e unívoca, enquanto, até então, seu aprendizado havia sido longo, empírico, e sujeito a erros, pois dependia de sua capacidade pessoal. O mecanismo incorporado à máquina produz de forma automática a "qualidade" que antes era a essência e característica do trabalho artesanal. Cria-se assim uma divisão entre trabalho intelectual de organização e trabalho manual. Data desta época o princípio de organização entendido como um fato sistemático, em oposição à ação empírica como realizada no passado. Já nos primórdios do século XIX surgiram as primeiras fábricas concebidas em sentido moderno, isto é, como usinas para a produção em massa. Em 1808 entrou em funcionamento a famosa usina de Portsmouth; esta fábrica empregava máquinas especialmente adaptadas por Bentham e Brunel e tinha uma produção de 160 000 conjuntos de roldanas, para uso naval, por ano; empregava nessa produção 10 operários não especializados os quais executavam um trabalho para o qual antes havia 110 trabalhadores espe-

---

3. CIRIBINI, G. "Dal Concetto di Industria alla Produzione Industrializzata di Beni Edilizi". In: *Industrializzazione dell'Edilizia*, Bari, Dedalo Libri, 1965, Cap. 1, p. 19 e ss.

cializados. As oficinas Hartford em Colt, que funcionavam desde 1848, representam um dos primeiros exemplos de produção em massa. Mas, talvez, os melhores exemplos dessa produção em série devam ser procurados na indústria têxtil onde, desde 1775, Arkwright já havia produzido fio de algodão com uma série de máquinas que se tornaria o protótipo das fiações dos anos subseqüentes. Dez anos depois entrava em funcionamento a primeira fiação a vapor em Paplewick. Data de 1801 a introdução do tear *jacquard* nas tecelagens e daí por diante a produção industrial desenvolveu-se rapidamente em todas as direções[4], desencadeando a produção de grande série ou produção em massa. Nasce assim o conceito de indústria entendida como uma organização baseada na repetição ou interação de atividades. Não é, portanto, só e unicamente o mecanismo que gera a indústria, mas uma decidida vontade de repetir para a qual a máquina contribui com o instrumento material e a organização com o método para executá-la. A vontade repetitiva introduz, então, o princípio de série, "não como idéia de quantidades grandes ou pequenas, mas como oposição entre a idéia de multiplicidade típica da indústria e a idéia da unidade artesanal"[5]. O passo sucessivo, mais importante, foi a integração entre a produção, que até então recebera toda a atenção, e o transporte do material e do produto acabado. Desta integração resultará a linha de montagem como hoje a entendemos e que teve seus primeiros exemplos com a montagem dos vagões ferroviários. Inicialmente os vagões eram montados por equipes de operários cada uma se encarregando integralmente do trabalho. Por volta de 1890, foi iniciada a montagem especializada, isto é, cada equipe executava uma só tarefa. A montagem sem série teve seu início quando R.E. Oldes organizou a montagem de vagões com esta técnica, ainda que não fizesse uso de transportadoras, isto é, as diversas partes das máquinas eram carreadas ao longo da linha de montagem. Foi somente em 1912 que Henry Ford criou sua primeira linha de montagem;

---

4. GOODMAN, L. Landon. *L'Uomo e l'Automazione*. Milão, Arnoldo Mondadori Editore, 1961, p. 42 e ss. (trad. italiana do original inglês por Giuseppe De Florentiis).
5. CIRIBINI, G. *Op. cit.* p. 19.

ao invés de transportar para um determinado lugar as diversas partes a serem montadas, os componentes principais caminhavam num sentido e as partes complementares vinham em outro sentido, encontrando-se em determinados pontos onde Ford concentrou os homens e os equipamentos. O produto caminhava de um local para outro enquanto que o operário ficava em seu lugar. Na realidade, a operação iniciou-se com montagens parciais, como os motores e magnetos e somente alguns anos mais tarde é que os chassis começaram também a ser movimentados. A linha completa só entrou em atividade em 1915. Em torno dos anos 20 surgiram as primeiras transportadoras inteiramente sincronizadas e automáticas. Estas transportadoras, carregadas e descarregadas à mão, começaram a ter emprego cada vez maior entre uma máquina e outra ou entre um tratamento e outro. O passo sucessivo foi eliminar estas operações manuais substituindo-as pela combinação de novas máquinas, novos mecanismos e novos produtos. Um dos primeiros exemplos da aplicação destas idéias foi a máquina conhecida como *transfer* introduzido em 1923[6]. Quanto às linhas de montagem de unidades separadas esta é a situação em que se encontra a indústria até hoje. O fluxo do material e das peças através da fábrica ainda é coordenado pelo homem. Mas é possível prever-se que em pouco tempo serão usados controles automáticos centrais para a coordenação dessas operações, como já é freqüente em relação às máquinas isoladas.

A terceira fase, a que se aludiu inicialmente, inicia-se em torno dos anos 50 deste século e dá origem ao processo que alguns autores chamam de Segunda Revolução Industrial. Nesta fase assiste-se de forma gradual à substituição das atividades que o homem exerce sobre e com a máquina, por mecanismos: a diligência, a avaliação, a memória, o raciocínio, a concepção, a vontade, etc., estão sendo substituídos por aparelhos mecânicos ou eletrônicos ou, genericamente, por automatismos. O homem pode libertar-se do trabalho físico, da repetição anônima de operações sempre iguais, que o reduziam a uma máquina entre máquinas, como nos

---

6. GOODMAN, L.L. *Op. cit.* p. 46 e ss.

célebres filmes de René Clair *À nous la libeté* de 1931 ou *Tempos Modernos* de Charles Chaplin de 1933, que parodiavam ferozmente as linhas de montagem e os excessos a que se chegou. O homem pode libertar-se através dos automatismos da rigidez da série, entendida como repetição de objetos sempre iguais, para a série entendida como fluxo de informações, a qual permite, dentro da versatilidade própria dos equipamentos, produzir novamente séries continuamente diversas, independentemente de seu número; disto resulta uma possibilidade extremamente interessante no que se refere à industrialização da construção, porquanto permite adequar a produção às exigências de cada obra, permanecendo em condições da máxima eficácia operativa. Os automatismos estão substituindo paulatinamente as faculdades humanas. Assim, uma primeira ordem de automatismos corresponde às máquinas "auto-acionadas", máquinas que, em vez de repetir identicamente um ciclo uma vez acionadas, operam por conta própria repetindo uma série de ciclos até que sejam paralisadas. O controle continua humano, mas a diligência foi substituída por mecanismos. O passo seguinte é constituído pelas máquinas nas quais o controle já foi substituído por automatismos, e assim sucessivamente. Uma ordem superior seria a constituída pelas máquinas que lêem programas operativos, isto é, executam programas prefixados através de fitas magnéticas ou perfuradas. Um exemplo deste tipo de mecanismo, de grande interesse para a construção civil, é o das centrais automáticas de concreto que produzem sempre e essencialmente concreto, mas com diversas combinações de agregados, água, aditivos, etc., obtendo-se diferentes dosagens e resistências[7].

Em síntese, procurou-se compreender a evolução e mecanização dos meios de produção para ressaltar a natureza mesma do processo industrial entendido como "um modo produtivo baseado essencialmente em pro-

---

7. Ver a propósito do desenvolvimento da indústria da construção: INNOVATION IN BUILDING Contributions at the Second CIB Congress--Cambridge 1962 — Edited by the International Council For Building, Research, Studies and Documentation-CIB. Amsterdã, Elsevier Publishing Company, 1962.

cessos organizativos de natureza repetitiva"[8]. São, pois, indispensáveis na definição adotada as noções de repetição e aquela conseqüente de organização,

conseqüente porque, enquanto na produção artesanal o pensamento coincidia com a ação imediata de produção e distribuição, na produção industrial a repetição baseada num modelo requer, primeiramente, uma atividade preparatória conceitual de caráter organizativo, dirigida para o planejamento do produto e em seguida para a sua industrialização, fabricação e mercantilização[9].

A precariedade desta definição é evidente uma vez que a evolução dos processos de produção é de tal ordem que deverá provocar mudanças tão profundas e dramáticas quanto aquelas verificadas com a Primeira Revolução Industrial, ainda que em tempo muito mais curto. Hoje, o desenvolvimento dos automatismos industriais converge não somente para os processos de fabricação e, portanto, para as máquinas que os executam, como também para os processos de transporte e deslocamento dos materiais, para os métodos de inspecção e controle, para a criação de novos materiais, e atualmente para o controle das conseqüências desses processos no meio ambiente.

A definição adotada será mantida, pois apresenta ainda algumas vantagens, como elemento de análise e explicação do desenvolvimento da industrialização da construção, a qual permanece profundamente defasada em relação aos setores mais evoluídos da indústria, mesmo naqueles países de maior grau de desenvolvimento.

No que se refere ao caráter REPETITIVO da produção industrial — noção essencial à definição adotada — é necessário distinguir dois tempos em seu desenvolvimento. Inicialmente a repetição se processou exclusivamente pela reprodução de modelos físicos, por meio de moldes e prensas; trata-se então de uma série natural ou "icástica"[10] e representa a forma pela qual

---

8. GREBLER, L. *Production of Newhousing*. Nova York, 1950, citado em G. CIRIBINI, *Architettura e Industria Lineamenti di Tecnica della Produzione Edilizia*, Milão, Libreria Editrice Politecnica Tamburini, 1958. p. 3.

9. CIRIBINI, G. *Op. cit.* p. 23.

10. ICÁSTICO — adj. que representa por termos adequados os objetos e as idéias. F.J. Caldas Aulete, *Dicionário Contemporâneo da Língua Portuguesa*, Lisboa, Livraria do Editor Antonio Maria Pereira, 1898. v. 2, p. 916.

habitualmente entendemos o conceito de produção em série. Desta capacidade de reproduzir indefinidamente o mesmo modelo, com uma uniformidade e precisão tais que excluem a variação pessoal e o encanto artesanal, nasceu um longo debate que, em síntese, pode ser posto nestes termos: "o problema consiste em resolver se os objetos de produção maquinista podem ter as qualidades essenciais da arte ou não[11]. Evidentemente o problema real não está na adaptação da produção mecânica às normas estéticas anteriores à revolução industrial, mas em conceber novas formas; de entender a arte como um atributo, como uma qualidade resultante dos novos métodos de produção. No que se refere à industrialização da construção e à inevitável ameaça de monotonia e uniformidade, já em 1924, W. Gropius ao tratar do problema da habitação industrializada esclarecia que "é um engano supor que a arquitetura será desprestigiada devido à industrialização da construção. Pelo contrário, a estandardização dos elementos construtivos exercerá um efeito benéfico ao conferir um caráter unificado às novas habitações e bairros. Não há motivo para temer uma monotonia semelhante à dos subúrbios industriais ingleses, à condição de cumprir o requisito básico de normalizar somente os elementos construtivos, variando o aspecto exterior dos edifícios armados com eles"[12]. O que já nessa época estava claro para alguns espíritos lúcidos empenhados em aproximar e harmonizar o projeto e a produção industrial não foi compreendido pelos arquitetos e construtores do após-guerra, que ergueram extensos e deprimentes conjuntos habitacionais principalmente na região metropolitana de Paris e em alguns países socialistas. A escala da produção em série é um conceito que ainda não foi suficientemente debatido, mas parece evidente que a solução prevista por W. Gropius de um "jogo de construtor em grande escala", composto por peças normali-

---

11. REED, H. *Arte e Industria — Principios de Diseño Industrial.* Buenos Aires, Ediciones Infinito, 1961. p. 21 e ss. (Tradução argentina do original inglês por Enrique Revol).
12. GROPIUS, W. *Alcances de la Arquitectura Integral.* Buenos Aires, Ediciones La Isla, 1957. p. 171 e ss. Recentemente foi publicada uma tradução brasileira com o título: *Bauhaus: Novarquitetura*, São Paulo, Editora Perspectiva, 1972 (Col. Debates n. 47). Ver também nota 47 Cap. 2.

zadas de produção industrial, não limitaria a variedade das composições específicas e dos espaços resultantes, mas sim, dependendo do talento criador do arquiteto, permitiria criar novos ritmos e expressar o caráter individual ou nacional da arquitetura.

Num segundo tempo, que se iniciou com a introdução dos mecanismos de automação, o caráter repetitivo da produção industrial transformou-se, processando-se também pela reprodução de tipo "analógico"[13], isto é, constante interação de modelos operativos com diversos conteúdos de informação. Ao variarem as informações, são introduzidas modificações, até mesmo dimensionais, nos objetos a produzir. A usina central de concreto, já mencionada anteriormente, pode trabalhar em série, mesmo produzindo concretos diversos. Agindo sobre a dosagem dos componentes pode-se obter um considerável número de combinações e, nos limites da tecnologia atual, uma série de concretos, continuamente variáveis nas suas características de uso e resistência. Estes diferentes resultados são obtidos alimentando a máquina sucessivamente com informações diversas, através de fita perfurada ou magnética. Nesses casos o modelo ou *standard* não é mais representado pelo molde fixo ou prensa mas pela continuidade do meio informativo que pode, pois, "por analogia" ser assumido como um novo *standard*[14].

A prensa automática que dobra, corta, solda e retifica perfis para esquadrias metálicas, automaticamente, perfazendo ciclos inteiros, também é um exemplo de equipamento do tipo iterativo analógico. Os perfis de chapa dobrada são produzidos sem variações para qualquer componente da esquadria, ocorrendo apenas variações dimensionais dadas por uma guia.

Apesar da existência de "pontas avançadas" a industrialização da construção permanece ainda substancialmente no estágio em que os processos de repetição do tipo icástico são dominantes. Naqueles países

---

13. ANALÓGICO — adj. que tem analogia. ANALOGIA s.f. Ponto de semelhança entre objetos diferentes. Razão das semelhanças entre as coisas. CANDIDO DE FIGUEIREDO, *Novo Dicionário da Língua Portuguesa*, Lisboa, Livraria Bertrand, 1939. v. 1, p. 158.

14. CIRIBINI, G. Integrazione fra disegno e produzione nella fabricazione di complessi assemblati isolati per la costruzione. *Prefabbricare*, Milão, n. 3, 1965.

em que a industrialização da construção já tem sua implantação garantida, nota-se uma acentuada preponderância no emprego do concreto armado como material básico a ser moldado. Está claro que o concreto armado não esgota as possibilidades de industrialização, e que outros materiais principalmente a madeira e o aço também têm sido empregados com muito sucesso sob outras formas de montagem em série, mas sempre do tipo iterativo icástico.

No que se refere à noção de ORGANIZAÇÃO, aqui entendida como planejamento da produção, noção essencial à definição adotada, é preciso distinguir várias fases de atuação passando da de pesquisa sobre o produto a ser fabricado para sua industrialização, controle, comercialização e distribuição. Cada uma destas fases não é um momento isolado no processo mas estreitamente vinculado aos demais, razão pela qual a solução de um problema de concretagem de um painel, aparentemente específico do setor de produção, pode efetivamente envolver uma discussão de toda a equipe empenhada no desenvolvimento do projeto, fabricação e montagem. O resultado final deste trabalho em conjunto é a solução para o problema específico apresentado pela produção, mas por extensão metodológica para os problemas produtivos como um todo. Tal sistema de trabalho é típico da organização industrial mais evoluída, e um exame detalhado de todas as suas fases e operações, que precedem e sucedem o ciclo produtivo, constitui uma longa tarefa, objeto de estudos aprofundados na Engenharia de Produção. Com o único objetivo de melhor compreender a definição adotada há interesse em analisar, sinteticamente, as várias fases nas quais o ciclo pode ser subdividido.

A pesquisa sobre o produto a ser fabricado inicia-se pela análise da viabilidade das idéias inicialmente apresentadas, em termos financeiros, tecnológicos e mercadológicos.

Constatada sua viabilidade parte-se para a elaboração de um anteprojeto e para a construção de um protótipo experimental que deve obedecer aos objetivos propostos com a maior aproximação possível nesta fase. Este protótipo permite a reelaboração do projeto em termos mais precisos e detalhados. Desta fase, puramente preparatória, passa-se a outra, ainda de gabine-

## Quadro I: RELAÇÃO DAS FASES DE DESENHO PARA UMA CONSTRUÇÃO INDUSTRIALIZADA
(Sistema adotado no detalhamento de grandes painéis em concreto armado – ver nota 15)

| Seqüência detalhamento | Atividades | Nº do desenho | Fases |
|---|---|---|---|
| 1 | Leiautes gerais na escala 1:100 – Decomposição básica do edifício em painéis. Desenhar o maior número possível de andares diferentes de cada bloco na mesma folha para facilitar a coordenação. | 2.02 e 2.04 | Estágio 1 |
| 2 | Lista dos painéis básicos, provenientes da decomposição acima. | 2.01 | |
| 3 | Detalhamento das juntas na escala 1:1 – (Tanto quanto possível nesta fase). Manter um registro ordenado dos "perfis" – tipo. | 5.04 | Estágio 2 |
| 4 | Levantamento dos painéis na escala 1:20 com o máximo de informações possíveis nesta fase. Esta série poderá definir o terceiro dígito (metro, decímetro, centímetro, milímetro), isto é, todas as variações exceto o quarto dígito, comandado pela posição dos *conduites* elétricos, pequenos furos, detalhes das esquadrias, etc. | 2.03 | Estágios 3 e 4 |
| 5 | Detalhamento geral dos painéis na escala 1:20, indicando aberturas (portas, janelas, furos para tubulações, etc.) até o terceiro dígito, mas as dimensões só serão completadas quando o projeto estrutural estiver terminado. | 4.01 a 4.06 | Estágio 5 |
| 6 | Completar o detalhamento geral dos painéis (do item 5) pela adição das dimensões das pequenas aberturas, apoios, cortes, etc. | | |
| 7 | Detalhamento geral dos painéis na escala 1:20, adicionando eletricidade e pequenos furos de passagem. | | |
| 8 | Detalhamento geral adicionando revestimentos e proteção térmica na escala 1:20 | | Estágio 6 |
| 9 | Desenhar as armações e detalhar os reforços semiprontos. Se possível fazer desenhos isométricos na escala 1:20. | | |
| 10 | Lista de materiais, para todos os itens, de todos os painéis, nas folhas de desenho. | 3.01 a 3.06 | |
| 11 | Leiautes finais na escala 1:100 e lista final dos painéis. | 5.01 a 5.02 | |
| 12 | Desenhos de montagem, indicando a seqüência de operações de montagem e concretagem de solidarização. | 5.03 a 5.05 | Estágio 7 |

Fonte: Sistema TRACOBA – OTH. Paris e Londres.

te, na qual são elaborados os desenhos de fabricação desmembrados para os diversos setores que constituirão a linha de produção e os desenhos de montagem final. Tomando por base as verificações efetuadas em novos protótipos ou pequenas séries de prova, completa-se a organização dos vários grupos de projetos e procede-se ao treinamento da mão-de-obra antes de iniciar definitivamente a produção. Evidentemente cada indústria apresenta uma seqüência própria de operações que variam com o grau de precisão a ser alcançado, extensão da série a ser produzida, intensidade de treinamento a ser ministrado e, principalmente, com o grau de tecnologia a ser empregado, isto é, com os equipamentos e número de estações auxiliares de alimentação nas quais uma linha de montagem pode subdividir-se. A produção industrial de 2000 a 3000 habitações num período de 2 a 3 anos de trabalho em usina "fixa" exige um projeto completo de execução como o descrito acima e que em média requer entre oito meses e um ano de preparação. A título de exemplificação a relação do Quadro I mostra as diferentes etapas pelas quais passa um projeto até chegar aos desenhos finais de motagem[15].

A fase de projeto é essencial e insubstituível dentro de um processo unitário de planejamento de produção; fase que não pode ser considerada isoladamente, como é de hábito entre os construtores atuais, mas complexa e articulada de tal maneira que a execução esteja sempre rigidamente vinculada à idéia inicial e esta aos objetivos propostos, ao nível da tecnologia a ser empregada, à situação do mercado consumidor etc.[16]. O planejamento da produção é acima de tudo o instrumento de otimização no plano qualitativo e econômico do bem a ser produzido. Resultam destes critérios de

---

15. Metodologia de trabalho a ser sistematicamente seguida pelos escritórios técnicos responsáveis pelos projetos de uma grande empresa Européia. Trata-se do sistema TRACOBA empregado principalmente na França, Inglaterra, Escócia, Itália, etc.; é um sistema baseado na montagem de grandes painéis de concreto armado e a relação das fases de projeto, justamente mostra a decomposição dos painéis nos seus vários componentes: armações, isolamento térmico, aberturas, canalizações, revestimentos, etc.

16. CIRIBINI, G. "Il Processo dell'Industrializzazione Edilizia: Problemi e Sviluppi". In: *Industrializzazione dell'Edilizia*. Bari, Dedalo Libri, 1965, Cap. VII, p. 117 e ss.

otimização da produtividade industrial três exigências básicas, estreitamente relacionadas entre si:

a) redução do número de tipos a serem produzidos, associado ao conceito de *standard* icástico ou analógico;

b) existência de catálogo e estoque, o qual não deverá ser nem redundante, nem carente, mas exato (critério do estoque-limite), isto é, as peças são produzidas independentemente do fator encomenda, obedecendo unicamente a critérios de produtividade industrial ótima, a critérios econômicos e financeiros, e critérios de estocagem realistas;

c) previsão das tolerâncias de fabricação e montagem dentro do quadro de uma coordenação dimensional rigorosa e universal, quer dizer, aceita por todos, sejam fabricantes, construtores ou consumidores independentes.

Deste rápido apanhado sobre as características essenciais da industrialização é possível retornar ao ponto de partida e esclarecer de maneira mais precisa a distinção entre a pré-fabricação e a industrialização da construção ou entre esta e a mecanização. Estes termos têm sido empregados indiscriminadamente gerando entre os profissionais de construção, industriais e administradores públicos ou privados, uma certa confusão prejudicial em última análise a todos. A pré-fabricação como anteriormente anotado é apenas uma fase de um processo de industrialização mais amplo e complexo, pois este envolve a organização da produção, sua montagem, controle, etc. A pré-fabricação deve ser entendida apenas como a face de produção, baseada nos *standards* analisados e freqüentemente é executada junto ao canteiro de montagem; neste caso deve ser entendida apenas como uma racionalização do sistema de construção, que permanece essencialmente artesanal como organização. A mecanização não implica organização ou produção em série, deve ser entendida também como uma racionalização das energias gastas na produção, em geral ao nível de canteiro e representada seja pelas gruas, betoneiras ou pelas formas metálicas deslizantes, desdobráveis, articuladas, etc.

## 2. ARQUITETURA E PRIMEIRA REVOLUÇÃO INDUSTRIAL

*A. Perspectiva histórica — Os novos materiais: o ferro e o vidro; a pré-fabricação de componentes para as grandes obras da primeira metade do século XIX.*

O movimento moderno nasceu das profundas transformações tecnológicas, econômicas, sociais e políticas ocorridas na Europa a partir do século XVIII, denominados genericamente de Primeira Revolução Industrial.

O movimento moderno, que na linguagem contemporânea assumiu um significado bem preciso de arte moderna e, por extensão, de arquitetura moderna, é simultaneamente uma experiência ligada à emergente cultura industrial e uma experiência revolucionária, pois comporta um reexame completo da herança cultural passada[1].

Num primeiro momento a história da arquitetura moderna confunde-se com a história da industrialização e, mais precisamente, com a história do progresso tecnológico. Foram as novas exigências por melhores transportes, pontes e canais, por edifícios industriais maiores e mais resistentes, por edifícios não combustíveis, por edifícios públicos, como as estações da estrada de ferro, portos e armazéns e os edifícios para as exposições universais, que caracterizaram o fim do século XIX, a solicitar os novos materiais, como o ferro fundido e o vidro, e a dar forma a uma nova linguagem que, hoje reconhecemos, estão na origem da arquitetura moderna.

Na realidade, o ferro e o vidro constituíram materiais de construção há muitos séculos, mas são considerados novos na medida em que os progressos industriais permitiram sua produção em grande quantidade e estenderam sua aplicação à maioria dos edifícios. Até então o ferro somente havia sido usado como elemento complementar, como reforço, sob a forma de correntes, tirantes ou anéis de ligação entre as pedras nas construções. São deste tipo os reforços no tímpano construído por Rondelet em Paris para o Panthéon de Soufflot em 1770[2]. Uma rede de barras de ferros dispostas segundo as maiores solicitações assegura a estabilidade do frontão, tal como a armadura dentro de uma viga de concreto armado. Deste período datam também algumas abóbadas pouco carregadas, como a do Théâtre Français de Bordeaux, construída por Victor Louis em 1786, o qual, segundo Pevsner[3], estava fundamentalmente preocupado em tornar estas obras à prova de fogo. Mas o incipiente desenvolvimento da indústria siderúrgica nesse período tornava o custo dessas obras muito elevado, limitando sua expansão. Com as descobertas de A. Darby em Coalbrookdale e de Huntsmann

---

1. BENEVOLO, Leonardo. *Storia dell'Architettura Moderna*. 3ª ed. Bari, Editori Laterza, 1966, v. 1, p. 5 e ss.
2. RONDELET, G. Trattato teorico e pratico dell'arte di fabbricare (1802-17). (Trad. italiana, Mantova, 1832, Tomo I, p. 227), citado in BENEVOLO, L. *Op. cit.* p. 56.
3. PEVSNER, Nikolaus. *The Sources of Modern Architecture and Design*. Londres, Thames & Hudson, 1968, p. 11.

em Sheffield, que se tornaram de domínio público depois da metade do século XVIII, houve condições de se produzir em larga escala elementos de ferro fundido[4].

O primeiro elemento construtivo importante e de larga difusão foi a coluna de ferro fundido. Em torno dos anos 70, as colunas de ferro fundido começaram a substituir os pilares de madeira nas primeiras tecelagens de algodão na Inglaterra. A introdução dos teares mecânicos trazia um problema de espaço e peso que foi inicialmente resolvido aproveitando a maior resistência à compressão do ferro, o qual além de possuir dimensões menores permitia um espaçamento maior. Com a produção industrial das vigas duplo T a partir de 1836, a inteira armação de madeira pôde ser substituída por uma estrutura resistente e incombustível formada por pilares e vigas de ferro e abobadilhas de tijolo[5]. Um exemplo pioneiro é a tecelagem Philip & Lee em Salford (Manchester) projetada em 1801 por Boulton & Watt, e completo em todos os seus detalhes construtivos essenciais, típicos dos edifícios industriais com estrutura metálica que apareceram nos anos subseqüentes. Este edifício, que por um quarto de século foi um modelo para construções similares, era composto por duas séries de colunas de ferro fundido ocas, com nove polega-

---

4. ASHTON, T.S. *La Revolución Industrial*. 4ª ed. México, Breviarios del Fondo de Cultura Económica, 1964.
DEANE, Phyllis. *The First Industrial Revolution*. Cambridge, University Press Cambridge, 1967.
MANTOUX, Paul. *La Revolución Industrial en el Siglo XVIII*. Madri, Cultura e Historia-Aguilar, 1962.
HARTWELL, R.M. *The Industrial Revolution and Economic Growth*. Londres, Methuen & Co. Ltd., 1971.
RICHARDS, J.M. *The Functional Tradition in Early Industrial Buildings*. Londres, The Architectural Press, 1968.
WINTER, John. *Industrial Architecture — A Survey of Factory Building*. Londres, Studio Vista, 1970.
TOYNBEE, Arnold. *Industrial Revolution*. Newton Abbot Devon, David & Charles Reprints, 1969 (Esta é uma reimpressão da primeira edição publicada em Londres, por Rivington em 1884. Esta edição foi enriquecida com um prefácio do prof. T.S. Ashton).
DERRY, T.K. & WILLIAMS, T.I. *A Short History of Technology*. Londres, Oxford University Press, 1960 (Esta história da tecnologia cobre o período que vai até 1900 e é uma síntese dos cinco volumes que compõem a *History of Technology* publicada pela Clarendon Press, Oxford).
HUDSON, Kenneth. *A Guide to the Industrial Archaeology of Europe*. Bath, Adams & Dart, 1971.

5. GRISOTTI, Marcello. "L'industrializzazione edilizia in rapporto alla prima e alla seconda rivoluzione industriale". In: *Industrializzazione dell'Edilizia*. Bari, Dedalo Libri, 1965.

das de diâmetro, espaçadas regularmente. O edifício, de vastas proporções para a época (cerca de 140 pés de comprimento por 42 de largura e sete andares), tinha vigas longitudinais ligando os pilares transversais que iam de muro a muro. As lajes eram constituídas por pequenas abóbadas de tijolo, niveladas mediante uma camada de conglomerado rústico. A experiência de Boulton & Watt em Salford assinala a primeira etapa do desenvolvimento das estruturas metálicas produzidas industrialmente[6]. Discute-se hoje o pioneirismo desta estrutura. A "arqueologia industrial" fez progressos notáveis nos últimos anos e segundo todas as evidências Boulton & Watt instalaram máquinas a vapor, de sua fabricação, numa fábrica anterior à tecelagem de Salford e nela tomaram conhecimento da solução estrutural empregada, isto é, pilares e vigas em ferro fundido. Trata-se da Benyons, Marshall & Bage, tecelagem de algodão construída em Shrewsbury, segundo projeto de Charles Bage em 1796-97[7].

O ferro fundido, como substituto dos materiais tradicionais, difundiu-se muito rapidamente não tanto pelo seu aspecto de novidade, no caso de obras muito representativas como o pavilhão real construído em Brighton por John Nash em 1818, a Biblioteca Sainte Geneviève construída por Henry Labrouste em Paris, 1843, ou a Bolsa do Carvão (Coal Exchange) construída em Londres por B. J. Bunning em 1846, como também pelo seu preço conveniente. Gradis, peitoris, escadas metálicas, divisões e decorações em ferro fundido são empregados de maneira crescente na construção co-

---

6. GIEDION, Siegfried. *Spazio, Tempo ed Architettura. Lo sviluppo di una nuova tradizione*. Milão, Ulrico Hoepli Editore, 1954. (trad. italiana.)

7. BANNISTER, T.C. The First Iron-Framed Buildings. *Architectural Review*. Londres, v. CVII, p. 231 e ss., 1950.
SKEMPTON, A.W. & JOHNSON, H.R. The First Iron-Frames. *Architectural Review*, Londres, v. CXXXI. p. 175 e ss., 1962.
Finalmente em artigo recente PACEY demonstrou que ambos os projetos enumerados devem na verdade ser atribuídos a um mesmo autor, bem como uma tecelagem construída logo após, em 1802, em Leeds. Todas as três obras, sem dúvida alguma pioneiras no emprego de estruturas metálicas e abobadilhas de tijolos, devem-se ao mesmo Charles Bage que, por volta de 1802, introduziu as vigas T em estruturas portantes. O autor procura demonstrar por meio de uma bem documentada análise que Bage desenvolveu uma teoria própria sobre o comportamento das vigas T e da possibilidade de obtê-las com ferro fundido moldado.
Ver portanto: PACEY, A.J. Earliest cast iron beams. *Architectural Review*, Londres, v. CXLV, n. 864. p. 140, fev. 1969.

mum. As decorações em ferro fundido deste período — últimos anos do século XVIII e primeiras décadas do século XIX — são freqüentemente de excelente execução e os melhores artistas, como Robert Adam forneciam às vezes os desenhos para as matrizes. Esses elementos eram usados nas obras mais significativas como, por exemplo, no embasamento da Carlton House Terrace de 1827 ou na cúpula da sala circular da Bolsa do Trigo (Halle ou Blé) construída em Paris por J. Belanger em 1811[8].

No Brasil estes elementos estão fortemente presentes em toda a arquitetura do século XIX. Não somente eram importadas colunas ocas e vigas em ferro fundido ou forjado (como era também denominado), mas, outrossim, peças de acabamento e ornamentos para jardins, como chafarizes, bancos e gradis imitando troncos de árvores.

A contribuição da indústria nesse primeiro período foi pois de simples substituição de materiais não implicando modificações substanciais na arte e na técnica de construir.

O mesmo se poderá dizer das pontes realizadas no mesmo período. A primeira ponte em ferro era constituída por um arco perfeito com 33 metros de vão livre e formado pela união de dois semi-arcos fundidos de uma só vez, sendo o conjunto repetido completo 5 vezes e com um peso total de 378 toneladas. Foi construído sobre o rio Severn próximo a Coalbrookdale por Wilkinson e pelo arquiteto T. F. Pritchard em 1777. Em 1796, Rowland Burdon construiu sobre o rio Wear a ponte de Sunderland com o considerável vão de 70,00 metros. No mesmo ano Telford construiu uma segunda ponte sobre o rio Severn, em Buildwas, com 39,00 metros e com o peso de somente 173 toneladas. As pontes de Burdon e Telford afastam-se nitidamente da experiência de Pritchard uma vez que os arcos são construídos segundo a técnica clássica de cantaria, substituindo-se as pedras por elementos ocos de ferro fundido, muito mais leves e de resistência maior. A execução da ponte também é muito mais rápida, pois as peças são preparadas e fundidas na usina, cabendo ao

---

8. GLOAC, J. & BRIDGEWATER, D. *A History of Cast Iron in Architecture*. Londres, 1948, p. 152 e ss.

canteiro o trabalho exclusivo de montagem. É também uma simples substituição, levando o novo material considerável vantagem no que se refere a peso, rapidez e custo. As experiências sucederam-se rapidamente em seguida. Em 1801, Telford projetou substituir a ponte de Londres por um único arco com 180 metros. O projeto somente não foi executado porque não foi possível desapropriar os terrenos necessários nas duas margens[9]. O uso do ferro fundido estendeu-se também à França onde um grande número de obras foi executado com esse material, como por exemplo a ponte das Artes (Pont des Arts) de Cessart e Dillon, construída em Paris entre 1801 e 1803; a ponte, também em Paris, do Carrousel, construída em 1833 por A. R. Polonceau, etc.

Com estas obras sedimenta-se e conclui-se o ciclo experimental da nova técnica construtiva, patrimônio original da engenharia, cuja contribuição para a arquitetura será fundamental. Na realidade alguns contemporâneos já indicavam os engenheiros como os criadores da arquitetura moderna e o processo industrial de produção o meio mais idôneo para realizá-la[10]. Mas as relações entre engenharia e arquitetura continuarão por muitos anos suscitando as mais acirradas polêmicas, sobretudo depois das estações das estradas de ferro e as exposições universais terem mostrado ao grande público as formas novas e os imensos espaços livres que a técnica industrial tornou possível. Estes grandes vãos amplamente iluminados somente foram possíveis porque nos mesmos anos a indústria do vidro progrediu consideravelmente. A produção aumenta e os preços diminuem. O vidro associado ao ferro começa a ser usado em lanternins e numerosos edifícios públicos apresentam grandes vestíbulos iluminados zenitalmente. Em 1825 os arquitetos Percier e Fontaine cobrem com vidro a Galerie d'Orléans no Palais Royal, protótipo das galerias públicas do século XIX. O vidro também foi muito empregado na construção de estufas, algumas das quais verdadeiramente enormes, como as

9. ROLT, L.T.C. *Victorian Engineering*. Londres, Allen Lane — The Penguin Press, 1970.
10. BAUDOT, Anatol de. Em declaração ao *Primeiro Congresso Internacional dos Arquitetos*, Paris, 1889. Citado por GRISOTTI, M. *Op. cit.*

de Rouhault, no Jardin des Plantes em Paris em 1833, a de Paxton em Chatsworth em 1837, ou a de Burton em Kew Gardens em 1844[11].

Mas seria no setor das "grandes coberturas" para as estações das estradas de ferro e para as exposições industriais, que se sucederiam ininterruptamente durante toda a segunda metade do século, que as possibilidades industriais dos novos materiais e da emergente tecnologia se revelariam em toda sua capacidade. Seria longo e supérfluo relacionar em ordem cronológica todas as grandes obras desse período; o que se pretende é simplesmente mostrar como tecnologia, indústria e arquitetura estão intimamente ligadas num período de frenético crescimento e de ilimitada confiança na capacidade das novas indústrias em resolver todos os problemas da sociedade[12].

Nos anos 30 abre-se um novo capítulo na história dos "tipos" arquitetônicos com as primeiras estações ferroviárias que propiciariam a construção de alguns dos maiores e melhores exemplos de construção em ferro e vidro[13].

Nos primeiros exemplos construídos verifica-se haver ainda uma simples justaposição entre os elementos em ferro do vão central e as partes em alvenaria ou cantaria; ocorreriam muitos anos antes que uma maior integração viesse ocorrer. O melhor exemplo desse período é a demolida estação de Euston cujo edifício frontal foi construído em 1835-7 por Hardwick enquanto que a cobertura principal foi projetada por Robert Stephenson sem qualquer vínculo com o pórtico neoclássico frontal. Os melhores e mais elaborados exem-

---

11. BENEVOLO, L. *Op. cit.* p. 65 e ss.
12. Mesmo no Brasil a influência da emergente industrialização provocaria modificações, se não diretamente sobre a economia do país, que permanecia substancialmente de tipo colonial, pelo menos no plano filosófico, político-social e estético, através do positivismo e do ecletismo. Este último, de nítida afinidade com as correntes evolucionistas dos pensadores europeus do início do século XIX, teria no Brasil um papel de estímulo ao desenvolvimento tecnológico. Nesse sentido a "adoção de elementos construtivos produzidos industrialmente e de padrões formais capazes de assimilá-los, dentro das soluções tradicionais, significava, nessas condições, ao mesmo tempo um avanço da tecnologia e o reforço de laços de tipo colonial". In: REIS FILHO, Nestor Goulart. *Quadro da Arquitetura no Brasil.* São Paulo, Editora Perspectiva, 1970, p. 183 (Coleção Debates, n. 18).
13. MEEKS, C.L.V. *The Railroad Station.* 2. ed. New Haven, Yale University Press, 1964.

plos são porém as duas grandes estações construídas no centro de Londres quase simultaneamente nos meados do século: King's Cross, projetada pelo arquiteto Lewis Cubitt em 1850 e construída nos anos 51 e 52, era originalmente formada por dois conjutos de *sheds* em arco, sendo que as vigas principais de madeira laminada foram substituídas em 1969-70 por vigas de ferro. A grande glória deste projeto é seguramente a entrada principal que, com seus dois enormes arcos de pedra, forma um contraponto perfeito aos *sheds*. A idéia original já estava indicada na Gare de L'Est projetada por Duquesney, mas não estava, como no exemplo parisiense, mascarada por decorações de sabor renascentistas, permanecendo somente a escala e a clara expressão dos arcos como elemento forte da composição. A segunda estação construída nesse período, Paddington Station (1852-54), foi projetada pelo engenheiro Brunel e pelo arquiteto M.D. Wyatt. O conjunto constituído por três séries de *sheds* paralelos, levemente elípticos e cruzados por dois altíssimos transeptos, oferece uma riqueza e complexidade espacial para a qual muito contribuiu a original e refinada decoração projetada pelo arquiteto. Mas o exterior foi mascarado pelo enorme edifício construído para Great Western Hotel por Hardwick num estilo Neogótico que iria a partir desse momento dominar as atenções dos arquitetos e preponderar no último quartel do século na Inglaterra[14].

O grau de desenvolvimento adquirido por estas estruturas transformou-as em protótipos de uma verdadeira geração de estruturas similares espalhadas por todo o globo. Com o desenvolvimento do comércio colonial, as estradas de ferro foram implantadas em praticamente todo o mundo e as estações foram "pré-fabricadas" e exportadas em grande quantidade. A pré-fabricação está nesse caso intimamente associada ao desenvolvimento da construção em ferro fundido, pois qualquer edifício cuja estrutura apresente alguma complexidade, seja uma ponte ou um armazém, ou mesmo uma estufa, deverá necessariamente ser pré-fabricado na fundição, desmontado em seus componentes e re-

---

14. HITCHCOCK, Henry Russell. *Architecture Nineteenth and Twentieth Centuries*. 3. ed. Londres, Penguin Books, 1968. Ver principalmente todo o Cap. 7: "Building with Iron and Glass — 1790-1855", p. 115 e ss.

montado no canteiro[15]. As pontes mencionadas anteriormente substituíram um trabalho de cantaria pelo de uma fundição, porém nesta substituição foram introduzidos alguns critérios extremamente importantes no que se refere ao correto entendimento das relações de produção envolvidas: arquitetura, indústria e pré-fabricação. Inicialmente, foram introduzidos critérios de produtividade industrial, tais como resistência previamente conhecida das peças, tempo de execução, etc; em seguida, libertou-se o canteiro de seus componentes locais, isto é, regiões onde a pedra era escassa receberam pontes concebidas, produzidas e remetidas a longa distância, e finalmente libertou-se o canteiro de uma parte de sua mão-de-obra especializada. Exemplos interessantes da importância que esses progressos representaram, podem ser encontrados desde 1840, ou mesmo antes, quando faróis foram erguidos nos pátios das fundições inglesas, desmontados e embarcados para as Bermudas, Barbados ou outras possessões longínquas. Em 1843, a firma John Walker de Londres vendeu um palácio pré-fabricado para um rei africano, e, até o fim da década, passaram a ser muito freqüentes as exportações de grandes armazéns e estações pré-fabricados[16].
O Brasil também recebeu um bom número dessas estruturas metálicas pré-fabricadas que ainda hoje podem ser vistas em várias estações da Estrada de Ferro Santos-Jundiaí, antiga São Paulo Railway Company. Veja-se, por exemplo, a magnífica solução dada à Estação da Luz cujo detalhamento e execução rigorosos têm resistido muito bem ao tempo e à falta de manutenção[17], ou o exemplo mais modesto, mas igualmente interessante, da estação de Paranapiacaba, no alto da Serra do Mar. A importação era completa, pois dos porões dos navios saíam não somente as estruturas, mas também os vedos e coberturas, freqüentemente também as escadas, peitoris e demais peças de acabamento, e a montagem era feita conforme as instruções e desenhos que as acompa-

---

15. WHITE, R.B. *Prefabrication — A History of its Development in Great-Britain*. Londres, Her Majesty's Stationery Office, 1965 (National Building Studies/Special Report 36. Ministry of Technology/Building Research Station).

16. HITCHCOCK, H.R. *Op. cit*. p. 122 e ss.

17. BRUNA, P.J.V. Subsídios para uma política de industrialização da construção no Brasil. *Acrópole*, São Paulo, 380:34 e ss., dez. 1970.

nhavam. "As peças, numeradas, facilitavam a montagem, tornando-a mais rápida e dispensavam em parte a mão-de-obra especializada no local. As obras eram dirigidas pelos engenheiros europeus e as plantas, que hoje se conservam nos arquivos da empresa, cotadas em pés e polegadas, são escritas em inglês"[18]. Além das estações para a São Paulo Railway Company, inúmeras outras obras chegaram ao Brasil nas mesmas condições em anos posteriores, como a estação ferroviária de Bananal e a loja chamada, muito a propósito, de Torre Eiffel, até há pouco existente no centro do Rio de Janeiro, cidade que parece ter recebido a maior parte dessas importações. Notáveis foram também os edifícios para o Mercado Municipal e para o Corpo de Bombeiros, recentemente demolidos. "No canal do Mangue, junto ao cais os balaústres da amurada eram peças de ferro, com dimensões e proporções iguais às dos comuns, de alvenaria. Eram de ferro mesmo os detalhes mais insignificantes, como os quiosques de jornais e as grades de proteção às árvores, em torno dos troncos e no solo, em torno das raízes, ou como ralos de bueiros"[19].

Como mencionado, foram as "grandes coberturas" para as estações de estrada de ferro e para as exposições industriais que revelariam toda a potencialidade da pré-fabricação, como um método construtivo e a profunda e crescente relação entre arquitetura e indústria.

O ciclo das Grandes Exposições Universais, na segunda metade do século, retomará e concluirá a experiência técnica e expressiva das grandes coberturas e da tecnologia do ferro e do vidro. A primeira exposição industrial provavelmente foi a de Paris em 1789[20]. Entre 1801 e 1849 sucedem-se na França 10 exposições. Manifestações análogas ocorrem também em outros países durante o mesmo período, mas foi somente a partir da segunda metade do século que, graças aos princípios do livre comércio e do aumento das comunicações e, portanto, da competição, tem início um segundo período de exposições caracterizadas pelo entusiasmo e confiança no progresso industrial, acentuado desenvolvimento técnico, culminando com o famoso Hall

---

18. REIS FILHO, Nestor Goulart. *Op. cit.* p. 156.
19. REIS FILHO, Nestor Goulart. *Op. cit.* p. 168.
20. GRISOTTI, M. *Op. cit.*

des Machines dos engenheiros Dutert e Contamin para a Exposição Universal de Paris de 1889. Esta obra, já executada em aço, culmina todo um esforço de aprimoramento, atingindo a perfeição formal e técnica com seus arcos triarticulados com 115 metros de vão.

O Palácio de Cristal propõe e extingue em si mesmo a problemática essencial da arquitetura entendida como *Industrial Design* e forneceu a mais completa e indiscutível contribuição de seu tempo, marcando a primeira fuga dos estilos históricos na arquitetura e simultaneamente uma concepção estritamente ligada aos conceitos de produção em massa.

Coube à Inglaterra organizar a primeira exposição industrial internacional inaugurada em maio de 1851. A comissão organizadora patrocinou um concurso internacional que recebeu alguns notáveis desenhos empregando ferro e vidro, como o do arquiteto irlandês Turner (colaborador de D. Burton no projeto para as estufas de Kew Gardens) ou então o do arquiteto francês Hector Horeau, que ganhou o primeiro prêmio. Todos os projetos acabaram sendo recusados e o comitê de construção da Exposição iniciou seu próprio projeto, obra do engenheiro Brunel e do arquiteto T. L. Donaldson, seguramente os melhores talentos de sua época. O projeto resultante, uma espécie de superestação de estrada de ferro, era totalmente impraticável, uma vez que deveria ser construído em alvenaria de ferro num prazo muito curto, menos de nove meses. O projeto acabou servindo de inspiração direta para a estação central de Copenhague (1863-4) projetada por Herholdt, segundo pode-se deduzir pela comparação de ambos[21]. Este projeto já estava em concorrência quando Joseph Paxton apresentou um estudo baseado na experiência adquirida com a estufa de Chatsworth. Foi publicado no *Illustrated London News* e oferecido pela firma Fox & Henderson como uma variante do projeto do comitê. A concorrência foi vencida, e com algumas modificações importantes — o acréscimo de um transepto central para salvaguardar as árvores existentes no local — foi executado dentro do orçamento previsto e

---

21. HITCHCOCK, H.R. *Op. cit.* p. 125.

no incrível prazo de noves meses[22]. Isso foi possível graças ao rigoroso estudo e detalhamento feito pela firma dos engenheiros, Sir Charles Fox e de seu sócio Henderson, de todos os elementos da construção; do método de produção, do sistema de montagem, dos tempos de construção e do rigoroso controle dos custos. Estes elementos projetados para serem produzidos em massa, com as técnicas de fundição então existentes, permitiam sua montagem e desmontagem, possuíam uma "elegância mecânica", no dizer dos contemporâneos, para a qual o projeto de estruturas em ferro fundido estava caminhando gradativamente há muito tempo. Toda a construção está baseada num retículo modular de 8 pés (2,40 m) cujos múltiplos (24, 48, 72 pés — 7,20, 14,40, 21,60 m) determinam as posições e as dimensões de todas as peças. O espaço interno no altíssimo transepto central, formado por arcos de madeira laminada, foi mais rapidamente apreciado quando da inauguração, do que a longa nave central, porque apresentava para o grande público linguagem mais familiar. Por este motivo, quando o Palácio de Cristal foi desmontado e reconstruído em Sydenham em 1852--54, onde permaneceu até ser destruído por um incêndio em 1936, a nave principal também foi executada com arcos, ainda que, desta vez, em ferro fundido.

Construtivamente o Palácio de Cristal representa uma síntese de componentes estudados separadamente e coordenados entre si por uma rede modular; o espaço resultante da somatória de elementos padronizados e industrializados era o fruto perfeito da tecnologia empregada e do estudo racional dos vínculos, dos limites econômicos e de tempo, dos condicionantes técnicos de produção e montagem isolados de toda problemática estilística e formal. O Palácio de Cristal na sua integridade de obra-de-arte exprime a essência do próprio tempo, antecipando de cem anos a problemática que os arquitetos e engenheiros de após-guerra na Europa deveriam enfrentar com a industrialização da construção. A obra de Paxton, Fox & Henderson indicava claramente o caminho a seguir, o caminho de uma nova arquitetura. Desse ponto de vista a obra não foi enten-

---

22. HITCHCOCK, H.R. *The Crystal Palace*. 2. ed. Northampton, Mass. 1952.

dida nem apreciada como arquitetura ou obra-de-arte, mas somente como proeza técnica. Pugin descreveu o Palácio de Cristal como "um monstro de vidro" e aconselhou condescendentemente Paxton a voltar às suas estufas e deixar a arquitetura aos *experts*[23].

Se os críticos e *experts* não o compreenderam no seu devido tempo, quando de sua inauguração o Palácio de Cristal causou enorme sensação popular. Provavelmente não foi somente o uso do ferro e do vidro, já amplamente empregados nas estações de estradas de ferro e nas estufas dos jardins botânicos, mas na aparente indefinição, pois a vista não encontrava paredes limites, mas corria livremente, impossibilitada de abraçar todo o edifício de uma só vez. Para esse efeito contribuíam, sem dúvida, as dimensões exíguas dos elementos face aos vãos e sua repetição; o módulo fundamental repetia-se duzentas e trinta vezes na nave principal somente interrompido pelo transepto descrito como "uma ofuscante faixa de luz que se dissolve num fundo longínquo onde cada elemento natural dissolve-se na atmosfera"[24]. Este caráter repetitivo e a idéia de *standard* intrínsecos ao sistema construtivo e associados às possibilidades industriais da época foram apreciados pelos observadores, como, por exemplo, por Blanqui que nas suas *Lettres sur l'Exposition Universelle de Londres* escreveu:

a primeira impressão que sensibiliza o espectador, neste maravilhoso monumento, construído tão rapidamente, é seu tamanho, sua simplicidade e sua elegância. Suas proporções foram asseguradas com uma arte extrema e uma precisão matemática. Um comprimento normal de 24 pés foi tomado como unidade em todas as peças de ferro que entraram em sua construção. Queremos levantar o prédio? Colocam-se duas peças de vinte e quatro pés para obter uma de quarenta e oito; queremos subir mais ainda? junta-se mais uma para chegar a setenta e dois. Ao longo e ao largo, em todos os sentidos, sempre múltiplos de vinte e quatro pés. Resultou um palácio construído com peças de ferro fundido de mesmo comprimento, ligadas umas às outras por simples parafusos e porcas, quase todas fundidas no mesmo molde, ou como nós dizemos em economia política, sobre o mesmo estalão[25].

---

23. RAGON, Michel. *Histoire Mondiale de L'Architecture et de l'Urbanisme modernes*. Tomo I: Idéologies et Pionniers — 1800-1900. Paris, Casterman, 1971.
24. GIEDION, S. *Op. cit.* p. 244.
25. Citado por RAGON, M. *Op. cit.*, p. 134.

É possível individualizar neste método construtivo uma relação com os modelos da tradição neoclássica através de uma regularidade modular mais rígida, ou sugerindo uma leveza e transparência dos materiais desconhecida até então aos arquitetos neogóticos que trabalhavam com pedra e tijolos. Pode-se dizer que esta obra teve sem dúvida repercussões no reaparecimento dos estilos que caracterizariam os anos subseqüentes, dominados principalmente pelo estilo neogótico. O sucesso do Palácio de Cristal foi enorme. Em poucos anos inúmeras estruturas semelhantes foram erguidas em todo o mundo. O mais fino e acabado exemplar talvez tenha sido aquele erguido em Dublim em 1852-4 por Sir John Benson; o mais infeliz aquele construído em Nova York em 1853 por G. J. B. Carstensen, o criador dos jardins Tívoli em Copenhague. Sua imediata destruição, pelo fogo foi um súbito e terrível aviso de que as construções em ferro e vidro não protegidas por alvenaria eram limitadas e perigosas. O incêndio do Glaspalast construído por Voit em 1854 em Munique, e a destruição pelo fogo do Paleis Voor Volksvlijt em Amsterdã, construído por Cornelis Outshoorn em 1856, alertaram os construtores sobre os riscos desse tipo de construção.

Mas o prestígio das construções em ferro fundido, pré-fabricadas e montadas nos mais diversos cantos do mundo nunca esteve tão alto quanto na década de 50. A firma Fox & Henderson construiu em 1852, com os mesmos elementos do Palácio de Cristal, a estação Midland em Oxford, ainda que sem a mesma qualidade espacial de seu predecessor[26]. A firma E. T. Bellhouse de Manchester começou a produzir casas para os emigrantes que iam para os Estados Unidos e Austrália. O engenheiro Romand transportou para a Martinica um hospital militar completo, em peças pré-fabricadas que foram montadas a seco no local. Este protótipo, bastante complexo, pois comportava um esqueleto em ferro fundido e vedos em chapa ondulada, foi seguido de inúmeros outros pedidos. L. Simonin descreve em seu livro *O Grande Oeste dos Estados Unidos*[27] a construção da cidade de Cheyenne que se tornará a capital do

---

26. HITCHCOCK, H.R. *Op. cit.* em nota n. 14, p. 126.
27. Citado por RAGON, M. *Op. cit.* p. 136 e ss.

Wyoming. Em princípio de 1867 nada existia sobre o território que seria a cidade; em menos de três meses chegaram mais de três mil casas pré-fabricadas e freqüentemente viam-se casas já montadas, sendo transportadas de um lugar para outro sobre pesados veículos. Simultaneamente, às noções de industrialização parecem estar presentes também as noções de flexibilidade e mobilidade que a arquitetura atual persegue tenazmente. Casas pré-fabricadas em chapa de ferro ondulado foram igualmente enviadas aos mineradores, durante a corrida do ouro na Califórnia. Não é preciso, pois, espantar-se se já em 1850 Théophile Gautier escrevia que "A indústria revoluciona a arquitetura" ou C. Daly, considerado o primeiro crítico moderno da arquitetura, falava já sobre a cisão entre a "arquitetura estética do passado e a arquitetura industrial do futuro"[28].

Em vista destes exemplos e de muitos mais que poderiam ser elencados, é difícil à primeira vista compreender por que a pré-fabricação, que parecia uma conquista aceita e largamente difundida, foi abandonada na segunda metade do século para somente ser retomada por W. Gropius, J. Peret, M. Lods, E. Beaudoin, V. Bodiansky e J. Prouvé quase um século depois. É difícil compreender por que a pré-fabricação, já então experimentada com sucesso em inúmeras partes do mundo, foi tão discutida, tão combatida e em nossos dias ainda tão pouco empregada, ao mesmo tempo em que as necessidades habitacionais cresceram de forma tão acelerada e a construção pelos sistemas convencionais não é suficiente para atendê-las. Para colocar o problema da mesma forma que M. Ragon[29], é possível visualizar o problema como uma curiosa forma de discrepância, como uma contradição do sistema capitalista, que ao mesmo tempo que produz bens de consumo, eletrodomésticos, automóveis, aviões, etc., em crescente abundância, permanece, no que se refere à habitação, preso à doutrina malthusiana da penúria.

A resposta a essa aparente discrepância é complexa e pode ser estudada através de duas ordens de raciocínio. A primeira puramente histórica, analisando

---

28. Citado por RAGON, M. *Op. cit.* p. 136.
29. O qual porém não lhe dá uma resposta satisfatória.

*45*

a evolução da arquitetura nos períodos imediatamente subseqüentes à primeira Grande Exposição Universal e a segunda procurando compreender melhor a terminologia empregada e as relações de produção envolvidas por estes conceitos.

Na Inglaterra, que se tornara a principal exportadora destas estruturas pré-fabricadas, as necessidades impostas pela guerra da Criméia fizeram com que diminuísse, a partir de 1854, o ritmo da produção destinada ao mercado civil, convertendo-se boa parte da indústria metalúrgica em principal fornecedora do Ministério da Guerra (War Office).

Na Inglaterra, pelo menos, uma vez que as exportações continuaram por toda a segunda metade do século, principalmente para as colônias e Américas do Norte e Sul, a fase do ferro fundido terminou em grande parte pelo triunfo do Neogótico e do Ecletismo. Por muitas décadas o desenvolvimento da arquitetura foi muito mais estilístico do que técnico.

Para compreender de forma mais apropriada as relações de produção envolvidas pela "pré-fabricação" é preciso compreender melhor as relações entre a construção tradicional e a industrialização da construção, a escala de produção e suas conseqüências, o que deverá ser feito em seguida.

*B. Problemas técnicos — Construção tradicional e construção industrializada; a escala de produção: industrialização de ciclo fechado e industrialização de ciclo aberto.*

A construção é uma atividade que permaneceu, salvo algumas poucas exceções, essencialmente artesanal e apresenta na prática uma profunda subdivisão, uma verdadeira ruptura no seu processo de produção, em dois setores perfeitamente definidos: de um lado, a produção dos materiais de construção, dos componentes ou materiais intermediários e, de outro, a montagem destes componentes no canteiro, isto é, a construção do organismo arquitetônico ou produto final. Além disso, no interior de cada setor, verifica-se uma ulterior subdivisão de atividades, fragmentando a produção em um número muito grande de tarefas, capacidades, técnicas, especializações, ou intenções que, longe de contribuírem para um único fim, freqüentemente se sobrepõem e divergem. O trabalho efetuado no canteiro hoje não contribui tão decisivamente para o produto final como antigamente, mas transformou-se progressivamente num serviço de montagem de componentes semi-acabados que a indústria lhe oferece. Em termos quantitativos, nos países mais industrializados, entre 50 e 70% do custo da construção é representado pelo valor dos materiais, componentes ou equipamentos entregues no canteiro por outras indústrias. Há naturalmente muitas razões para esta subdivisão no processo de produção, típico da indústria da construção: de uma maneira geral, a maior parte dos componentes que constituirão o produto acabado são muito pesados e volumosos para serem completados numa usina, ou em outros termos a relação custo/peso impede o transporte do edifício como um todo em longas distâncias. Desta maneira, a maior parte dos materiais de construção é manufaturada e transportada para o canteiro em pequenas partes. Há neste processo de subdividir o produto final em muitas unidades separadas e independentes um evidente perigo. É preciso constatar inicialmente que esta multiplicação dos processos de produção leva a uma política de *laissez-faire* generalizada, isto é, ninguém se preocupa com a qualidade e preço do produto acabado, enquanto todos se concentram em tornar seu setor mais eficiente e rentável.

A conseqüência natural desse processo é que os diferentes fabricantes de materiais de construção e componentes, os fornecedores de equipamentos e os empreiteiros, tendem a aceitar as pré-condições existentes ao início de suas atividades, e investir a maior parte de seus interesses em maximizar seus lucros dentro desta situação. A lacuna existente normalmente entre a demanda e a oferta num mercado, tradicionalmente deficitário e não competitivo, como é o da indústria da construção, denota que os empreiteiros, em geral, operam num mercado de vendedores, o que significa que têm menos incentivos para racionalizar sua produção com o objetivo de diminuir os custos[30].

Verifica-se que a maioria das indústrias de materiais de construção limita-se aos ciclos produtivos de suas unidades sem a menor preocupação em oferecer

30. MYRDAL, Gunnar. "Needs Versus Capacity". In: *Towards Industrialised Building — Contributions at the third CIB Congress — Copenhagen 1965*. Amsterdã, Elsevier Publishing Company, 1966.

um produto que seja coordenado em relação aos demais semi-acabados. Não há preocupação com a pesquisa dimensional, com a oferta de um material efetivamente de catálogo e de estoque. Cada empresa, ou grupo de empresas, orienta-se segundo critérios próprios, mais indicados para a fabricação de produtos finais do que para fabricação de componentes intermediários e opera sem qualquer assistência de órgão de pesquisas empresariais, de associações ou mesmo dos poderes públicos.

Não menores são os inconvenientes que se verificam em relação ao material acabado. Aquela unidade de pensamento e ação, aquela especialização que pelo menos no plano industrial animava a produção dos bens intermediários, desaparece para dar lugar a uma divisão de responsabilidades, a um conjunto de atividades praticamente autônomas. Os objetivos dos produtores de componentes, de um lado, e os objetivos dos clientes, isto é, daqueles que encomendaram a produção de um determinado edifício, dos projetistas, dos técnicos e dos empreiteiros, de outro, nem sempre coincidem, acarretando uma ineficiência geral do processo que se reflete, necessariamente, no custo, no tempo de execução e na qualidade do produto final. Em síntese, pode-se concluir que as decisões referentes à qualidade, aparência, custo e outras características básicas dos componentes, não deveriam ser tomadas, separada e independentemente, pelos diferentes participantes no processo de construir, mas por uma única direção, de pulso forte e diretamente responsável, perante os consumidores do produto final. Como obter essa "direção"? De que maneira, em outras palavras, obter para o produto arquitetônico final aquela concentração dos poderes de decisão característica de indústria dos bens intermediários?

Há duas maneiras de encarar o problema para os que desejam introduzir na construção os métodos próprios da indústria: o método evolutivo e o método radical[31].

---

31. BLACHÈRE, G. O ex-diretor do CSTB (Centre Scientifique et Téchinique du Bâtiment, Paris), vem há muitos anos se dedicando ao estudo e aprofundamento dos problemas relativos à industrialização da construção. A maioria dos escritos do autor tem aparecido nos cadernos do CSTB e dentre eles destacam-se os seguintes:

O Método Radical: É extremamente difícil individualizar hoje, os métodos construtivos de amanhã, porque, certamente, estes estarão associados a um diferente modo de viver e morar[32]. Tratar-se-á provavelmente, de grandes elementos, muito leves, que poderão ser transportados com facilidade até pelo ar, e que se encaixarão em megaestruturas, como gavetas num armário. (Tais são as idéias contidas em certos projetos de Le Corbusier e Kenzo Tange, por exemplo.)[33] Portanto, sem pretender explorar o campo das utopias e das profecias de difícil constatação, será melhor analisar em profundidade aquilo que hoje parece oferecer as melhores perspectivas no caminho da industrialização da construção, isto é:

O Método Evolutivo: Foi-se tornando claro que a melhor maneira de repetir a concentração dos poderes de decisão, típica dos setores industriais mais evoluídos, era integrar, de preferência dentro de um mesmo corpo administrativo e produtivo, todas as funções antes pulverizadas da construção tradicional. A consciência desse processo cresceu gradativamente, assumindo aspectos próprios, em cada país, no que concerne aos diferentes tipos e gêneros de construções industrializadas, como decorrência de políticas diferentes de reconstrução e urbanização.

"Les conditions techniques necessaires au lancement de la prefabrication d'elements destinés à la vente", *Cahiers du CSTB* (63) 529:7-9; ago. 1963.

"Composition et construction industrialisée", *Cahiers du CSTB* (75) 646:27-33; ago. 1966.

"A construção de habitações econômicas — Por que e como industrializar" — Resumo da conferência proferida aos estagiários do curso "Techniques Modernes de Construction". Traduzida, anotada e publicada numa série de textos para leituras dos alunos em seminários da disciplina "Industrialização da Construção". Departamento de Publicação FAUUSP, 1971.

"Tendências da Industrialização da Construção " — Resumo da conferência proferida aos estagiários do curso "Techniques Modernes de Construction", *Idem*. Departamento de Publicações FAUUSP, 1971.

32. CHENUT, D. & SARGER, R. e colab. Une Proposition Pour l'Industrialisation de la Construction des Logements. *Techniques et Architecture* 24 (6):97, set/out. 1964. VERS une Industrialisation de l'habitat *L'Architecture d'Aujourd'hui*, Boulogne Sur Seine, 148. fev/mar 1970.

33. RAGON, Michel. *Les Visionnaires de l'Architecture*. Paris, Edit. Laffont, 1965, p. 34 e ss.

—. *Le Corbusier 1910-60*. Zurique, Les Editions Girsberger, 1960. p. 154 e s.

TANGE, Kenzo e colaboradores. Plan For Tokio — 1960. *Japan Architect* 36(4):8-38, abr. 1961.

ARCHIGRAM GROUP/LONDON — A chronological Survey. *Architectural Design* 35(11):559-72, nov. 1965.

Na Inglaterra, a indústria reconvertida às condições de economia do tempo de paz foi dirigida para a produção de componentes destinados à construção, aproveitando uma capacidade ociosa já instalada e altamente qualificada. Disso resultou um aperfeiçoamento geral pois toda a primeira etapa de reconstrução, principalmente nos setores de escolas, edifícios administrativos e industriais, baseou-se na continuidade de uma experiência tecnicamente muito evoluída. Neste caso houve a concomitância de três fatores:

capacidade de produção ociosa nas indústrias dos setores marginais à construção civil, mas sobretudo em outros ramos industriais, como na indústria aeronáutica e automobilística; maior necessidade de edifícios que não podia ser satisfeita pela indústria da construção tradicional na medida em que estava despreparada e atrasada; e, por fim, uma adequada planificação dirigida seja aos projetistas seja aos consumidores[34].

Na União Soviética, a preocupação com a construção de grandes conjuntos residenciais para os trabalhadores data dos primeiros anos da revolução. Foi com o Segundo Plano Qüinqüenal (1933-37) que se passou à realização efetiva de edifícios altos com paredes e lajes compostas por grandes blocos de concreto armado, e até 1939 cada edifício a ser construído era projetado separadamente. Nos anos de guerra foi efetuada a transferência de fábricas e operários para as regiões orientais do país, para a Sibéria, Urais e Ásia Central notadamente, sendo as famílias dos trabalhadores abrigadas em casas provisórias, executadas com sistemas leves em madeira, fibrocimento e chapas galvanizadas. Nos anos do após-guerra e durante a realização do Quarto Plano Qüinqüenal (1946-50), retomou-se a construção por meio de grandes elementos de concreto armado, notando-se porém uma baixa produtividade e dispersão dos recursos disponíveis. Foi somente durante a realização do Plano Decenal de 1951-1960 que se constatou a necessidade de centralizar de uma maneira mais eficaz os inúmeros grupos que se dedicavam à construção, dando-lhes uma organização centralizada e uma política técnica unificada. Até 1954 a construção de moradias e de edifícios públicos em Moscou era

---

34. OHL, Herbert. *Teoria e Técnica nella prefabbricazione e sua influenza sull'architettura*. *Stile Industria*, 33:5-16, ago. 1961.

realizada por um elevado número de organizações de construção dependentes de 44 ministérios e autarquias diversas. Uma análise escrupulosa e multilateral demonstrou que as causas principais do funcionamento, naquela época insatisfatório, das equipes de construção em Moscou, eram sobretudo devidas ao baixo nível de organização na maioria dos grupos de produção e montagem, além de uma dispersão dos meios existentes numa grande quantidade de programas. Isto, por sua vez, implicava num rendimento insatisfatório dos quadros de mão-de-obra e dos recursos técnico-materiais... [35] Com a organização do "Glavmosstroi" foi possível passar a uma fase de construção em massa de habitações, segundo projetos-padrão, que eram produzidos integralmetne em usinas. A existência de uma política habitacional e tecnológica unificada e dirigida para a industrialização da construção permitia a:

— aplicação de meios mais práticos de mecanização dos processos de produção para a fabricação de componentes para a construção e para a mecanização completa dos trabalhos de construção e montagem;

— melhora, sob todos os pontos de vista, da organização e dos métodos de trabalho, com o largo emprego de equipes especializadas na execução e no acabamento, que asseguram uma alta produtividade no trabalho, a diminuição dos tempos de construção e uma qualidade melhor dos trabalhos... [36].

---

35. PROMYSLOV, V.F. *Moscow in Construction — Industrialized Methods of Building* (traduzido do russo por B. Kuznetsov), Moscou, MIR Publishers, 1967. (Ver principalmente partes 1 e 2, Caps. 1 a 6). Sobre a industrialização da construção da União Soviética há poucas publicações. Ver principalmente:
—. Documenti sull'industria edilizia in URSS. *Casabella continuità* n. 263, maio 1962, p. 29 e ss. O número precedente da revista, inteiramente dedicada à União Soviética, não abordava especificamente o problema da industrialização da construção. A longa bibliografia mencionada no fim da revista não trazia um título sequer sobre o assunto.
—. PARKINS, M.F. *City Planning in Soviet Russia* — The University of Chicago Press — Cambridge University Press. 1953.
—. KUSNETZOV, G.F *Prefabrication con Hormigon Armado:* Viviendas y Edificios Publicos. Argentina, Editorial Lautaro. 1957.
—. DYACHENKO, P. e MIROTVORSKY, S. *Prefabrication of Reinforced Concrate* translated from the russian by S. Klein. Moscou Peace Publishers s/d.
—. CECCARELLI, P. *La construccion de la ciudad sovietica.* Coletânea de estudos publicados simultaneamente por Marsilio Editori, Pádua e Editorial Gustavo Gili S.A. Barcelona 1970.
—. CRESPI, R. L'Industrializzazione dell'edilizia. *Sapere,* 653, 1964.
36. PROMYSLOV, V.F. *Op. cit. Casabella Continuità,* p. 39.

Na França do após-guerra, a carência de materiais e mão-de-obra qualificada foi a principal força motora de todas as iniciativas. Num primeiro tempo, procedeu-se a uma intensa racionalização dos sistemas tradicionais. Em seguida e por um tempo relativamente curto, utilizaram-se elementos pré-fabricados em concreto armado de dimensões médias — aproximadamente 0,60 a 0,90 X 2,50 X 0,20 m — montados numa estrutura portante convencional. Estes elementos tinham um peso limitado de cerca de 1 tonelada, que correspondia à capacidade de levantamento dos equipamentos existentes. A experiência demonstrou que não havia vantagens neste caminho, pois o número de juntas verticais, as mais difíceis de executar, era muito grande. O tamanho dos painéis foi, pois, crescendo até atingir as dimensões de um vão completo. Desta maneira foi possível reduzir o número de juntas e, sobretudo, localizá-las nas intersecções dos elementos transversais e longitudinais. Estas juntas tornaram-se de solução muito mais simples tanto no plano estético quanto no plano técnico (resistência mecânica e impermeabilidade). Desta maneira, a estrutura portante foi abandonada e painéis de grandes dimensões com função estrutural, em concreto armado, acabaram por se impor com grande rapidez.

Este método construtivo generalizou-se e com pequenas variações domina atualmente o panorama da construção industrializada na Europa. Os edifícios, principalmente no que se refere à construção de habitações, são subdivididos em grandes elementos, em geral painéis parede, que são fabricados por uma empresa em usinas fixas ou usinas móveis ao pé dos canteiros, e montados por meio de gruas, com equipes reduzidas de operários semi-especializados. Trata-se quase sempre de séries relativamente curtas, pois um molde repete apenas algumas centenas ou milhares de vezes a mesma peça durante sua vida útil. Os investimentos em equipamentos variam entre 5 e 15% e sua amortização entre 1% e 3% do preço final da habitação[37]. É a assim chamada industrialização de CICLO FECHADO, pois uma mesma empresa, ou grupo de empresas coligadas, executa inteiramente com seus próprios meios e em suas

---

37. CIRIBINI, G. *Op. cit.* na nota 16 Cap. 1, p. 117 e ss.

próprias usinas o produto final, isto é, o edifício completo. Os construtores, estimulados por uma política habitacional que visava sob todas as formas o aumento de produtividade, lançaram-se por caminhos diferentes a uma série de pesquisas visando aumentar o número de habitações produzidas na unidade de tempo (N), mantendo os custos (C) estáveis. Na relação

$$P = \frac{n^o \text{ habitações/ano}}{C},$$

que exprime a Produtividade da indústria da construção, permitindo eventualmente comparar os resultados obtidos por diversas empresas mesmo em nível internacional, C exprime uma soma de quatro fatores que contribuem para o custo final da obra: 1 — custo da mão-de-obra de produção (salários diretos mais leis sociais); 2 — custo do projeto (mão-de-obra especializada empregada no projeto, controle e programação da montagem); 3 — amortização das instalações, custos da energia empregada e despesas de manutenção; 4 — despesas de transporte entre a oficina e o canteiro, relacionadas com uma unidade produzida definida como metros quadrados de área construída e expressa em horas de trabalho. O custo das matérias-primas, para efeito de comparação entre sistemas fechados, ou entre sistemas industrializados e sistemas tradicionais, pode ser eliminado, porquanto não é necessário comparar seus custos mas somente avaliar o custo ou energia dispendida no processo de fabricação, considerando o eventual maior custo das matérias-primas, nos sistemas industrializados, como "valor acrescido ao produto de base"[38]. A produtividade aumenta quando, à paridade de custos, verifica-se um incremento do número de habitações produzidas. Para atingir esse resultado os construtores, de uma maneira geral, encontraram três grandes dificuldades. Inicialmente, e com o objetivo de diminuir o componente dos custos relativo à mão-de-obra de produção, (C1) mecanizaram e concen-

---

38. Estudo sobre o índice de produtividade da indústria da construção efetuado pelo Instituto Betelle de Genebra, e citado por OLIVIERI, G.M. *Op. cit.* p. 102 e ss.

traram as operações de produção em usinas fixas ou móveis. Desta forma aumentaram porém os custos em equipamentos e em conseqüência a parcela de amortização (C3). Foi necessário então produzir com os mesmos equipamentos séries maiores para que os custos acrescidos fossem distribuídos uniformemente.' Com isso cresceram enormemente os custo de programação e projeto (C2) e mais uma vez o tamanho das séries foi aumentado para amortizar esses custos acrescidos. Foi possível controlar os custos de transporte entre a usina e o canteiro (C4) através de uma série de variáveis que devem ser analisadas e ponderadas a cada novo canteiro contratado. Três são os casos possíveis: dois extremos e um duvidoso. Os casos extremos correspondem: o primeiro, à existência de uma usina que possa suprir o novo canteiro; o segundo, à ausência de usina. Suprir o novo canteiro significa que a usina em referência dispõe de uma reserva na sua capacidade de produção que pode ser ativada, e que a distância que a separa do novo canteiro corresponde às suas possibilidades de transporte. Isto significa, em outras palavras, que a "cadência de montagem" ou progresso do novo canteiro permite introduzir a nova série no programa ou capacidade de produção da usina.

"Esta noção de cadência da produção é muito importante: pode modificar radicalmente os dados de um problema. Uma operação de 1000 habitações à razão de *1* ou *1,5* habitações/dia difere, sensivelmente de uma operação da mesma importância à razão de *3* habitações/dia. A cadência *1* a *1,5* habitações/dia é uma cadência econômica; *3* hab/dia é uma cadência forçada; mais de *3* hab/dia já é tentar bater recordes. Pode-se em geral reduzir a importância da série, diminuindo a cadência, porque se aliviam os equipamentos, sobretudo quando se trata de uma usina externa, junto ao canteiro. Séries muito reduzidas, por exemplo, são exeqüíveis numa base de *4* habitações/semana" .

O caso duvidoso corresponde às situações em que o novo canteiro está, por exemplo, no limite do raio de ação de uma usina fixa. Esta noção de "limite do raio de ação" é ela mesma elástica. Com efeito não é a distância propriamente que deve ser levada em conside-

---

39. AUDIN, M. "A construção por meio de grandes painéis pré-fabricados". Resumo da conferência proferida aos estagiários do curso "Techniques Modernes de Construction". Traduzida, anotada e publicada numa série de textos para leitura dos alunos em seminários da disciplina "Industrialização da Construção". Departamento de Publicações FAUUSP, 1971.

ração mas sim o número de "rotações"[40] possíveis num mesmo dia. Pode ser viável fazer duas rotações por dia numa distância de 80 km, sem obstruções, numa rodovia, e não conseguir completar uma sequer numa distância menor, num traçado difícil, num trânsito intenso. Da mesma maneira, o limite de capacidade de uma usina é flexível, pois pode ser vantajoso instalar junto ao canteiro uma pequena usina móvel que produzirá as peças mais simples, como os painéis divisórios, peitoris, lajotas de piso, acabamentos externos, etc., enquanto a usina central produzirá apenas as lajes e fachadas, por exemplo, cuja fabricação é mais delicada e complexa. Desta maneira, manipulando os componentes que influenciam os custos de transporte, os construtores, na sua maior parte, limitaram o problema, em última análise, ao tamanho da série a ser produzida. Quanto maior a série contratada, mais viável torna-se a industrialização, amortizando os custos dos projetos e dos equipamentos. Quanto maior á série maiores serão os recursos disponíveis para a mecanização e centralização das operações em usinas fixas que oferecem, inegavelmente, as maiores vantagens, pois permitem organizar o serviço segundo critérios de produtividade ótima, executar controles operacionais rigorosos e dar à mão-de-obra melhores condições de trabalho e um elevado grau de estabilidade.

A viabilidade da industrialização da construção ciclo fechado está, pois, vinculada à produção em grande série, distribuída uniformemente por um longo período de tempo. Desta recíproca dependência resultam as maiores dificuldades com que se defronta o setor no momento, e que podem ser enquadradas em duas ordens de pensamento: de um lado, a falta de uma clara e ordenada política de industrialização da construção; e de outro, a falha registrada pela maioria das grandes realizações do após-guerra em adequar a escala da produção à qualidade espacial requerida, pelo vulto das intervenções.

---

40. Rotação/dia — entende-se por rotação a viagem de ida e volta da carreta que fica no canteiro enquanto a grua vai montando as peças. Elimina-se assim a operação de descarga das peças no canteiro, ocorrendo muitas vezes, porém, um aumento no número de equipamentos, no caso carretas, pois o "cavalo" volta à usina com outra carreta vazia e assim sucessivamente.

A política habitacional, de uma maneira geral, sempre foi entendida como uma política de distribuição e administração de contratos para construção, visando contentar um maior número de empreiteiros. A preocupação inversa, isto é, favorecer o desenvolvimento de habitações melhores, a custos menores para um número maior de habitantes, muitas vezes foi perdida de vista por administrações submetidas a pressões políticas, a entraves burocráticos e freqüentemente a uma ausência total de objetivos a longo prazo. A reconstrução, para a maioria dos países europeus, foi uma ocasião perdida se considerada a possibilidade de organizar e implantar uma industrialização de base no setor de construção civil. Preferiram-se soluções de racionalização e a pulverização dos canteiros em um sem-número de pequenas empresas construtoras. Refletindo uma situação comum a muitos países europeus, a Itália, apesar de profundamente atingida pelas destuições da última grande guerra, oscilou continuamente na definição de sua política de reconstrução e até o momento não foi capaz de criar as condições própícias para a implantação efetiva da industrialização da construção.

Toda a construção pré-fabricada feita na Itália é subvencionada exclusivamente pelas entidades públicas, como aliás aquelas dos demais países europeus. O motivo desta "exclusividade" está no fato do Estado ser o único comitente em condições de pôr em concorrência trabalhos com as características e dimensões tais que justifiquem a criação de estruturas produtiva *ad hoc*, e de garantir aos produtores num futuro imediato uma demanda constante de moradias. Esta é também uma ação discriminatória do Estado em relação às empresas de menor capacidade de produção. A atual crise nas construções deixou claro este lado negativo da intervenção do Estado em nosso país: de fato, sua ação tornou-se mais cautelosa ultimamente, e as grandes empreitadas, antes contratadas de uma só vez, foram hoje fraccionadas em empreitadas menores com o objetivo de dar trabalho a mais empresas[41].

A contradição é evidente: a industrialização de ciclo fechado, com o objetivo de aumentar a produtividade e diminuir os custos necessita de um ritmo constante de trabalho, num longo período de tempo; a política de distribuição dos contratos prefere freqüentemente diluir as concorrências, obrigando as firmas a trabalharem sem estímulo quer para investigar novos

41. OLIVIERI, G.M. *Op. cit.* p.103 e ss.

métodos de construção, quer para equipar seus canteiros e usinas. Não é viável modificar uma linha de produção uma vez por mês, nem mesmo uma vez cada dois meses; quanto maior a mecanização menos elástica é a possibilidade de introduzir modificações no ciclo produtivo, mais rígidos são a programação, o controle e a organização. São exceções a essa situação a França, Dinamarca e Suécia, que desenvolveram de forma contínua e coerente uma política de estímulos e incentivos à industrialização, possuindo hoje uma tecnologia própria, firmemente estabelecida. Este *know-how* está no momento sendo exportado sob a forma de licença ou mesmo atuações diretas pelas grandes empresas francesas ou escandinavas para quase todos os países europeus, inclusive para a Inglaterra que, na prática, só desenvolveu um conjunto de sistemas destinados à construção de habitações unifamiliares, escolas e pequenos edifícios administrativos. Nestes países, verificou-se tardiamente que a produtividade da construção tradicional diminuía constantemente e que não havia condições de atender à mudança na escala requerida pela elevação dos padrões de vida da população, exigindo um número crescente de habitações maiores e melhores. Verificou-se não haver condições de competição com os sistemas já experimentados, franceses e dinamarqueses, principalmente pelo custo que representam e pelo tempo necessário ao amadurecimento de uma tecnologia própria, ao aperfeiçoamento dos centros de pesquisas e dos técnicos e projetistas habilitados. Não estão incluídos nesta apreciação os países socialistas que a partir de um planejamento habitacional fortemente centralizado tiveram condições para desenvolver uma industrialização eficiente e altamente produtiva.

Dentro desta perspectiva, a construção de Brasília foi uma oportunidade perdida, poderia ter sido o princípio de um vigoroso trabalho visando a industrialização da construção no Brasil. Os atuais planos habitacionais teriam, do ponto de vista tecnológico, um roteiro seguro e uma base industrial mais organizada.

O problema de adequação de escala de produção à qualidade espacial das realizações parece ser consideravelmente mais complexo. Enquanto as primeiras realizações do após-guerra não iam além de 100 habitações num mesmo lugar, hoje os canteiros com 10 000 ou mais apartamentos tornaram-se freqüentes. A construção de conjuntos dessa envergadura está essencialmente vinculada ao emprego de sistemas industrializados de construção. Isto significa montar uma usina para produzir até mesmo 10 habitações por dia durante três ou mais anos, sem retomar os estudos, sem modificar as mesas de fabricação, portanto, dentro da mais estrita economia.

"E suspiraremos dentro da mais estrita monotonia... Nós preferimos dizer, dentro da mais estrita uniformidade pois as duas expressões não são sinônimas..."[42].

Este jogo de palavras não esconde o grande problema com que se defronta a industrialização fechada de grande série. Constatou-se que a construção de edifícios com pouca profundidade era mais cara que edifícios profundos, pois o número de painéis-fachada, muito mais complexos de executar, era maior em relação à área de piso; que os edifícios isolados eram mais onerosos que os edifícios geminados em linha, pois os percursos da grua podiam ser melhor aproveitados; que variações excessivas nas disposições dos alojamentos, em nome de uma suposta maior adequação às exigências do mercado, não eram aceitáveis. Procurou-se, portanto, empregar projetos-modelo compostos por algumas plantas padrão, suscetíveis de serem industrializados eficazmente. Os resultados práticos que decorreram da aplicação maciça e indiscriminada dessas constatações foram profundamente medíocres. Os *grands ensembles* da região parisiense testemunham de forma insofismável que a repetição de blocos sempre iguais, que a somatória linear de mesmas unidades formando gigantescas serpentinas, retas ou sinuosas, como mais recentemetne se pretendeu[43], não são suficientes para

42. AUDIN, G.M. *Op. cit.* p.6.
43. Ver, por exemplo, o conjunto "Les Courtillières", situado na Avenue de la Division Leclerc, Pantin, na região Norte de Paris, projeto do arquiteto Aillaud. Esta obra executada em 1959, pelo processo CAMUS, em grandes elementos de concreto armado, apresenta um edifício alongado e sinuoso com mais de 700 m de comprimento até ser interrompido por uma rua; continua do outro lado no mesmo alinhamento por mais 350 m aproximadamente. Do mesmo arquiteto há um outro enorme conjunto na região Sul de Paris La Grande Borne em Grigny (1967-1971), onde a serpentina tornou-se tão sinuosa que o próprio arquiteto a denominou "Le Labyrinthe", e o edifício com leves interrupções atinge alguns quilômetros de comprimento. Referência: I. SCHEIN, *Paris Construit Guide de l'architecture contemporaine*, 2. ed., Editions Vincent Freal et Co. Paris, 1961.

formar espaços urbanos com escala e dimensões humanas. Estes grandes conjuntos, dos quais a "Cité des Sablons" em Sarcelles na região Norte de Paris, obra dos arquitetos Boileau e Labourdette (1959) tavez seja o mais tristemente famoso[44], mas certamente não o pior, revelam que a indústria de per si não é capaz de resolver os problemas dos aglomerados urbanos; que a simples resolução dos problemas tecnológicos inerentes à produção não é suficiente para suprir a ausência de imaginação social e espacial. Os sistemas mais difundidos são extremamente limitados do ponto de vista inventivo e mal orientados do ponto de vista cultural porque procuram a solução do problema exclusivamente no âmbito tecnológico de suas próprias experiências, e não de um ponto de vista global. A consciência desse problema tem aumentado, e as dificuldades encontradas pelos construtores franceses e escandinavos em impor séries muito longas obrigaram os projetistas a procurar novos caminhos. Mesmo nos países socialistas, principalmente na Tcheco-Eslováquia e na Hungria[45], os construtores passaram a considerar vantajosos os sistemas mais flexíveis, pois na prática revelou-se bastante difícil impor o mesmo tipo de habitação a 10 000 famílias distintas ou mesmo a 100 000 como foi tentado. Parece pois não ser realista, dentro do sistema econômico liberal, imaginar a construção de 100 000 habitações idênticas, nem mesmo 10 000.

Em conseqüência, se não é a habitação que pode beneficiar-se da produção em grande série, é preciso admitir que são as partes, os componentes da habitação; se não é possível imaginar a construção de 100 000 habitações iguais, pode-se imaginar, no entretanto, a execução de 100 000 painéis de fachada iguais, que poderão ser vendidos a numerosos construtores e que poderão mesmo ser exportados. Pode-se

---

44. Sobre este conjunto muito se tem debatido. I. SHEIN no *Op. cit.* acima, p.228, escreveu: "... O conjunto de Sarcelles será para os arqueólogos do ano 3000 a prova da desordem cultural, política, arquitetônica e cívica do após-guerra. Este conjunto é também, o motor de uma tomada de consciência da qual os jovens arquitetos, os jovens administradores e políticos, decidiram tirar partido, o que lhe permitirá nunca mais pensar em cometer tais erros..." Ver a esse respeito também: "Les Grands Ensembles douze ans après" por *Jean Lagarde* em *URBANISME Revue Française* n. 106, 1968, p.30 e ss.

45. JORDAN, John. Industrialized Building in Eastern Europe: Hungary. *The Architect's Journal*, Londres, p.713 e ss., 22 mar. 1967 (Information Library: Technical Study UDC 69.002.2 Production: Prefabrication). JORDAN, John Industrialized Building in Eastern Europe: Czechoslovakia. *The Architect's Journal*, Londres, p.961 e ss. 19 abr. 1967.

assim atingir a grande série muito mais facilmente com os componentes do que com a habitação completa[46].

A industrialização de componentes destinados ao mercado, e não exclusivamemte às necessidades de uma só empresa, é hoje conhecida como industrialização aberta ou de CICLO ABERTO, por oposição à fechada, que consiste em pré-fabricar elementos em função do próprio consumo, nas próprias obras. Retorna-se assim à primitiva divisão do trabalho que, sem dúvida, oferece as melhores possibilidades de especialização e conseqüentemente de estandardização e produção em massa. Os elementos assim produzidos poderão ser combinados entre si numa grande variedade de modos, gerando os mais diversos edifícios e satisfazendo uma larga escala de exigências funcionais e estéticas. É também conhecida como industrialização de catálogo pois obriga o fabricante a estabelecer um catálogo, e possivelmente um estoque, que contenha as características dos elementos, definidos seja pelas qualidades físicas de resistência, isolação, peso, etc., seja pelas dimensões e tolerâncias de fabricação. A industrialização aberta não é uma idéia nova, pois já fazia parte das propostas para a habitação mínima discutida pelos arquitetos de vanguarda nos anos cruciais do primeiro após-guerra. Nesse período constatou-se a necessidade de retomar a pesquisa arquitetônica nos seus aspectos mais simples com o objetivo de enquadrar o problema da composição com a necessária racionalidade. Assim, a casa foi subdividida em uma série de componentes elementares e o projeto numa sucessão de etapas: inicialmente, estudaram-se as partes, e, em seguida, suas combinações. As células de habitações foram agrupadas formando unidades de residência e unidades de vizinhança e a cidade foi concebida como um agregado de unidades de vizinhança reunidas em grupos segundo a hierarquia das funções. Esta metodologia de trabalho foi de encontro a uma necessidade sentida por todos em racionalizar a fase de concepção do projeto, pois permitiria distribuir os esforços intelectuais de maneira mais correta, colocando cada decisão no tempo e na escala própria. Mas foi também, e fundamentalmente, a maneira de ade-

---

46. BLACHÈRE, G. Tendências da Industrialização da Construção. *Op. cit.* p.16 e ss.

quar a nova arquitetura, pela subdivisão da célula de habitação, nos seus componentes elementares, aos critérios da produção industrial. Neste sentido, as pesquisas efetuadas nesse período revelaram-se de extrema lucidez, pela clareza com que relacionaram a natureza da atividade urbanística com a arquitetura que a conformava, e esta por sua vez com a indústria, a qual permitia produzir na quantidade e no tempo exigido pelas novas realizações e de uma maneira econômica. Já em 1924, quando diretor do Bauhaus, Gropius enunciou com precisão o programa de trabalho a ser desenvolvido:

> a redução no custo da construção de habitações é de importância decisiva para o orçamento nacional. As tentativas para reduzir os custos dos métodos convencionais de trabalho manual introduzindo técnicas mais rigorosas de organização, somente produziram pequenos progressos. O problema não foi encarado pelas suas raízes. O novo objetivo, por outro lado, seria a manufatura mediante métodos de produção em massa de habitações de estoque, que não mais seriam construídas no canteiro, mas produzidas em fábricas especiais na forma de partes ou unidades componentes prontas para montagem. As vantagens deste método de produção seriam proporcionalmente maiores na medida em que fosse possível montar no canteiro estes componentes pré-fabricados das habitações, tal como se montam as máquinas[47].

Com estes objetivos em mente, uma pré-fabricação parcial foi realizada em 1926 no conjuto Törten em Dessau, e uma outra tentativa foi realizada no Weissenhof de Stuttgart em 1927, onde duas habitações foram construídas com estrutura metálica e painéis divisórios compostos por um miolo de cortiça e revestimentos de fibrocimento. Em 1931 Gropius desenvolve para a Hirsch Kupfer und Messingwerke A. G. uma habitação mínima que podia crescer pela adição de novos componentes, constituídos basicamente por painéis de madeira autoportante, revestidos internamente com placas de fibrocimento e externamente com chapas corrugadas de

---

47. GROPIUS, W. *Scope of Total Architecture*, Nova York, Harper & Brothers Publishers. 1955. Este livro é uma coletânea dos artigos do grande mestre alemão, que Bruno Zevi chamou "o maior educador da arquitetura contemporânea", reunidos segundo quatro grandes temas: a educação dos arquitetos e projetistas; o arquiteto contemporâneo; planejamento e habitação e objetivos da arquitetura integral. Para os fins deste trabalho ler principalmente: os artigos n. 9 "CIAM 1928-1953", n. 10 "Premissas sociológicas para a habitação mínima das populações industriais urbanas" e n. 14 "A indústria da Construção", à p. 151, do qual foi retirada a passagem citada. Em relação às traduções deste livro ver nota 12, Cap. 1.

cobre[48]. Mas no mesmo ano, todo o trabalho de desenvolvimento foi interrompido pela crise econômica e pouco depois, com a ascenção dos nazistas ao poder, a pesquisa foi definitivamente abandonada. As experiências de Gropius prosseguiram nos EUA onde elaborou, associado a K. Wachsmann um sistema de construções que ficou conhecido como "General Panel System". Em 1947, foi montada uma fábrica em Los Angeles que passou a produzir componentes para habitações, totalmente industrializados;

> não se tratava de construir um certo tipo de casa mas simplesmente desenvolver o elemento pré-fabricado mais completo, que pudesse ser usado para qualquer tipo de construção, em um ou dois pisos, mediante uma montagem simples no canteiro com uma mão-de-obra sem experiência .

Com este resultado, foi possível integrar no mercado de consumo, como qualquer outro produto industrial, um sistema de industrialização de habitações, experimentado e desenvolvido inteiramente dentro dos critérios de produção industrial. O material usado nos componentes da General Panel foi basicamente a madeira, seja porque podia ser obtida em quantidade e qualidade, seja porque era mais econômica, para os objetivos que se desejavam. Este sistema apresentou resultados comerciais positivos porque integrou-se no quadro de uma experiência americana de moradias em madeira, inciada com a casa tipo *balloon frame* ou estrutura tipo Chicago, que há mais de cem anos é a base de construção residencial suburbana norte-americana.

Os mesmos resultados não foram obtidos até o presente momento em outros contextos econômicos tecnológicos e sociais. Não foi possível obter sistemas suficientemente flexíveis em concreto armado ou aço ou mesmo com as novas matérias plásticas. É preciso que os componentes feitos dos mais diversos materiais possuam as características básicas de um sistema aberto, ou em outras palavras é preciso que tais peças sejam SUBSTITUÍVEIS por outras de diferentes origens; INTERCAMBIÁVEIS, isto é, possam assumir diferentes

---

48. GIEDION, S. *Walter Gropius L'uomo e l'opera*. Milão, Edit. Di Cominità, 1954, pp. 73 e 193.

49. WACHSMANN, Konrad. *Una Svolta nelle Costruzioni*. Milão, Edit. Il Saggiatore, 1960, cit. em GRISOTTI, M. *Op. cit.*, p.66 e ss.

posições dentro de uma mesma obra; COMBINÁVEIS entre si formando conjuntos maiores (aditividade dos termos), e que por sua vez sejam PERMUTÁVEIS por uma peça maior ou por um número de peças menores. O problema passa então a concentrar-se nas relações entre os elementos; na maneira de associar uma infinita gama de materiais nas mais diversas situações e, indubitavelmente, produzir com eles uma arquitetura melhor, mais rica, mais flexível, mais capacitada a dar uma resposta adequada à complexidade da vida social urbana contemporânea[50].

O problema não reside propriamente na dificuldade técnica de produzir juntas com características universais, mas em estabelecer critérios válidos e aceitos por todos sejam projetistas, fabricantes ou construtores. A subdivisão do processo de construir em um número elevado de subprocessos ou especializações permite, sem dúvida, um alto grau de estandardização e a produção em massa de componentes, mas exige um esforço muito grande de coordenação desses elementos. Sobretudo, é preciso haver um acordo dimensional e qualitativo sobre o que vai ser produzido para o mercado aberto.

A necessidade de se estabelecer um acordo dessa natureza, pelo qual fosse possível coordenar os elementos de uma construção produzidos industrialmente, foi sentida há muitos anos e foi objeto de uma pesquisa sistemática e criteriosa que assumiu o nome geral de COORDENAÇÃO MODULAR.

A adoção de um sistema de coordenação modular como fundamento para a normalização dos elementos de construção é uma condição essencial para industrializar sua produção. O objetivo deste sistema é o de organizar as dimensões das construções, de maneira a reduzir a variedade de tamanhos nos quais todos os componentes e equipamentos devam ser produzidos, e permitir seu uso no canteiro sem modificações, cortes ou retoques, tomando como referência a dimensão de base denominada módulo. O termo "módulo", de onde deriva a expressão "coordenação modular", vem do latim (modulus-pequena medida) e contém em si dois conceitos distintos. O primeiro considera o módulo como unidade de medida, em dimensão normal, isto é,

50. CROSBY, Theo. *Architecture City Sense*. Londres, Studio Vista, 1965 (Ver principalmente "Action Building", p.85 e ss.)

oferece uma base dimensional que associada a uma série de números dá origem a uma gama de formatos ou, de uma maneira geral, a uma série de dimensões ordenadas. Na arquitetura helênica e em seguida na arquitetura clássica inspirada nos tratados de Vitrúvio (Os dez Livros de Arquitetura, Século I a.C.) ou Palladio (Quatro livros de Arquitetura, 1570), o módulo é, de uma maneira geral, uma unidade de proporção, na maioria dos casos, o raio de uma coluna na base, à qual estão relacionadas as dimensões de todas as outras partes do edifício. Cada uma destas dimensões é um múltiplo do módulo, sem ser forçosamente um múltiplo de uma outra dimensão, ou, em outras palavras, as dimensões não são comensuráveis entre si. Todavia, a concepção atual da coordenação modular tem aspectos utilitários que ultrapassam as considerações de estética e harmonia. O objetivo principal é o de tirar o melhor partido possível, no plano econômico, da tipificação modular, utilizando elementos normalizados, no maior número possível de edifícios. Foi este aspecto utilitário que interessou ao engenheiro americano Albert F. Bemis, o qual dedicou-se durante a Primeira Guerra Mundial à aplicação da idéia modular à construção de habitações. Propôs, pela primeira vez, o uso de um módulo cúbico e concebeu a idéia de uma "matriz" gerada por esses módulos cobrindo todo o edifício em três dimensões. Sua tese era a de que se todos os componentes da construção fossem dimensionados em múltiplos do módulo, eles poderiam ser racionalmente organizados dentro da matriz [51].

O segundo conceito implícito no termo módulo é o de fator numérico, isto é, estabelece uma correlação entre os termos de uma série de números ou entre as dimensões de uma gama de grandezas. Seria, por exemplo, o fator constante (razão) nas progressões aritméticas e geométricas. É esta concepção que está na base do "modulor", uma série de dimensões normalizadas estabelecida por Le Corbusier e publicado em 1948. Neste caso, o fator multiplicador comum ou módulo é igual a 1,618 e constitui o princípio unificador de uma gama de dimensões gerada por duas séries de Fibonacci. Na práti-

---

51. BEMIS, A.F. *The Evoluing House; Vol.3: Rational Design.* Cambridge Mass., Cambridge Technology Press, 1936. Ver também PLANNING units for house design — Discussions of Bemis cubical module "interalia". *Architectural Record*, Nova York, 80(1):66 e ss. 1936.

ca, as possibilidades de aplicação destas grandezas são limitadas principalmente pela falta de aditividade dos termos[52].

Os princípios que governam a coordenação modular não são novos portanto, mas foi somente depois da Segunda Guerra Mundial que foi sentida a necessidade de sistematizar os estudos tendo em vista as técnicas modernas de industrialização da construção. O primeiro passo no sentido de unificar as experiências isoladas foi dado pela Agência Européia de Produtividade (AEP), da Organização Européia de Cooperação Econômica (OECE), que em novembro de 1953 reuniu um grupo de especialistas para discutir o relatório apresentado pela Grã-Bretanha sobre a coordenação modular. Na Inglaterra, o estudo do problema havia se iniciado já nos últimos anos da guerra com a publicação em 1944 de um estudo: "Standard Construction for schools" que teve notáveis repercussões no desenvolvimento de sistemas para a construção de edifícios escolares. No mesmo ano, o Ministério das Obras Públicas publicou um "Survey of Prefabrication" e, em 1946, um estudo "Further Uses of Standards in Building" no qual se relacionavam as propostas contidas no relatório "American A62 Guide" com a prática profissional daqueles anos. Em 1947, o Building Divisional Council da British Standard Institution criou uma comissão encarregada de estudar o assunto. Em 1951 o Comitê publicou um informe "British Standard. 1708 — Modular Coordination"[53], que rapidamente foi divulgada, discu-

---

52. LE CORBUSIER. *Le Modulor, essai sur une mesure harmonique à l'échelle humaine, applicable universellement à l'architecture et à la mécanique.* Boulogne Sur Seine, Editions L'Architecture d'Ajourd'hui, 1948/50.

O problema da aditividade dos termos pode ser verificado, por exemplo, multiplicando por três os termos da série vermelha obtendo-se os seguintes valores em polegadas: 12, 19 1/2, 31 1/2, 51, 82 1/2, 133 1/2, 216, 349 1/2 e 565 1/2, e nenhum destes valores encontra-se numa ou noutra série. Tal fato verifica-se também com muitos outros múltiplos simples das dimensões do modulor, impedindo seu uso em maior escala e principalmente em relação à industrialização da construção.

Ver também os seguintes artigos sobre o assunto:

GHYKA, M. Le Corbusier's Modulor and the concept of the Golden Mean. *Architectural Review*, Londres, p.39 e ss. fev. 1948.

ENTWHISTLE, C. "How to Use the Module" e "Derivation of a module" — Plan 9 Group. *Architectural Design*, Londres, p.72 e ss., mar. 1953.

HOESLI, B. Le Corbusier Modulor. *Werk*, Zurique, p.15 e ss., jan. 1954.

COLLINS, Peter Modulor. *Architectural Review*, Londres, p.5 e ss., Jul. 1954:

53. "Modulor Coordination" BS 1708: 1951 First Report of BSI Committee. London, BSI — February 1951. Ver também:

tido e se tornou a base para todos os desenvolvimentos posteriores. Na reunião patrocinada em 1953 pela AEP ficou acertado que a melhor maneira de proceder ao estudo seria subdividi-lo em duas fases: na primeira, seriam recolhidas as opiniões e experiências dos países participantes, elaborando-se uma teoria sintética da coordenação modular; na segunda fase, proceder-se-ia à aplicação prática a fim de controlar a teoria[54]. Assim se agiu efetivamente, cada fase deu origem a um relatório hoje considerado básico sobre o assunto[55]. Os estudos, desde então, tiveram prosseguimento centralizados numa comissão de trabalho denominada Grupo Modular Internacional (GMI), membro do International Council for Building Research, Studies and Documentation (CIB)[56]. Este é atualmente o principal fórum para a discussão dos aspectos técnicos relativos ao assunto. O grupo foi constituído em 1960 pelos membros originais do projeto AEP n. 174, mas desde então foi ampliado — abrigando representantes de todos os países nos quais pesquisas estivessem sendo elaboradas. Os objetivos do trabalho no presente, variam desde uma revisão geral dos princípios teóricos básicos, até a publicação de normas para a seleção de dimensões preferenciais. As recomendações do GMI referem-se essencialmente ao estabelecimento de normas nacionais de coordenação dimensional tomando como base um módulo de 10 centímetros ou 4 polegadas. Os estudos e pesquisas atualmente em andamento estão associados à ave-

Modulor Coordination: first Report of the BSI Committee BS 1708. *Architect and Building News*, Londres, p.319 e ss., mar. 1951.

54. CAPORIONI; GARLATTI; TENCA; MONTINI. *La Coordinación Modular* (trad. esp. do original italiano) Barcelona, Editorial Gustavo Gili S.A., 1971, pp.51, 83 e ss.

55. Primeiro relatório: "La Coordination Modulaire dans le bâtiment", Project n. 174 — Publié par L'Agence Européenne de Productivité de l'Organisation Européenne de Cooperation Economique — Paris, 1956.

Segundo relatório: "La Coordination Modulaire — deuxième rapport — Projet EAP 174. *Idem ibidem*, Paris, 1961.

Ambos os volumes foram publicados simultaneamente em várias línguas. As informações contidas neste trabalho foram obtidas a partir destes livros.

56. INNOVATION in Building. Contributions at the second CIB Congress, Cambridge, 1962. Edited by the International Council for Building Research Studies and Documentation — CIB. Amsterdã, Elsevier Publishing Company, 1962.

—. TOWARDS Industrialized Building. Contributions at the third CIB Congress. Copenhague, 1965. Edited by the International Council for Building Research Studies and Documentation — CIB. Amsterdã, Elsevier Publishing Company, 1966.

riguação dos métodos adequados para selecionar uma certa gama de dimensões tendo em vista a industrialização de um elemento qualquer ou um grupo de elementos dados. Qual é o número mínimo de grandezas e como fixar cada uma delas? Como responder rapidamente e sem erros a essas perguntas quando se tornar necessário tomar decisões, praticamente definitivas, no momento de lançar a produção em grande série de um componente? Mesmo que seja possível alcançar um certo consenso sobre as dimensões de uma série de componentes um fabricante ainda poderá estar em dificuldades se lhe for pedido produzir esta gama numa variedade de especificações. É por esta razão que os estudos sobre a coordenação dimensional devem sempre ser acompanhados por um estudo sobre o comportamento dos materiais e sobre as especificações de execução e acabamento, de tal maneira que cada série de componentes possa ser indicada em termos de dimensões preferenciais e especificações de material e acabamento.

Tendo em vista alcançar estes dois objetivos, nos vários países membros, as discussões estão sendo levadas adiante pelos Departamentos Governamentais e pelas indústrias em relação a um grande número de componentes tais como janelas, partições, equipamento para cozinha e banheiros, portas e batentes, pisos, paredes e escadas. Na Inglaterra um "Grupo Interdepartamental de Trabalho" composto por membros de vários ministérios e associado à Building Research Station (BRS) e à National Building Agency (NBA) vêm executando um certo número de projetos, principalmente no setor de habitações, edifícios escolares, hospitais e edifícios públicos, nos quais dimensões preferenciais tenham a possibilidade de ser comprovadas praticamente. Há uma certa variedade de enfoques e as experiências estão sendo coletadas, estudadas e serão divulgadas oportunamente[57].

---

57. *The Coordination of Dimensions for Bulding.* Royal Institute of British Architects — SfB Ba$_4$/UDC 721.013. Coordenador da edição Bruce Martin, Londres, 1965.
Deste livro, extraordinariamente sintético e objetivo, foram tiradas as informações relativas aos desenvolvimentos mais recentes da Coordenação Modular.

Na França, com a construção de conjuntos habitacionais especialmente selecionados, conhecidos como "Setores Reservados" criaram-se estímulos para que a indústria da construção aberta tenha condições de se implantar. Trata-se, em grandes linhas, de facilitar o financiamento de programas habitacionais à condição que as empresas construtoras respeitem determinados parâmetros, como, por exemplo, a coordenação modular ou utilizem elementos pré-fabricados dentro do sistema aberto, como fachadas industrializadas, divisórias ou ainda componentes para cozinhas e banheiros que tenham sido previamente selecionados. Trata-se ainda de um setor experimental, de vanguarda, reduzido como número de realizações, mas fundamental no desenvolvimento da política habitacional francesa[58].

Em resumo pode-se afirmar que há um consenso generalizado sobre os objetivos a alcançar: chegar a um acordo sobre as dimensões básicas dos principais componentes da construção, de tal maneira a permitir o desenvolvimento da industrialização da construção de ciclo aberto. É de se prever um progresso lento mas seguro, pois soluções rápidas e fáceis dificilmente revelam-se úteis e válidas. A coordenação modular está tão intimamente ligada ao desenvolvimento da industrialização da construção que não poderá adiantar-se demasiadamente em relação à evolução da tecnologia sem o risco de se tornar mera especulação teórica. Na medida em que os princípios básicos da coordenação modular emergirem mais claramente e se tornarem mais amplamente conhecidos, a seleção das dimensões preferenciais resultará mais simples e diretamente associada ao processo de projetar, fabricar e construir. A coordenação modular deverá desenvolver-se paralelamente à industrialização da construção servindo-lhe de instrumento disciplinador e normativo no quadro de uma política habitacional centrada no desenvolvimento tecnológico. Em outras palavras, a experiência da reconstrução européia revelou que não é viável imaginar uma solução para os grandes problemas habitacionais sem um considerável aumento na produtividade da indústria da cons-

---

58. BLACHÈRE, G. Que devient la coordination modulaire? *Cahiers du Centre Scientifique et Téchnique du Bâtiment*. Paris, 318:18 e s., ago. 1959.

trução. Este incremento só pode ser obtido através de um considerável esforço de desenvolvimento tecnológico, fruto de uma política habitacional equacionada e aplicada com clareza. Os instrumentos para este desenvolvimento, quer sejam os laboratórios de pesquisas, a formação de arquitetos, engenheiros e técnicos capacitados, a elaboração de normas dimensionais e qualitativas, a criação de uma legislação urbanística adequada à escala e continuidade dos empreendimentos, bem como a liberação de recursos financeiros suficientes e equilibrados no tempo e no espaço, não se organizam e integram sem a interferência de uma decidida vontade de atuação, de um claro objetivo expresso e manifesto através de uma política habitacional conduzida com lucidez e visão dos objetivos a alcançar e dos meios a estimular [59].

---

59. "Coordinación Modular en Vivienda" — Documento Preparado en virtud del Programa de Assistência Técnica de las Naciones Unidas. Informe n. TAO/GLOBAL/4 — Nova York, jun. 1966.

## 3. ARQUITETURA E SEGUNDA REVOLUÇÃO INDUSTRIAL

A. *Perspectiva histórica* — Os novos materiais: o concreto armado; a industrialização da construção após a Segunda Guerra Mundial; análise dos fatores que condicionaram seu desenvolvimento.

Após a Segunda Guerra Mundial, os grandes planos de reconstrução, nos quais se viram envolvidos os governos europeus, representaram a oportunidade de aplicação em larga escala dos princípios e experiências que haviam sido elaborados durante as décadas anteriores[1]. Particularmente no que refere à industrialização da construção foi possível em poucos anos agrupar

---

1. REIS FILHO, Nestor Goulart. *Urbanização e Teoria*. Tese apresentada ao concurso para provimento da cátedra n. 22. História da Arquitetura II da Faculdade de Arquitetura e Urbanismo da Universidade de São Paulo, abr. 1967.

um número considerável de arquitetos, engenheiros, e técnicos, laboratórios de ensaios e pesquisas, suficientes para lançar um programa de obras extenso e complexo. Através de uma substancial modificação na organização dos canteiros foi possível alcançar a produtividade e conseqüentemente a economia exigida pelo vulto das realizações sem uma redução qualitativa representada pela aplicação de materiais baratos e pobres, nem tampouco pela renúncia a determinados equipamentos ou confortos modernos, mas ao contrário, aumentando progressivamente tanto a quantidade de moradias produzidas quanto sua qualidade interna. Isto foi viável graças à existência de dois fatores distintos: de um lado, a possibilidade de contar com uma experiência acumulada já altamente qualificada e, de outro, uma política habitacional objetiva e atuante, capacitada a criar os esquemas necessários à superação dos problemas existentes, representados principalmente pelo enorme déficit habitacional acumulado, pela carência de materiais de construção, pelas dificuldades na obtenção de recursos financeiros e, sobretudo, pela escassez de mão-de-obra especializada. Da conjugação destes fatores, resultou em poucos anos a organização de um setor industrializado, que cresceu continuamente, quer pela importância das realizações em número de habitações construídas, quer pelo desenvolvimento constante da tecnologia empregada.

No que se refere à experiência acumulada há interesse em antepor à análise de alguns projetos e obras pioneiras, notas sucintas sobre os materiais de construção postos à disposição do movimento moderno pela Revolução Industrial. O uso de ferro fundido associado ao vidro diminuiu gradativamente durante toda a segunda metade do século XIX.

A tradição do emprego de estruturas de madeira limitou-se sobretudo nos EUA e Canadá à construção de habitações unifamiliares suburbanas e à pré-fabricação de componentes para habitações isoladas e de pequenas dimensões. Atualmente, a madeira tratada sob a forma de contraplacados, aglomerados de compostos de várias espécies, constitui uma indústria subsidiária fundamental, verdadeiramente imprescindível dentro do contexto geral de industrialização da construção. Seu emprego isolado em estruturas múltiplas é limitado não só pela sua fácil combustão, como também pela sua baixa resistência mecânica[2].

O aço, bem como alguns metais leves — alumínio e zinco — são amplamente empregados mas, da mesma forma que a madeira, raramente apresentam-se isoladamente na construção de um edifício. As experiências de Jean Prouvé na França[3] destacam-se sobre todas as demais, principalmente nos trabalhos em colaboração com os arquitetos Lods e Beaudoin[4] ou mais recentemente com Oscar Niemeyer[5], mas permaneceram no seu conjunto uma obra isolada e sem continuidade. As possibilidades técnicas das estruturas leves revestidas em chapa de ferro galvanizado e produzidas industrialmente, sempre fascinaram os arquitetos, mas raramente os projetos deixaram as pranchetas para as usinas. Tal é o caso, por exemplo, da pequena casa "a seco" proposta em 1929 por Le Corbusier: a "Maison Loucher"[6] destinada a ter amplas finalidades sociais: resolver um problema habitacional que já naquele momento era grave e dar trabalho aos operários das siderúrgicas em crise. A pré-fabricação escolar inglesa com os sistemas CLASP e SCHOLA[7] pode ser apontada como a experiência mais contínua e satisfatória. Trata-se porém de um sistema misto, no qual um grande número de materiais contribui para a riqueza, complexidade e eficiência do conjunto.

As poucas experiências efetuadas com as matérias plásticas não permitem uma análise mais profunda dos resultados obtidos. Trata-se porém de materiais leves,

---

2. Entre outras publicações sobre o assunto ver o número especial: Le Bois-Techniques Nouvelles. *Techniques & Architecture*, 13 (5/6), 1953.
3. HUBER, B. & STEINEGGER, J.C. *Jean-Prouvé Prefabrication: structures and elements*. Londres, Pall Mall Press, 1971:
   Ver a propósito deste livro e da obra de Jean-Prouvé o que escreveu REYNER BANHAM, em *Architectural Review*, Londres, CLI (900):130, fev. 1972.
4. ZANUSO, Marco. Un'officina per la prefabbricazione — Jean-Prouvé ci serive. *Casabella-Continuità*, Milão, 199:38-39, dez. 1953.
5. CANTACUZINO, Sherban. Headquarters for the French Communist Party-Paris. *Architectural Review*, Londres, CLI (901):133, mar. 1972.
6. LE CORBUSIER & JEANNERET, Pierre. *Oeuvre Complète de 1910 a 1929*. Zurique, Les Editions Girsberger, 1937, p.199 e s.
7. *Building Bulletin*, Ministry of Education, n.19, Jun. 1961. Número especial dedicado à história do sistema CLASP. Em relação à pré-fabricação escolar e em especial aos sistemas ingleses ver os seguintes números especiais das revistas: — *Casabella-Continuità*, n. 245, nov. 1960. — *Industria Italiana Del Cemento*, XXXVI (4/5), abr./maio 1966. — CONSTRUCTIONS Scolaires et Universitaires — Industrialisation. *Techniques & Architecture*, 31 (1), out. 1969.

resistentes, possivelmente econômicos quando produzidos em larga escala. Sua tecnologia está se desenvolvendo tão rapidamente a ponto de tornar temerária qualquer previsão sobre a forma de seu emprego futuro na construção[8].

Dos materiais atualmente à disposição da arquitetura moderna, o concreto armado é o único a apresentar aquelas características requeridas pela produção industrial de grande série. Trata-se de um material totalmente plástico que permite a produção em máquinas e usinas sob a forma de reprodução em moldes icásticos ou analógicos tanto para elementos portantes ·como para partições, admitindo solidarizações de uma maneira relativamente simples. Além disso, o concreto armado apresenta outras vantagens quando empregado adequadamente: é resistente ao fogo, apresenta pequena mudança de volume em consequência das variações de temperatura, não necessita de excessivos cuidados de manutenção, não apodrece; quando utilizado com precaução constitui um bom isolante térmico. Em termos genéricos, se comparado a um material ideal, que apresentasse todas as qualidades necessárias à industrialização da construção[9], obviamente o concreto armado seria sujeito a inúmeras restrições: é pesado e encarece o transporte, além de consideravelmente mais oneroso quando empregado como simples vedo; não é certamente um bom isolante acústico e, em definitivo, não possui aquela "mobilidade" tão procurada pela arquitetura contemporânea. É um material que não pode sofrer modificações depois de fundido, senão a custos muito elevados. Assim mesmo, o concreto armado, um material relativamente novo, pois tem cerca de 100 anos, acabou se tornando o veículo que permitiu organizar uma industrialização sem precedentes na construção. Como toda a tecnologia recente, a do concreto armado pelo seu uso

---

8. O uso das matérias plásticas na construção foi detalhadamente documentado nos seguintes números especiais da revista: — Matières Plastiques I — Em *Techniques & Architecture*. 17(6), 1957. — Matières Plastiques II — *idem*, 20(1), 1960. — Matières Plastiques III — *idem*, 22(1), 1962. — Matières Plastiques IV — *idem*, 24(3), 1964.

9. KONCZ, Tihamer *Traité de la Préfabrication en beton armé et en beton précontraint. Construction, calcul et execution de la construction.* Bruxelas, Vander Editeur, 1969. 3v. Ver em particular o v. I: *Le developpement de l'Industrialisation.* p.2 e ss.

generalizado, está sendo aperfeiçoada constantemente. O problema do peso e da resistência estão sendo explorados: a protensão e os agregados leves já estão sendo incorporados à produção com relativa eficácia; o problema da desforma e da resistência estrutural inicial estão sendo atacados por meio dos aditivos químicos e de processos de cura rápida a vapor; e, finalmente, o problema da isolação acústica pode ser resolvido pelo emprego de novos materiais de revestimento nos pisos e paredes divisórias e de novas técnicas nas juntas, procurando evitar as "pontes sonoras".

Na verdade, como escreveu o engenheiro Koncz "a pré-fabricação sempre existiu na construção em concreto armado. O navio de Lambot (1848) e a caixa de flores de Monier (1849) eram em última análise elementos pré-fabricados"[10]. As primeiras estruturas pré-fabricadas em concreto armado possivelmente foram as vigas do Cassino de Biarritz executadas em 1891 pela firma Ed. Coignet de Paris, ainda hoje na vanguarda da tecnologia nesse setor. Nos EUA nos primeiros anos do século pré-fabricaram-se inúmeros componentes, para edifícios com estruturas portantes independentes, freqüentemente metálicas. Datam de 1900 as primeiras lajes para coberturas pré-fabricadas em Brooklyn, com 5,10 m de comprimento por 1,20 de largura por 0,05 m de espessura, montadas sobre treliças metálicas. Em Reading, Pennsylvania, um edifício de 4 andares foi construído em 1905 tendo apenas os pilares fundidos no local. Todos os componentes de uma construção industrial em New Village foram pré-fabricadas no canteiro pela firma Edison Portland Cement Co. (1907). Deste mesmo ano data a primeira aplicação do processo *tilt-up* que consiste na preparação de painéis na posição horizontal e no seu levantamento posterior e fixação à estrutura portante[11]. São todos exemplos de elementos "pré-fabricados" junto ao canteiro tendo sido citados mais com a intenção de indicar uma continuidade de experimentação do que propriamente pela contribuição tecnológica que apresentaram. Nos EUA até o aparecimento do sistema Techcrete projetado pelo escritório de

---

10. KONCZ, T. *Op. cit.* p.5 e s.
11. PETERSON, J.L. History and Development of Precast Concrete in the United States. *Journal of the American Concrete Institute*, Filadelfia, fev. 1954.

arquiteto Carl Koch and Associates de Boston, Massachusetts[12] nos últimos anos da década de 60, poucas tinham sido as experiências em pré-fabricação[13], limitando-se mais ao desenvolvimento de técnicas especiais no caso de obras marcantes, como no conjunto Marina City em Chicago, projeto dos arquitetos Bertrand Goldberg & Associates[14], e da pré-fabricação de componentes para divisórias e fachadas em obras de relevo, nas quais por um motivo ou por outro, preferiu-se o concreto à tradicional fachada revestida em pedra, ou à mais recente *curtain wall*, como no Pan-Am Building construído em Nova York em 1958[15].

No período entre-guerras, sucederam-se na Europa um bom número de experiências que devem ser analisadas mais pela influência que exerceram no desenvolvimento dos processos de industrialização da construção, do que propriamente pelo seu vulto ou pelos resultados técnicos obtidos. São obras de pioneiros e de caráter francamente teórico-experimental, mas que marcaram os caminhos trilhados a partir de 1945.

Na Alemanha, logo após a Primeira Guerra Mundial, pesquisaram-se com grande rigor teórico processos para a construção de habitações unifamiliares. As experiências mais evoluídas ocorreram em Braunheim próximo a Frankfurt (Sistema May) e em Munique (Sistema Katzenberger) onde os painéis de fachadas com a altura de um andar eram postos em posição por meio de gruas[16].

Na Inglaterra, igualmente foram desenvolvidos numerosos sistemas para construção de habitações em concreto armado pré-fabricado, a maioria das vezes porém servindo-se de estrutura metálicas independen-

---

12. SCHMID, T. & TESTA, C. *Systems Building*. Zurique, Les Editions d'Architecture Artemis, 1969. Ver uma descrição do sistema Techcrete à p.210 e ss.

13. Ver um número especial sobre Aesthetics and Technology of Preassembly, *Progressive Architecture*, Stamford, Conn., out. 1964, p. 162 e ss.

14. DIAMANT, R.M.E. *Industrialized Building — 50 International Methods* (Published for the Architect & Building News) Londres, Iliffe Books Ltd., 1964. Ver uma descrição do sistema à p.105 e s.

15. *The Architects Collaborative Inc. TAC* (1945-1970), Barcelona, Editorial Gustavo Gili. O livro traz uma descriçao detalhada do projeto para o edifício da Pan American World Airways, construído no centro de Nova York em 1958. Os arquitetos projetistas foram Emery Roth & Sons, tendo como consultores The Architects Collaborative, Walter Gropius pelo TAC e Pietro Belluschi pelos empreendedores, p.152 e s.

16. KONCZ, T. *Op. cit.* p.6 e s.

tes, funcionando o concreto apenas como elemento de vedação e separação. Os construtores encontraram muitas dificuldades e os sucessos foram escassos[17].

A maior parte das obras que se executaram nesse período empregando sistemas de pré-fabricação ao pé do canteiro apresentaram um caráter peculiar, isto é, foram construções que pelas suas próprias dimensões — oficinas industriais, hangares, grandes depósitos, pavilhões para exposições etc. — justificaram estruturas especiais que eram fundidas no chão, em geral por economia. Não chegaram propriamente a constituir sistemas de industrialização da construção porque não estava pressuposto nestas obras o conceito de repetição em série, mesmo no caso dos famosos hangares projetados pelo engenheiro italiano Pier Luigi Nervi. O primeiro foi erigido nas proximidades de Roma e tinha um vão de 36,00 m e um comprimento de 110,00 m, apoiado em apenas 6 pontos. Entre os arcos concretados *in situ* estendiam-se na diagonal treliças pré-fabricadas com 3,00 m de comprimento solidarizadas ao conjunto por meio de pontos de solda entre os ferros de espera e concreto injetado no local. Esta obra construída em 1939 foi repetida oito vezes; infelizmente todas foram dinamitadas durante a guerra[18].

Revestem-se destas mesmas peculiaridades as primeiras obras projetadas por Auguste Perret e executadas pela Perret Frères Entrepreneurs que especializou-se desde o princípio no uso do concreto armado ou "ferro-cimento" como era chamado na ocasião. O que dá um caráter marcante à contribuição de Perret é a maneira pela qual desenvolveu e explorou as potencialidades do novo material: o concreto armado. Perret assumiu como uma tarefa pessoal e premente o estabelecimento de fórmulas e diagramas que permitissem empregar o concreto armado de uma maneira tão válida e

---

17. *A SURVEY of Prefabrication*, Londres, Ministry of Works, mar. 1945.
18. NERVI, Pier Luigi. Precast Concrete offers new possibilities for desgn of Shell structures. *Journal of The American Concrete Institute*, Fev. 1952. —. Two Hangars near Rome. *The Architect and Building News*. Londres, 26 (8), 1949. —. *The Works of Pier Luigi Nervi*. Nova York, Frederick A. Praeger, 1957, p.36 e ss. (Prefácio por P.L. Nervi e Introdução de E. Rogers). —. *Construire Correttamente, Caratteristiche e Possibilità delle Strutture Cementizie Armate*, Milão, Ed. Ulrico Hoepli, 1955. Ver principalmente o Cap. V "La prefabbricazione strutturale" — Tavole XVIII a XXXVI, p.63 e ss.

convincente quanto aquela há muito estabelecida na França para as construções em pedra. Há nessa correlação cultural e técnica a preocupação em conseguir um vocabulário para projetar em concreto armado que fosse tão direto, expressivo e ordenado quanto o vocabulário dos séculos XVII e XVIII; um vocabulário que fosse caracteristicamente deste século[19]. Para Perret o concreto não era um material grosseiro ou meramente estrutural, mas digno, como a pedra e, portanto, merecedor dos esforços e dos custos necessários para dar-lhe um acabamento expressivo e definitivo, que não requeresse senão, um mínimo de conservação. Evitou revestir as superfícies com uma fina camada de reboco pintado de branco como fazia a maioria dos arquitetos mais jovens da década de 20, porque este, com os movimentos da estrutura racha, permite infiltração e em poucos anos está irremediavelmente comprometido[20]. Pelo uso de agregados coloridos expostos de várias maneiras, Perret foi capaz de variar a textura a cor das peças em concreto, fundidas no local ou pré-fabricadas em usinas, com delicadeza e elegância dando-lhes certos acabamentos por meio de picolamento ou lavagem da nata superficial, que, até hoje permanecem insuperados, constituem as únicas formas válidas para tratar os grandes painéis de concreto que hoje dominam a industrialização da construção. Perret não chegou a desenvolver um sistema próprio para a pré-fabricação das lajes ou painéis de fachadas mas projetou para cada obra as peças que convinha montar nos intervalos da estrutura, em geral espaçada regularmente, como no edifício projetado em 1929 para abrigar os serviços técnicos do Ministério da Marinha no Boulevard Victor em Paris. A estrutura portante divide as longas fachadas numa série de planos horizontais dentro dos quais estão as molduras verticais das janelas separadas por painéis pré-fabricados. No edifício construído no ano seguinte para o Garde Meubles du Mobilier National em Paris, o voca-

---

19. HITCHCOCK, Henry Russell. *Op. cit.* na nota 14 do Cap.1. Ver especialmente "Modern Architects of the First Generation in France: Auguste Perret and Tony Garnier", p.307 e ss.

20. Por reação, muitos dos arquitetos que incondicionalmente revestiam suas obras passaram gradual e conscientemente a valorizar os elementos portantes, principalmente Le Corbusier que, no após-guerra, expôs as estruturas em concreto aparente — que ele denominava: *le beton brut* — em praticamente todas suas obras.

bulário é o mesmo e se o resultado parece mais pesado é pelo número menor de janelas e vazios, mas igualmente concebido com uma grande clareza e executado de uma maneira rápida e simples dando ao canteiro uma eficiência antes não imaginada[21].

É deste mesmo ano um projeto de H. Sauvage para um edifício inteiramente pré-fabricado apresentado no Salon des Arts Ménagers. Permaneceu porém num estágio experimental em face das dificuldades encontradas nas operações de levantamento.

Enquadrados nas previsões de Lei Loucher, os arquitetos Eugène Beaudoin e Marcel Lods iniciaram neste mesmo ano de 1930 o primeiro de uma série de conjuntos habitacionais Habitations à Bon Marché, nos quais se aplicaram processos de industrialização da construção com resultados particularmente satisfatórios. A nova Cité du Champ des Oiseaux em Bagneux era constituída por uma série de edifícios com quatro andares dispostos de uma maneira ordenada e sem pretensões. Mas o volume das obras era tal que justificava a experimentação de um novo sistema de construção (Sistema Mopin). A estrutura portante era metálica e os vedos externos formados por uma membrana externa em concreto vibrado, revestida de seixos brancos, e, por uma interna, em concreto celular. As lajes eram constituídas por vigas de secção U pré-fabricadas, que sustentavam pequenas lajotas entre elas. Os resultados foram excelentes e os arquitetos repetiram a experiência em um conjunto maior e mais ambicioso: a Cité de la Muette em Drancy, nos subúrbios de Paris, uma das poucas obras importantes daqueles anos, no campo da construção social (1933-1934). O conjunto era formado por edifícios baixos de três andares e por cinco blocos

---

21. Muito tem sido escrito sobre a personalidade e a obra de Perret. A bibliografia é muito extensa, principalmente entre os historiadores das primeiras décadas do século e, de uma maneira geral, lhe é atribuída uma influência e um mérito sem comparações. Ultimamente, os livros têm sido mais escassos e os historiadores, mais parcimoniosos, senão mesmo francamente críticos: "Somente a obrigação da economia demonstrará a Perret as virtudes plásticas do concreto armado. Delas, em seguida, fará um dogma. Mas não parece que, como afirma-se correntemente, a estética do concreto armado tenha sido uma atitude consciente em Perret, desde a garagem da rua Ponthieu... Por sua arquitetura, por seu ensinamento na Escola Nacional Superior de Belas-Artes e na Escola Especial de Arquitetura, Perret dará origem na França a uma arquitetura modernista, que se opõe ao lirismo criador de Le Corbusier, e da qual a arquitetura francesa sofre ainda a desastrosa influência". MICHEL RAGON. Op. cit. na nota 23, Cap.2, tomo 1, pp. 199-200.

com 15 pavimentos, deixando amplos espaços verdes para recreação e campos esportivos. Três escolas, uma igreja, um centro social, um grupo de lojas e um bloco de serviços (aquecimento central, depósito de lixo, etc.), completavam o esquema que apesar de sua complexidade foi capaz de inserir-se num tecido urbano pré-existente e caótico com extrema felicidade. O sistema construtivo permaneceu praticamente o mesmo, tendo sido aperfeiçoado em alguns pontos. Os painéis externos foram colocados no lugar sem auxílio de andaimes por apenas dois homens utilizando um pequeno guincho de obra. As janelas pré-fabricadas foram parafusadas nos painéis ao mesmo tempo em que as juntas verticais eram seladas pelo lado interno. O número total de apartamentos previstos era de 1200 a serem construídos em várias fases[22]. O trabalho de Beaudoin e Lods é do ponto de vista técnico do máximo interesse e a realização da Cité de la Muette um dos mais claros exemplos de composição urbana daqueles anos. Trata-se de um tecido compacto constituído por um "módulo" reproduzido cinco vezes, mas que poderia perfeitamente ser reproduzido indefinidamente, pois não está associado a nenhuma ordenação axial ou de simetria, mas simplesmente alinhado. Desta maneira o novo setor, contrariamente ao que ocorreu geralmente nos conjuntos HBM, não permaneceu isolado, mas abriu-se visivelmente num diálogo com o tecido urbano já existente, permitindo-lhe participar das "novas qualidades urbanas"[23].

Os mesmos arquitetos, associados ao engenheiro Vladimir Bodiansky e a Jean Prouvé, realizaram nos anos seguintes uma série de obras de sentido francamente experimental e que tinha como objetivo imediato produzir uma nova técnica de construção que se utilizasse exclusivamente de recursos industriais, como assinala Jean Prouvé, "uma técnica a seco", isto é, um método de construção em que a montagem no canteiro fosse inteiramente isenta de acertos ou ligações à base de concreto e argamassa fundidos no local, e no qual a tolerância de fabricação tivesse a mesma precisão das

---

22. YORKE, F.R.S. & GIBBERD, F. *The Modern Flat*. Londres, The Architectural Press, 1937. p.175 e ss.
23. PICCINATO, Giorgio. *L'Archittetura Contemporanea in Francia*. Ed. Capelli, 1965, (Série l'Architettura Contemporanea).

indústrias mecânicas. Destas obras só resta, ainda que em péssimo estado de conservação, o mercado e casa do povo em Clichy, pois o aeroclub Roland Garros em Buc (1935), foi desmontado pelos alemães em 1942, transportado e reconstruído num campo de aviação da Alemanha, onde foi posteriormente bombardeado e reduzido a escombros pelos aliados. A "casa desmontável para week-end", apresentada na exposição das Arts-Ménagers em 1938, não chegou a ser produzida em série por que todos os esforços foram interrompidos pela proximidade da guerra. O Mercado e Casa do Povo em Clichy, subúrbio de Paris, foi completado em 1939 e apresenta um extraordinário interesse.

O que a Villa Savoie foi para o Movimento Moderno, este edifício deveria ter sido para a industrialização da construção; mas a Segunda Guerra Mundial que eclodiu logo após o seu acabamento, impediu uma adequada publicação e as técnicas desenvolvidas aqui não foram completamente apreciadas[24].

O mercado ocupa o pavimento térreo e abre-se para o exterior protegido por amplas marquises. A entrada do mercado pode ser transformada por meio de portas de correr num amplo *foyer* para a grande sala que ocupa todo o primeiro pavimento medindo 38 por 40 metros e pode acomodar até 2000 pessoas. O espaço pode ser dividido por meio de amplas paredes corrediças formando um cinema ou teatro para 500 espectadores. A parte central do piso, que justamente forma a sala de espetáculos, foi projetada para abrir e deslizar horizontalmente. É formada por oito peças que se acumulam umas sobre as outras no vazio do palco. Cada segmento mede aproximadamente 5 por 20 metros e os mecanismos do palco funcionam como plataforma de levantamento. As galerias laterais assim formadas, também se integram no mercado, visível agora pelo vazio central e o conjunto apresenta as qualidades e a atmosfera dos *grands magasins* do fim do século. Mas a riqueza espacial e o arrojo estrutural foram levados mais àdiante: a cobertura da parte central também pode deslizar permitindo o funcionamento do salão como um teatro ao ar livre, ou do mercado ao ar livre, quando o piso também estiver aberto. Construtivamente utilizou-se

---

24. CLICHY, Market. A pioneer convertible building (artigo assinado K.L.B.). *Architectural Review*, Londres, 143 (853):232, mar. 1968.

uma estrutura metálica fechada por um *curtain wall* composto por painéis de chapa prensada. As juntas externas foram impecavelmente detalhadas e após 30 anos estão ainda em perfeitas condições. São igualmente metálicas as partições, portas, escadas e forros[25]. A parte do mercado permanece em constante uso e, considerado seu notável interesse arquitetônico, merecia fosse conservado adequadamente, inclusive na parte superior, tendo em vista representar o apogeu de um experimentalismo que se encerrou com a Segunda Guerra Mundial[26].

Em grandes linhas é este o acervo de pesquisas, ensaios, e obras que constitui a experiência acumulada, base da qual foi possível organizar, imediatamente no período pós-bélico, um grupo de engenheiros, arquitetos, e técnicos empenhados no esforço de reconstrução e voltados para a industrialização da construção como única solução operativa para a complexidade dos problemas que se apresentavam.

Estes problemas, coordenados por uma política habitacional claramente orientada no sentido da valorização das aspirações sociais do após-guerra, podem ser sintetizados nos quatro pontos seguintes: elevado número de habitações a serem construídas em curto prazo de tempo; carência de certos materiais de construção tradicionais; dificuldades na obtenção de recursos financeiros e sobretudo escassez de mão-de-obra especializada. Este conjunto de fatores ocorre de forma mais ou menos acentuada em todos os países eruropeus, mas somente na França, Dinamarca, Suécia e parcialmente na Inglaterra e Alemanha deu origem a uma industrialização da construção organizada e atuante. O exemplo francês, que pode ser considerado o paradigma de uma política

---

25. Uma referência a este edifício foi feita na antologia organizada por S. GIEDION, em *CIAM — A Decade of New Architecture*, Zurique, Editions Girsberger, 1954, p.133.

26. Sobre a obra de Beaudoin e Lods, no período anterior à Segunda Guerra Mundial, merece também destaque a escola "ao ar livre" em Suresne, junto ao Bois-de-Boulogne, Paris, construída em 1935-36, na qual uma série de elementos foram pré-fabricados: as vigas dos pisos, os revestimentos das fachadas em placas de concreto com os agregados expostos etc. O interesse da obra reside na sua adequação aos métodos pedagógicos então em grande experimentação. Foi publicado, juntamente com a igualmente famosa escola experimental construída em Los Angeles por Richard Neutra em 1934-35, no livro editado por ALFRED ROTH, *The New Architecture*, Zurique, Ed. Girsberger, 1940.

de reconstrução coerentemente orientada para o desenvolvimento de uma tecnologia para a produção em massa de habitações, merece um destaque e uma análise acurada, principalmente pela continuidade dos esforços desenvolvidos com o mesmo objetivo.

Quando, em setembro de 1948, Eugène Claudius Petit assumiu o Ministério do Urbanismo e da Reconstrução, trazendo consigo a bagagem de muitos anos como legislador no setor das habitações de interesse social, soube apreciar de imediato a extensão dos problemas e enunciar com precisão um programa a ser cumprido. Ao escrecer sobre sua experiência, afirmou:

> Decidi-me por um programa de obras muito importante por dois motivos. O início simultâneo de grandes conjuntos de construções representa o único meio para diminuir os custos de produção e contemporaneamente assegurar a melhoria da qualidade que são os atributos da produção industrial de ciclo completo. É evidente que esta visão representa o oposto da tendência, talvez correta, de alcançar o preço mais baixo mediante a concorrência, sem levar em conta a paralização que em conseqüência verifica-se no progresso técnico. Seguindo tal visão e aplicando-a, é possível planejar os trabalhos, obter uma alta e eficiente concentração dos equipamentos, aumentar a pré-fabricação na execução, generalizar a manutenção mecânica e organizar os canteiros[27].

No que se refere ao déficit habitacional a situação apresentava-se bastante grave. Não somente a guerra fora responsável pela destruição de um número elevado de moradias, como também durante os anos de conflito e mesmo naqueles imediatamente anteriores pouco ou nada havia sido construído. Em conseqüência de uma política que pretendia aparentemente impedir o aumento do custo de vida, haviam sido bloqueados os níveis dos aluguéis num valor correspondente a aproximadamente sete vezes àqueles de 1914. Nesse mesmo período a média dos preços subira cerca de duzentas vezes àquela do mesmo ano. Vale dizer que a função social desta política fora negativa, porque, se de um lado, o governo não intervinha diretamente no campo das construções, de outro, através dessa política, afastava a iniciativa privada que abandonou o campo da especulação imobiliária, não cuidando sequer da manutenção dos imóveis existentes[28].

27. PETIT, Eugène Claudius. Esperienze della ricostruzione francese. *Casabella Continuità*, Milão, 199:34 e ss., dez. 1953/jan. 1954.

28. A intervenção direta do Estado durante esse período foi extremamente reduzida, bastando examinar as seguintes cifras: o Departamento Público

A destruição provocada pela guerra transformou uma dificuldade latente numa crise aguda, crise essa que sofreu também conseqüências de ordem qualitativa: pedem-se mais habitações; principalmente os jovens ao se casarem desejam ter uma casa própria; mas também habitações de melhor qualidade, mais espaçosas, melhor equipadas, mais integradas aos centros urbanos. Em suma, deseja-se que a reconstrução seja a oportunidade de sanear um setor que há muitos anos vinha sendo sistematicamente esquecido e empobrecido[29]. Para E. C. Petit, que à frente do ministério soube incentivar, por exemplo, a construção da primeira Unidade de Habitação de Le Corbusier em Marselha e apreciar o problema da reconstrução através de uma visão conjunta de todos seus termos sociais econômicos e técnicos, a habitação.

> Transformou-se na síntese de um certo modo de viver. Ela constitui o centro dos problemas sociais porque seu desenvolvimento condiciona a solução dos problemas econômicos. A dignidade da habitação é inseparável da dignidade do homem. A habitação não é mais somente uma necessidade, torna-se a cada dia a aspiraçãc máxima de cada família francesa e em particular das gerações mais jovens[30].

Em números redondos, o déficit anual francês é de cerca de 700 000 habitações das quais 500 000 correspondem a novas construções e 200 000 a substituições. Atualmente constroem-se na França cerca de 400 000 novas habitações por ano das quais somente um terço, aproximadamente, se beneficia da industrialização da construção[31].

---

Municipal da cidade de Paris, constituído em 1914, para a construção de habitações econômicas (HBM), construiu até 1949 apenas vinte e dois mil apartamentos, consideradas todas as categorias então vigentes: HBM, HBMA (habitações econômicas melhoradas) e HLM (habitações com aluguel moderado). O Departamento equivalente e correspondente à prefeitura do Sena, preferiu concentrar as realizações na periferia de Paris, tendo sofrido uma forte influêcia das cidades-jardim inglesas. Nasceram assim: Suresnes, Pré-Saint-Gervais e Chatenay-Malabry, num total de 18 000 apartamentos. construídos entre 1919 e 1949. Ver GIORGIO PICCINATO, *L'Architettura Contemporanea in Francia.* Op. cit., pp.106 e 107.

29. TINTORI, Silvano. La prefabbricazione francese: un esperimento potenziale per la città moderna. *Casabella-Continuità*, 248:14 e ss., fev. 1961.

30. PETIT, E.C. Op. cit., p.37.

31. Dados fornecidos pelo professor Jean Lougez do CSTB num seminário sobre a industrialização da construção na França, realizado em junho de 1966, na Faculdade de Arquitetura e Urbanismo da Universidade de São Paulo.

A este primeiro conjunto de problemas vai somar-se no fim da guerra um segundo, constituído em linhas gerais por uma grande penúria de capitais. Nesse sentido escreveu R. Gregoire, diretor da Agence Européenne de Productivité:

> parece certo que os programas europeus de habitação não poderão ser plenamente desenvolvidos se o custo da construção não for consideravelmente reduzido; os investimentos consagrados a este setor correspondem a uma carga tão pesada que não parece possível aumentá-los sem arriscar de comprometer o equilíbrio das economias nacionais... Parece que a única maneira de resolver este problema urgente seja introduzir métodos e técnicas novas que permitam industrializar uma produção que até aqui revestiu-se de um caráter artesanal[32].

Os capitais disponíveis foram voltados preferencialmente para reconstrução industrial. Na medida em que se recolocasse a estrutura industrial a produzir, o custo social da reconstrução diminuiria. Nesse sentido, a existência de uma infra-estrutura altamente capacitada em termos de homens, *know-how* e Institutos de Pesquisas, que foram reorganizados, permitiu que a operação de reconstrução se iniciasse rapidamente.

O problema dos materiais de construção tradicionais esteve intimamente ligado à reconstrução industrial. Nos primeiros anos do após-guerra houve grande dificuldade em obter certos materiais como, por exemplo, ferro em barra, alumínio, cobre, ou ainda equipamentos sanitários em número de variedade suficientes. Gradualmente a situação foi-se alterando e já na década de 50 não se poderia falar propriamente na ausência, mas numa maior ou menor demora no fornecimento. Por este motivo, nos primeiros anos da reconstrução deu-se grande ênfase à reforma das estruturas ainda sadias, ao aproveitamento e racionalização dos recursos disponíveis, através de um planejamento cuidadoso de demolição e reutilização de materiais provenientes de grandes blocos residenciais construídos nos primeiros anos do século. Em síntese, pode-se afirmar que as primeiras experiências de reconstrução, mesmo nos grandes conjuntos, foram levadas avante sem utilizar materiais sofisticados, e a industrialização abriu seu

---

32. Este trecho faz parte do prefácio ao livro publicado pela Agence Européenne de Productivité sobre a Coordenação Modular (Primeiro Relatório). *Op. cit.*, nota 54, Cap. II, p.6.

caminho sem recorrer a mastiques, selantes ou a componentes mecânicos e hidráulicos avançados, que viriam a ser incorporados nas construções somente muito depois, quando o grau de refinamento e rapidez das construções assim o exigiu, e a indústria já estava preparada e equipada para fornecê-los.

Finalmente é preciso mencionar o problema da mão-de-obra como o fator que incrementou de forma mais radical o desenvolvimento de técnicas industriais da construção na Europa. Segundo Blachère, a ausência da mão-de-obra qualificada foi, na França, "a força motora da industrialização da construção"[33]. O esforço de reconstrução industrial absorveu a maior parte da mão-de-obra disponível, e praticamente a totalidade daquela especializada. A construção civil assistiu a um abandono por parte dos trabalhadores, que, acompanhando o aparecimento de novas aspirações de nível de vida, preferiram empregar-se em fábricas ou escritórios pelas vantagens que este ofereciam em termos de segurança e estabilidade, melhores condições de trabalho e maior prestígio. Em 1914, na França, 950000 trabalhadores contribuíram para a construção civil com 2,7 bilhões de horas de trabalho/ano; em 1946 650000 trabalhadores, com os então vigentes contratos de trabalho, mal alcançaram 1,4 bilhões de horas de trabalho/ano. De 1914 a 1946 a França construiu 1/7 das habitações erguidas no mesmo período na Inglaterra, onde a população é ligeiramente superior. Estes dados, se por um lado confirmam que o problema na França era basicamente um problema de desestímulo à construção, criado por uma legislação erroneamente paternalista, indicam por outro lado a decadência, seja em número, seja em qualificação da mão-de-obra empregada na construção civil[34]. Ainda que nos anos seguintes a França, e em geral a maioria dos países do Nòrte da Europa, assistisse a migrações intensas de mão-de-obra dos países da bacia do Mediterrâneo, é preciso compreender que esta mão-de-obra, absolutamente sem qualificações técnicas, foi aproveitada nesses países em servi-

---

33. BLACHÈRE, G. Tendências da Industrialização da Construção. *Op. cit.*, p.10 e ss.
34. Estes dados foram citados por SILVANO TINTORI em La Prefabbricazione Francese: un Esperimento Potenziale per la Città Moderna, *Op. cit.*, p.23.

ços brutos, como fundições, usinas, pedreiras, obras portuárias, estradas ou em indústrias altamente mecanizadas onde nenhuma especialização era requerida, para não mencionar senão os trabalhadores empregados no setor secundário. Dentro dessa perspectiva, a construção civil tradicional, principalmente de habitações, onde um grande número de ofícios especializados torna-se necessário (ferreiro, encanador, eletricista, marceneiro, pintor etc.) viu-se em difícil situação, pois a formação de mão-de-obra qualificada revelou-se impraticável, seja pelo tempo necessário, seja pelos recursos que deveriam ser deslocados para esse setor, e a saída do impasse através da mecanização foi a única solução encontrada. A formação de mão-de-obra especializada foi considerada uma alternativa impraticável seja pelos motivos de tempo e custos necessários, seja porque verificou-se que, nos setores industriais mais avançados tecnologicamente, a mão-de-obra qualificada estava em vias de extinção. Havia o risco de favorecer a sobrevivência daquilo que seria considerado como um anacronismo. Mão-de-obra anacrônica porque apresentaria um baixo índice de produtividade, correspondendo mais a um artesanato de luxo do que a uma produção abundante e econômica. A economia como decorrência da quantidade só pode ser obtida pelo trabalho mecanizado, em série, em indústrias. O caminho seguido tinha pois duplo objetivo: de um lado transportar do canteiro de obra para uma usina fixa o maior número possível de operações, com o objetivo de submetê-las a um maior controle; onde houvesse a possibilidade de organizar essas operações segundo critérios de produtividade industrial e, portanto, de maior rendimento; uma usina que permitisse o trabalho o ano inteiro, independentemente das estações do ano e do andamento dos canteiros sujeitos às intempéries e a longos períodos de chuvas; que permitisse dar aos trabalhadores maior estabilidade e condições de trabalho mais satisfatórias; e de outro lado reduzir as operações no canteiro a simples operações de montagem, que uma equipe de poucos homens, bem equipados poderia realizar. Sob esse aspecto o problema da produtividade pareceu fundametal e foi encarado, na França, como um recurso para justificar uma política de contenção salarial que perdurou por muitos anos. O raciocínio era simples: nos demais setores, econômicos onde a industrialização já estava mais avançada, os salários subiram em função do incremento da produtividade. Na construção civil, a equiparação salarial somente seria possível, sem correr o risco de aumentar o preço das construções, pelo aumento da produtividade.

Na França, por exemplo, foi a falta de mão-de-obra qualificada que lançou a industrialização da construção; o "motor econômico", representado pelo preço da mão-de-obra não qualificada, permaneceu em segundo plano porque foi possível importar mão-de-obra não qualificada dos países mediterrâneos em quantidade suficiente para evitar uma tensão no mercado de trabalho nessa categoria de operários[35].

Em suma, parece claro que o aumento de produtividade, único meio de justificar uma equiparação salarial mais justa, só tem cabimento dentro de uma perspectiva de mecanização do maior número de operações, em usinas sujeitas ao controle e à organização industrial. Se na França, como aliás na maior parte dos países de norte da Europa, foi possível evitar, durante a primeira fase de reconstrução, tensões sociais pela importação de mão-de-obra, que só poderia ser incorporada às usinas por não ter qualificação profissional, por outro lado somente a industrialização permitiu a médio prazo aumentar os salários na proporção da produtividade acrescida. Dessa convergência de fatores era inevitável que se organizasse um extenso setor industrializado. A incorporação de vastos contigentes de mão-de-obra não qualificada à economia de mercado, com um efeito multiplicador incalculável, efetuou-se na construção civil essencialmente nos setores das "habitações econômicas" (HBM) ou das "habitações com aluguéis moderados" (HLM), permanecendo plenamente empregada a mão-de-obra qualificada existente. Esta foi num primeiro tempo empregada na reconstrução industrial e na reforma daqueles edifícios que não haviam sofrido danos graves durante a guerra e que comportavam melhorias. Hoje, dedica-se à construção daquelas obras que pelo seu caráter não se prestam à repetição, tais como edifícios industriais e administrativos, edifícios públicos e hospitais, enfim para aquele conjunto de obras que por suas características ou prestígio justificam o preço do artesanato.

35. BLACHÈRE, G. A Construção de Habitações Econômicas: por que e como industrializar. *Op. cit*, p.2 e ss.

B. *Problemas técnicos* — A política de desenvolvimento tecnológico: Racionalização + Mecanização = Industrialização da construção; o exemplo francês.

No que se refere à política habitacional, há interesse em acompanhar de que maneira o conjunto de problemas analisados determinou e condicionou desenvolvimento da industrialização da construção. Ainda que as razões, pelas quais a industrialização se impunha como solução necessária, tenham sido praticamente as mesmas em quase todos os países, as condições pelas quais se desenvolveu variaram consideravelmente. Uma comparação entre o desenvolvimento técnico alcançado em diferentes países poderia mostrar, claramente, que a industrialização da construção atingiu seu grau mais avançado naqueles países que se deram conta do valor do planejamento a longo prazo, e nos quais foi possível politicamente levá-lo adiante. Na Itália, por exemplo, ainda que houvesse nos meios técnicos plena consciência da necessidade de industrializar a construção, a política habitacional sempre foi entendida como distribuição de canteiros em concorrências públicas, pelo menor preço, fraccionando as obras no tempo e no espaço[36].

Já em outros países, como na França e na Dinamarca[37], a industrialização da construção desenvolveu-

---

36. Sobre a Itália, ver os artigos: ROBERTO GUIDUCCI, "L'Industrializzazione edilizia nel quadro della programmazione nazionale" e VITTORIO CHIAIA, "Esame della situazione attuale dell'edilizia italiana: edilizia residenziale e tipologia dell'alloggio", publicados em *Industrializzazione dell'edilizia*. Bari, Dedalo Libri, 1965.

37. "Na Dinamarca, o desenvolvimento da industrialização da construção data do princípio da década de 50. Os anos imediatamente após o término da guerra foram caracterizados por um grande trabalho de experimentação, mas a maioria dessas experiências era causada pela falta de materiais de construção, situação que prevaleceu em todo o período pós-bélico. A falta de materiais foi em seguida superada pela ausência de mão-de-obra especializada, especialmente de pedreiros. Para obter um aumento na produção de habitações, o Ministério da Habitação durante estes anos deu tratamento preferencial àqueles projetos que previam o menor número de homens-hora. O desenvolvimento técnico que decorreu em conseqüência dessa medidas foi seguido por uma série de providências, por parte do Ministério, tendo em vista promover a racionalização da construção, o que foi feito através do treinamento de técnicos em racionalização colocados à disposição dos interessados em construir; o estabelecimento de centros de arrendamento de máquinas (*machine pools*) para a indústria da construção; a normalização da dimensão do pé-direito em 280 cm (28M) etc." KJELDSEN, M. & SIMONSEN, W.R. *Industrialized Building* in *Denmark*. Copenhague, 1965, p.8 e ss. (publicado por ocasião do Terceiro Congresso do CIB, realizado em Copenhague, 1965, em colaboração com "Byggeindustrien").

se como resultado de uma política habitacional lúcida e firme, baseada na clara consciência do papel estimulador da ação estatal, e no empenho e capacidade dos grupos técnicos chamados a colaborar.

Nesse sentido, parece haver grande proveito em observar a evolução dessa política na França, onde a industrialização da construção foi estimulada através de sucessivas leis, que lhe conferiram estabilidade, continuidade e acima de tudo garantias econômicas para a pesquisa em larga escala.

Segundo G. Blachère[38], toda a ação desenvolvida desde o fim da guerra poderia ser resumida a um esforço para melhorar a relação "qualidade × preço das construções", trabalhando nos dois sentidos possíveis: racionalizando e mecanizando todas as fases possíveis da construção.

O primeiro caminho trilhado foi o da RACIONALIZAÇÃO máxima da estrutura tecno-industrial existente. Procurou-se racionalizar a ação de todos os que intervêm na construção desde a fase de programação até a da entrega dos trabalhos "a fim de diminuir o desperdício de material, reduzir as operações de mão-de-obra e o tempo de execução, e ao mesmo tempo realizar obras que prestem melhores serviços".

Na França, este esforço de racionalização foi marcado por diferentes etapas, cada uma visando objetivos bem definidos, a saber: inicialmente, procurou-se uma racionalização dos mercados no tempo e no espaço. Procurou-se racionalizar a demanda assegurando a regularidade dos financiamentos a longo prazo, e evitar a mudança brusca dos regulamentos e do processamento jurídico. Procurou-se distribuir de forma homogênea sobre o território nacional a soma dos recursos disponíveis ainda que para isso faltasse um planejamento físico-territorial geral e o jogo das influências políticas tivesse prejudicado a regularidade e objetividade das decisões. Ao mesmo tempo, procurou-se assegurar programas suficientemente importantes de construções num mesmo lugar que permitissem a intervenção de um

---

38. Para o número especial que a revista *Techniques & Architecture* 25 (4) dedicou à industrialização da construção por ocasião do VIII Congresso da União Internacional de Arquitetos, realizado em Paris em 1965, G. BLA—CHÈRE, escreveu um artigo geral de introdução: industrialisation du Bâtiment en France (p. 94 e ss.), do qual fazem parte o dois trechos citados neste trabalho.

mesmo método de construção. Acordos foram estimulados entre companhias empreiteiras com o objetivo de evitar a procura excessiva de mão-de-obra num mesmo lugar, ocasionando seu conseqüente encarecimento.

Em seguida, procurou-se a racionalização dos projetos, abandonando partidos e soluções que derivassem de modismos passageiros ou das sempre presentes influências acadêmicas, tal como fachadas com cornijas, decorações em gesso, ordens etc. (O que nem sempre foi possível, veja-se a reconstrução de Le-Havre, por exemplo). Foi constatado que havia uma estreita correlação entre a forma da construção e o seu custo, isto é, que a diminuição do número de painéis-fachada, mais complexos e caros de executar, adotando, por exemplo, plantas mais compactas, beneficiava de maneira apreciável o preço final da obra; que a montagem também influía, se considerado o custo e o tempo necessário para a manobra das gruas, donde esquemas de implantação concebidos em função dos percursos mínimos para a operação dos guindastes; que as disposições dos apartamentos podiam limitar-se a algumas soluções-padrão sem que com isso o mercado reagisse negativamente. Procurou-se, portanto, empregar projetos normalizados, compostos por algumas plantas modelo, suscetíveis de serem industrializadas eficazmente. O eng. Jean Lugez nas conferências que pronunciou na Faculdade de Arquitetura e Urbanismo da USP, em 1966, repetiu inúmeras vezes: "A racionalização dos projetos de ser feita com a colaboração do arquiteto e não contra ele", querendo com isso dizer que o arquiteto não justifica seu trabalho pela invenção constante de novos modelos, mas também pelo aprimoramento das soluções já encontradas[39].

Quanto à racionalização da construção numerosas idéias ocorreram desde o fim da guerra, levando as empresas construtoras e a tecnologia disponível a sucessivos aprimoramentos. O primeiro passo foi organizar projetistas e construtores dentro do esquema Concepção × Construção. Tratava-se de pedir ao construtor que elaborasse todos os detalhes de execução, procurando

---

39. Sobre a formação do arquiteto e sua situação profissional como artista criador, ver a coletânea de artigos e conferências de WALTER GROPIUS em *Arquitectura y Planejamiento*, Buenos Aires, Ediciones Infinito, 1958.

com isso evitar a ruptura entre o arquiteto e o empreiteiro, entre a concepção e a construção. Este esquema permitiu a abertura das primeiras concorrências de vulto, para a construção de 500 habitações num determinado lugar, 200 em outro e assim por diante.

Estas idéias estão na base do que acabou sendo conhecido como o Setor Industrializado. O artigo 19 da lei de 24 de maio de 1951, autorizava o Ministério da Reconstrução e da Habitação estabelecer um plano para construção de 10000 habitações por ano, durante o qüinqüênio 1951-55 baseado nos créditos abertos anualmente pela Fazenda, seja a título de reparação pelos danos da guerra, seja a título de construção de habitações com aluguel moderado (HLM). A primeira operação, lançada no início de 1952, previa a colocação dos recursos em seis grande conjuntos totalizando 7139 habitações assim distribuídas: 1262 em Saint-Ettiènne, 679 em Angers, 811 em Pantin, 2607 em Bron-Parilly, 1127 no Havre e 833 em Boulogne[40]. Dos memoriais descritivos destas obras verifica-se tratar-se mais propriamente de processos tradicionais evoluídos e racionalizados que de métodos industrializados. Procurou-se uma normalização das dimensões em todos os edifícios, estandardização das esquadrias internas e externas, coordenação dos detalhes em todos os blocos, e organização de todas as empresas subempreiteiras locais num único grupo. Apesar de alguns canteiros pré-fabricarem mais intensamente do que outros, foram ainda cometidas variações formais excessivas como no caso do conjunto "Front de Mer Sud", no Havre, onde, apesar de existirem elementos efetivamente estandardizados e produzidos industrialmente, criaram-se inúmeras variantes de estruturas destinadas simplesmente a diversificar as fachadas em detalhes sem importância. Para estes trabalhos, organizaram-se numerosos Escritórios de Consultoria Técnica (Bureaux d'Etudes Téchniques — BET), sob a responsabilidade de um arquiteto, e que se encarregava de fornecer à construtora um dossiê absolutamente completo de todas

---

40. A Revista *Téchniques & Architecture* dedicou um número especial, 13 (11/12), 1954, "Secteur Industrialisé 7319 Logements" à construção destes primeiros grandes conjuntos (p.52 e ss.).

as operações a serem realizadas no canteiro. O projeto era minuciosamente detalhado e sua execução planejada em todas as fases. Para amortizar tais estudos era necessário contar com programas importantes, da ordem de 1 000 a 2 000 habitações a serem construídas em períodos variando entre 18 e 24 meses. Por outro lado não havia na França muitas companhias empreiteiras capazes de realizar tais programas nos prazos estipulados, ainda que ocorressem numerosos consórcios, falseando o ponto de vista econômico e técnico os objetivos propostos para estas operações. A idéia do escritório técnico permaneceu válida e ainda hoje existem numerosos grandes escritórios de coordenação, trabalhando em estreita colaboração com as empresas construtoras.

Em 1953 organizou-se o que ficou conhecido como a "operação milhão". Estimulados por um mercado potencial de aproximadamente 30 000 habitações, os empreiteiros foram chamados a realizar apartamentos que não custassem mais de um milhão de francos velhos (10 000 Novos Francos), enquanto nessa mesma época as Habitações Econômicas (HBM) de mesma categoria em termos de espaço e conforto custavam aproximadamente o dobro. Esta operação foi extremamente salutar, porque obrigou projetistas e construtores a um notável esforço no sentido de abandonar velhos hábitos e idéias tradicionais, para uma retomada a partir da estaca zero dos conceitos e métodos da construção. Não foi obtida a redução estimada, mas os preços baixaram variando entre 12 000 e 14 000 NF, provando que era possível realizar habitações de qualidade conveniente a preços realmente muito mais baixos.

A partir de 1958 houve uma certa diminuição no ritmo da ação administrativa procurando-se fazer, neste período uma certa triagem entre as soluções boas e as menos boas.

Todavia, a partir de 1960 foram pedidos às companhias novos e maiores esforços através de concorrências para a realização de 1 000 habitações/ano durante cinco anos. Foram concorrências muito importantes para as quais as empresas construtoras podiam realizar estudos aprofundados e igualmente fazer grandes investimentos, uma vez que havia garantias para sua amortização. A escolha das companhias empreiteiras era muito rigorosa e baseada em duas condições essenciais: primeiramente, a empresa deveria utilizar um sistema industrializado que permitisse obter habitações de boa qualidade, entendida esta como respeito a certas normas e especificações[41] ; em segundo lugar, o balanço financeiro da operação deveria ser 10% inferior ao preço padrão vigente na França, no momento, para esse mesmo tipo de habitação. Esta economia de dez por cento significava, em termos reais, obter uma economia de trinta por cento na mão-de-obra, isto é, significava aumentar consideravelmente a mecanização[42].

Este processo evolutivo de contínua racionalização foi acompanhado e completado por uma concomitante MECANIZAÇÃO. Inicialmente, o homem foi substituído pela máquina nas operações de transporte, levantamento, estocagem e montagem; o que se fazia por meio de força muscular passou a ser feito com o auxílio de

---

41. Todo o sistema industrializado deve, na França, ser homologado pelo CSTB (Centre Scientifique et Téchnique du Bâtiment). Sobre o problema da "qualidade" nas habitações industrializadas, objeto do *agreement* mencionado, muito já foi escrito e debatido. A tese defendida pelo CSTB é a de que a "qualidade" do produto industrial não deve ser medida por comparação com o "tradicional", mas através de um trabalho de pesquisa e verificação de suas reais propriedades. Ver nesse sentido um trabalho de síntese excepcionalmente claro e informativo: BLACHÈRE, Gerard. "La qualità delle costruzioni ed il suo controllo". In: *Industrializzazione dell'edilizia*, Bari, Dedalo Libri, 1965. Cap.13.

Ver também os seguintes artigos publicados no livro: *Innovation in Building. Contributions at the Second CIB Congress, Cambridge, 1962*. Amsterdã, Elsevier Publishing Company, 1962.

BLACHÈRE, G. "How to determine and satisfy user requirements: methods and consequences".

HOLM, Lennart. "Fitting housing to requirements".

ZULIEN, D.Van. "Physical aspects of modern building design in relation to user requirements".

Além disso, recomenda-se com fonte de informação o capítulo "Group H: Functional Requirements" do livro *Towards Industrialized Building — Contributions at the third CIB Congress, Copenhagne, 1965*. Amsterdã, Elsevier Pub. Company, 1966.

42. Na Dinamarca e Suéca, na metade dos anos 50, algumas das maiores firmas empreiteiras começaram a desenvolver métodos para a produção de edifícios para habitação. A tendência dessas pesquisas era no sentido de transferir a maior parte do trabalho do canteiro para usinas fixas e permanentes. Os componentes da estrutura portante — paredes, pisos, fachadas etc. — foram progressivamente sendo industrializados e, por volta de 1955, os primeiros sistemas integralmente industrializados começaram a ser empregados. Se na primeira metade da década a tendência havia sido racionalizar e finalmente industrializar preferencialmente a estrutura portante, já na segunda metade procurou-se conceber a industrialização como um todo e em muitos conjuntos construídos nesse período as instalações, assim como as divisórias e os acabamentos, alcançaram um nível de industrialização quase tão alto quanto o da estrutura principal. Ver M. KYELDSEN, & W.R. SIMONSEN *Industrialized Building in Denmark. Op. cit.*, p.13 e ss.

equipamentos introduzidos paulatinamente nos canteiros: pás carregadeiras, reboques, gruas etc. Esta substituição, que aliás já vinha se processando há bastante tempo, não teve oposição, nem apresentou dificuldades técnicas, uma vez que a indústria tinha este tipo de equipamento para oferecer. Em seguida, foi substituído o trabalho produtivo propriamente dito; o *homo faber* como produtor de objetos pela máquina: grandes moldes de aço, formas deslizantes, baterias para concretagem múltiplas etc. No dizer de Blachère:

o setor da indústria que não se mecaniza permanece um setor de produção "feito à mão" quer dizer, um artesanato de luxo... E seria impensável que a habitação se tornasse amanhã um produto de luxo. Certos edifícios especiais poderão estar nesta categoria, mas nunca a habitação, por exemplo, artigo de demanda corrente, de uma demanda que tende a crescer com o aumento de nível de vida e, portanto, com o encarecimento da mão-de-obra[43].

Todavia, foi somente em fins de 1953, quando foi assinado com a empresa Raymond Camus um contrato para a construção de 4000 habitações é que houve condições para a instalação do primeiro sistema de construções completamente industrializado. Este contrato foi precedido por um menor com cerca de 400 apartamentos, construídos em Saint-Germain-Laye próximo a Paris, canteiro que teve o importante papel de demonstrar a viabilidade do sistema proposto em termos técnicos e econômicos. O canteiro de Nanterre, também situado na região parisiense com 4000 habitações a serem construídas em dois anos, permitiu a montagem de uma usina central, localizada em Montesson e na qual foram fabricados todos os elementos pesados ou complexos. Esta usina construída em 1954, sobre um terreno de 5 hectares aproximadamente, utilizados em parte como pátios de estocagem, tinha uma área coberta destinada à produção, de cerca 6000 m$^2$, e era equipada com os mais modernos dispositivos para a produção do concreto, seu transporte por meio de ar-comprimido, e cura por meio de vapor. As paredes divisórias, portantes ou não com 14 ou 15 cm de espessura, eram fundidas em 8 baterias com 10 moldes verticais cada e curadas a vapor durante doze horas. Os pisos e fachadas eram produzidos em 22 moldes horizontais, permitindo variar as espessuras de 13 a 23 cm

43. BLACHÈRE, G. *Op. cit.* em 39, p.13 e ss.

para adaptar-se às diferentes situações do projeto de tal forma que os painéis da fachada mais espessos e com a altura de um pé direito e largura de um vão chegavam a pesar 6 toneladas. Todas as peças saíam da usina completamente acabadas; as fachadas, por exemplo, já eram montadas com o revestimento externo em ladrilhos cerâmicos, esquadrias metálicas, instalações elétricas e hidráulicas, proteção térmica e revestimento interno. Esta usina, sem dúvida a maior da Europa por muitos anos, enfrentou uma série de dificuldades e contratempos de ordem técnico-administrativa, que teriam sido evitados construindo uma usina menor, com capacidade para produzir, por exemplo, 4000 habitações em 5 anos à razão de 800 por ano[44]. Mas, em definitivo, o que importa salientar é que com esta operação estava vencida uma etapa muito importante ficando provado que era possível mecanizar e industrializar um grande número de tarefas que anteriormente não se supunha fosse possível. Teve um valor pioneiro, de convicção e de estímulo.

A partir desta data o número de canteiros em que intervieram sistemas completamente industrializados aumentou enormemente, generalizando-se por toda a Europa[45]. Em 1956 foi lançado um concurso denomi-

---

44. *LA CONSTRUCTION préfabriquée en Europe — Sélection de procédes et de realisations*. Paris, L'Agence Européenne de Productivité de l'Organisation Européenne de Cooperation Économique (OECE), Project n.226, p.70 e ss.
Sobre este importante canteiro ver também:
CAMUS, R. Fabrication Industrielle de huit logements par jour dans la région parisienne. *Annales Inst. Techn. Bâtiment et Trav. Publ.*, n. 9, 1956.
PRÉFABRICATION Lourde en France — Les Procédés Camus. *L'Architecture D'Aujourd'hui*, n. 27, 1956.

45. A melhor maneira de apreciar o extraordinário desenvolvimento dos sistemas de industrialização da construção em toda a Europa é, provavelmente, consultando a documentação que sobre eles se recolheu e contida em verdadeiros catálogos técnicos, entre eles:
— BERNDT, K. *Prefabricación de Viviendas en Hormigón*. Madri, Editorial Blume, 1970. Ver à p.11 sob o título, "Desarrollo del Mercado y estructura de las empresas", um panorama muito completo sobre o assunto, com estatísticas e quadros comparativos, até o primeiro semestre de 1968.
— MEYER-BOHE, Valter. *Prefabricación — Manual de la Construcción con piezas prefabricadas*, 1967, v. I, *Prefabrication II — Análises de los Sistemas.*, 1969, v. II, Barcelona, Editorial Blume.
— DIAMANT, R.M.E. *Industrialized Building — 50 International Methods*. 1964. v. I.
Idem. *Industrialized Building 2 — 50 International Methods*. 1965, v.II.
Idem. *Industrialized Building 3 — 70 International Methods*. 1968. v.III. (Published for the Architect & Building News), Londres. Iliffe Books Ltd.

nado Concurso Economia de Mão-de-Obra visando selecionar cerca de 20 processos para a realização de 25000 habitações. Mais uma vez a condição fundamental era uma substancial economia na mão-de-obra. Este concurso foi muito útil, no sentido que, de um lado, permitiu selecionar os processos mais econômicos, e, de outro, expandir os conceitos da industrialização por toda a França. Em dezembro de 1958 haviam sido homologados 144 processos para a fabricação de paredes portantes e 170 processos diferentes para a fabricação de lajes para pisos.

Os principais processos quer se utilizem de usinas "fixas" de grande capacidade, quer de usinas menores "externas", junto aos canteiros, possuem hoje as mesmas características de base. Diferem apenas em alguns detalhes insignificantes, como o material utilizado para a proteção térmica, no método empregado para resolver as juntas, ou no tipo de apoio e ancoragem. (Apoio sobre todo o comprimento do elemento portante — sistema BARETS, COSTAMAGNA, FIORIO — apoio sobre esperas metálicas — ESTIOT — ou de concreto — TRACOBA —; ancoragem por meio de soldas — ESTIOT — ou por concretagem tradicional — CAMUS, TRACOBA, etc.) Em face do desenvolvimento desses processos é portanto bastante provável que no decorrer dos próximos anos eles distinguir-se-ão uns dos outros mais pela dinâmica comercial relativa à sua difusão e concessão de licenças, do que propriamente pelos detalhes técnicos ou composição de seus elementos pré-fabricados.

Atingindo este ponto de desenvolvimento tecnológico nos primeiros anos da década de 60, os construtores franceses começaram seriamente a preocupar-se com três ordens de problemas: a manutenção de um mercado de escala que permitisse planejar os investimentos a longo prazo[46], as conseqüências em termos sociais da produção em grande série, pelas repercussões desfavoráveis que tiveram junto ao público alguns *grands*

---

46. "Não foi senão em 1960 que os primeiros passos no sentido de um planejamento a longo prazo, foram dados pelo governo dinamarquês. Nesta época, foram tomadas as medidas para a construção de cerca de 2000 habitações anualmente, durante o qüinqüênio 1960-64, independentemente do desenvolvimento político e econômico durante este período. Duas mil habitações correspondem a cerca de 13% da produção anual de apartamentos e a cerca de 6% da

*ensembles* da região parisiense; e, finalmente, a necessidade de pesquisar e desenvolver novos materiais, novas técnicas e aprimorar os controles de qualidade para fazer frente a uma crescente concorrência externa (122). Analisando a situação da industrialização francesa em 1965, J. Barets escreveu:

a capacidade de evolução e de incorporação de materiais novos serão no futuro os fatores de uma severa seleção. A pré-fabricação pesada francesa deverá empreender e deverá ser ajudada a empreender um programa de pesquisas evolutivo e construtivo. Sem esta evolução e pesquisa a indústria da construção assistirá à implantação, na França, de processos estrangeiros consideravelmente aperfeiçoados e melhorados que, em última análise, não serão senão os próprios processos atuais, revistos e corrigidos fora, mas que permaneceram esclerosados no país que foi o promotor da pré-fabricação[47].

Os caminhos seguidos para coordenar a conciliar estes problemas foram em dois sentidos: de um lado, incrementar por todas as maneiras possíveis a industrialização de ciclo aberto e, de outro, a pesquisa em

produção anual de habitações. Desta forma, o primeiro programa a longo prazo de construções na Dinamarca abrangia cerca de 10000 habitações — um número modesto quando analisado fora da Dinamarca, mas do ponto de vista dinamarquês, este primeiro programa a longo prazo foi de extrema importância. O objetivo principal do plano não era assegurar a construção de 10000 habitações, mas criar as bases para o estabelecimento de uma nova estrutura de produção. Condições especiais foram então concedidas pelo Ministério da Habitação aos conjuntos habitacionais que poderiam ser incluídos nesse programa a longo prazo. Os objetivos e as exigências foram publicadas numa circular do Ministério da Habitação em princípios de 1960: 'O objetivo do programa a longo prazo é o de aumentar a capacidade de produção e o de tentar reduzir os custos. É necessário todo o empenho para obter esses resultados, planejando o edifício desde o princípio, tendo em vista a maior aplicação possível de componentes pré-fabricados de maneira a obter, por esse meio, a máxima economia de materiais e mão-de-obra e, no todo, obter a máxima produtividade.' As possibilidades oferecidas pelo planejamento a longo prazo foram entendidas muito além daquelas inicialmente previstas no plano 1960-64, e atualmente 10000 habitações por ano estão sendo contempladas, enquanto as condições técnicas a serem preenchidas pelos conjuntos habitacionais, que deverão beneficiar-se das vantagens do planejamento a longo prazo, continuam as mesmas".
Ver M. KJELDSEN, & W.R. SIMONSEN, *Industrialised Building em Denmark. Op. cit.*, p.11 e ss.

47. "O interesse que a firma Larsen & Nielsen despertou no estrangeiro é notável e apresentou o tangível resultado de ter estabelecido nada menos que treze empresas coligadas tecnicamente, em dez países diferentes até o presente momento, estando outras seis em curso de negociações. A firma não somente se especializou na produção de componentes pré-fabricados, mas também em relação a este trabalho adotou, em alguns casos, o contrato de tipo 'sistema de ciclo fechado'. A produção da firma na Dinamarca cresceu constantemente no decorrer dos anos e atinge hoje mais de 1000 apartamentos por ano. Em associação com a firma Specialbeton, de Odessa, Larssen & Nielsen tem fornecido de maneira constante, nos últimos anos, apartamentos para Hamburgo e Berlim". KJELDSEN, M. & SIMONSEN, W.R. *Industrialized Building in Denmark. Op. cit.*, p.14.

larga escala. O governo decidiu incentivar e ampliar o emprego de componentes pré-fabricados "abertos", tornando obrigatório o uso da norma NF P 01.101 aprovada em julho de 1964, a partir de janeiro de 1965 no "setor trienal" e a partir de 1966 no setor de habitações financiadas pelo Estado, conhecido como "setor reservado", hoje quase uma tradição na política habitacional francesa. Trata-se do seguinte: ficou estabelecido que se as empresas construtoras pretendessem receber financiamentos governamentais, seriam obrigadas a respeitar certas condições como, por exemplo, a coordenação modular, ou utilizar elementos pré-fabricados dentro do sistema aberto. Pelo contrário, se construissem com financiamento próprio pemaneciam com toda a liberdade de ação. A esta idéia de "setor reservado" do qual faz parte o "sistema trienal" veio associar-se mais um conceito, o de "seleção nacional" que se resume no seguinte: a empresa construtora é obrigada a escolher dentro de uma seleção da produção nacional, fachadas ou divisórias pré-fabricadas, ou ainda elementos de cozinha e banheiro que obedeçam a critérios rígidos de coordenação modular e apresentem melhores condições em termos de preço e qualidade. O caminho seguido foi portanto aquele da evolução e da integração da estrutura portante, porduzida pelos sistemas industrializados atuais, com os equipamentos e acabamentos provenientes da industrialização aberta ou de catálogo.

No que se refere à pesquisa e desenvolvimento de soluções novas, verificou-se que a estrutura financeira das empresas construtoras não permitia investimentos consideráveis no aprimoramento de processos novos; de outro lado, as firmas produtoras de materiais para construção, ou genericamente os demais setores industriais, não estavam suficientemente a par dos problemas reais da construção. Foi criado então um novo setor, conhecido com "setor de desenvolvimento de sistemas novos" que se beneficia de ajudas governamentais por meio de "contratos de invenção e desenvolvimento"[48]. A idéia foi trazer para a construção civil idéia novas,

---

48. BARETS. Jean. Considerations sur la préfabrication lourde en France. *Téchniques et Architecture*, 25 (4): 134 e ss. (número especial sobre a Industrialização da Construção, publicado por ocasião do 8º Congresso da UIA).

originadas em outros ramos industriais de maneira a permitir uma evolução que seja ao mesmo tempo compatível e fértil em novos desdobramentos. Em síntese, agrupar mais uma vez projetistas e fabricantes de diferentes setores industriais para melhorar a relação "qualidade × preço das construções".

Em conclusão, pode-se afirmar que a equação segerida por G. Blachère[49]: "INDUSTRIALIZAÇÃO = RACIONALIZAÇÃO + MECANIZAÇÃO" é válida e muito útil para compreender a dinâmica e o desenvolvimento dos processos industrializados da construção na França. É eficiente porque permite estender a análise àqueles países, como a Inglaterra, Suécia, Dinamarca, EUA e aos países socialistas nos quais, em função de estruturas sociais, econômicas, técnicas e políticas diferentes, o desenvolvimento da tecnologia aplicada à construção civil levou a soluções próprias e originais.

Esta frase de Blachère é importante porque, associada à análise dos fatores que determinaram o desenvolvimento dos processos industriais de construção, permite equacionar, ou pelo menos sugerir, o processo de desenvolvimento que a construção de habitações deverá seguir no Brasil. É um *slogan* que ganha vida, que se torna mesmo um roteiro quando relacionado, quando aplicado à realidade brasileira.

49. BLACHÈRE, G. *Op. cit.* em 39, p.94 e ss.

## 4. EXAME DA SITUAÇÃO BRASILEIRA

A. *Perspectiva histórica — Industrialização e Urbanização; análise dos fatores que condicionam o desenvolvimento da industrialização da construção no Brasil.*

A discussão e análise dos problemas relativos à implantação da industrialização da construção no Brasil tem, sistematicamente, encontrado uma série de objeções acerca de sua viabilidade, acerca de sua oportunidade, pelo menos dentro do panorama atual do desenvolvimento brasileiro.

A incorporação à cidades de extensos contingentes de migrantes rurais como mão-de-obra sem qualificação profissional, sujeita a receber baixos salários e portanto não se constituindo em um mercado para a indústria da construção, tem sido apontada como sendo a razão principal, pela qual não há interesse, não há vantagens econômicas ou sociais em industrializar a construção. Nestas condições, afirma-se os métodos tradicionais que fazem largo apelo à mão-de-obra barata são ainda os que proporcionam os custos mais baixos. Mas se ainda resta provar que os custos da construção são baixos e que estes decorrem exclusivamente do custo intrínseco da mão-de-obra, "nós sabemos também a que preço de suor e lágrimas trabalha o pessoal de nossas obras"[1].

Efetivamente os preços da construção não são baixos, pelo contrário, são tão altos que impedem a uma larga percentagem da população urbana usufruir de habitações que contenham os requisitos mínimos de uma moradia, que estejam abastecidas de água, esgoto e luz e que se possa afirmar estejam integradas numa comunidade corretamente atendida pelos serviços de saúde, educação, abastecimento, transporte e recreação.

Para responder a essas objeções de uma maneira mais rigorosa é preciso analisar os fatores que condicionam o desenvolvimento da industrialização da construção no Brasil que são, em última instância, os mesmos observados em relação ao desenvolvimento da industrialização da construção na Europa, isto é, um considerável déficit habitacional, que se constitui em mercado potencial para a industrialização; problemas financeiros que no Brasil se caracterizam sobretudo pela dificuldadade que as classes de menores rendas têm para pagar o custo de uma moradia; necessidade de racionalizar os recursos disponíveis em termos de materiais de construção e, finalmente, o problema da escassez de mão-de--obra especializada, associado à grande oferta de braços sem qualificação profissional.

Como o objetivo de situar esses fatores e de melhor compreender as dificuldades que a realização prática de uma política de industrialização da construção enfrentaria nos grandes centros urbanos, seria interessante, mesmo que sumariamente, procurar caracterizar a natureza do processo de urbanização do país, e mais especificamente nas áreas metropolitanas.

Nos processos de desenvolvimento da "industrialização clássica" o emprego cada vez maior de mão-de--obra gerou um processo de urbanização crescente. No Brasil as indústrias têm absorvido pouca mão-de-obra;

---

1. ROSSO, T. *Introdução ao Seminário sobre a Construção Industrializada. Op. cit.*, p.1.

na última década ofereceram um terço do total dos empregos gerados[2].

No Brasil, a urbanização resulta principalmente do forte incremento demográfico, cuja parcela rural, por não encontrar trabalho nos campos, na mesma proporção de seu crescimento, e frente à crescente pauperização rural, emigra para zonas urbanas. Nestas existe a perspectiva de algum trabalho, porque é nas cidades que se despende o grosso da renda, mesmo daquela que se concentra em mãos de proprietários agrícolas.

No Brasil a extrema concentração na distribuição da renda produz como conseqüência um crescimento intenso no mercado de "serviços", absorvendo, direta ou indiretamente, importantes contingentes de mão-de--obra. Corresponde a um fator sociológico que atua com particular intensidade nos países em que existe um desnível acentuado nos padrões de vida entre cidade e campo[3].

Por outro lado, nos países subdesenvolvidos o aparelho administrativo estatal, geralmente centralizado nas grandes cidades, tende a crescer mais que proporcionalmente, seja porque emprega mão-de-obra de baixa produtividade, nos serviços públicos, seja porque

---

2. Comparando os censos de 1960 e 1970 verifica-se o seguinte: no setor primário, que engloba as atividades agrícolas, pecuária, extrativo-mineral, extrativo-vegetal, pesca etc., havia, em 1960, 12,1 milhões de trabalhadores que correspondiam a 53,7% do total da população economicamente ativa. Em 1970 havia 13,2 milhões de pessoas trabalhando, o que correspondia a 44% do total. Portanto o emprego cresceu durante a década em números absolutos em cerca de 1 milhão de pessoas, sendo a contribuição do setor primário de apenas 13,2% do total dos empregos gerados na década. No setor secundário, que engloba as atividades industriais, de produção de bens e da construção civil, havia em 1960 menos de 3 milhões de trabalhadores que correspondiam a 13,1% dos empregos. Em 1970 o número cresceu para cerca de 5,3 milhões, quase 18% do emprgo total. Isto significa que na década, a contribuição da indústria e da construção civil foi de 2 milhões e 300 mil empregos, ou seja 33,4% do aumento do emprego. No setor terciário, que engloba as atividades em serviços, havia, em 1960, 7,5 milhões de pessoas empregadas o que correspondia a 33,2% do total de empregos. Em 1970 aumentaram para 11,2 milhões, correspondendo a quase 38% do emprego total. No setor terciário foram criados 3 milhões e 700 mil empregos, mais da metade do emprego gerado na época.

Verifica-se, pois, que a diminuição de trabalhadores do setor primário está sendo equilibrada, em parte, pelo aumento percentual das atividades terciárias, nos serviços que se concentram fundamentalmente nas cidades.

FONTE: COSTA, Rubens Vaz da. *Desenvolvimento e Crescimento Urbano no Brasil.* Rio de Janeiro, Publicações do BNH, 1972.

3. FURTADO, Celso. *Análise do Modelo Brasileiro.* Rio de Janeiro, Editôra Civilização Brasileira, 1972.

necessita enfrentar grandes obras em prazo relativamente curto. Em suma, a administração pública acaba tornando-se um elemento de atração, que contribui para intensificar o processo de urbanização[4].

Tomando os dados censitários de 1940 a 1970 e através de projeções estimando os valores para 1980, verifica-se que a população total do país, praticamente, triplica nesse período. De fato, a população passa de 41 milhões em 1940 para 94,5 milhões em 1970, chegando numa projeção conservadora a 120 milhões em 1980. Por outro lado, a população urbana que em 1940 era de 12,8 milhões representando apenas 31,2% do total, menos da metade da população rural, passa sucessivamente para 19 milhões em 1950, 32 milhões em 1960, 53 milhões em 1970, e numa estimativa moderada para 80 milhões em 1980, correspondendo a 66,7% da totalidade. No mesmo período a população rural que em 1940 era de 28,3 milhões, passa para 33 milhões em 1950, 38,9 milhões em 1960, década que assistiu ao maior crescimento demográfico rural já registrado, para em seguida diminuir atingindo 41,6 milhões em 1970, e, mantida essa tendência, a população rural deve baixar para 40 milhões em 1980, havendo portanto uma efetiva redução de população, e não apenas percentual, que de 68,8% em 1940 passa para 63,9% em 1950, 54,9% em 1960, 44,2% em 1970, para atingir somente 33,3% em 1980. Está, pois, ocorrendo um impulso generalizado e bastante acentuado no sentido da urbanização, e apesar dos grandes centros absorverem a maior parte desse incremento, percebe-se que existe um crescimento também nas pequenas cidades e naqueles Estados de baixo índice de industrialização[5]. Essa tendência acentuou-se na última década e verifica-se que as grandes cidades — com mais de 10000 habitantes — são as que efetivamente cresceram mais intensamente. Em 1950

---

4. Sobre o processo de urbanização no Brasil são inúmeras as contribuições, mas pelos seus aspectos de síntese e clareza expositiva duas merecem ser salientadas; uma de caráter mais amplo: HAUSER, Philip M., (directeur de publication). *L'Urbanisation en Amérique Latine*, Nova York, UNESCO, 1962; outra, mais específica sobre o Brasil, especialmente concentrada nos aspectos da industrialização: FURTADO, Celso. *Dialética do Desenvolvimento*. Rio de Janeiro, Editora Fundo de Cultura, 1964.

5. Um estudo interessante de análise censitária foi publicado por WALDEMIRO BAZZANELLA em Industrialização e Urbanização no Brasil na revista *América Latina*, Rio de Janeiro, 6 (1), jan./mar. 1963.

representavam 64,7% da população urbana; em 1960 elevaram sua participação para 71,8%; chegando a quase 80% da população urbana em 1970. Analisando apenas o censo de 1970 verifica-se que a grande massa da população urbana brasileira está, em cidades com mais de 20.000 habitantes onde viviam 34 milhões de pessoas, correspondendo a praticamente 65% da população urbana. Há, pois, uma manifesta tendência para a concentração urbana que tende a aumentar nos próximos anos[6].

No que se refere à ocupação das populações urbanas pode-se verificar que enquanto esta aumentava na taxa média anual de 5,8% durante o decênio 1950-1960 e de 6,5% durante o decênio 1960-1970, os empregos secundários, isto é, os empregos nas indústrias produtoras de bens, nelas se incluindo a construção civil, aumentavam somente na taxa de 2,5% anualmente para o primeiro decênio e 3,3% para o decênio seguinte, demonstrando de forma inequívoca a existência de um amplo setor da população ou trabalhando em empregos terciários de baixo rendimento, ou francamente marginalizado, gerando sérios problemas sociais[7].

O rápido processo de urbanização tem como contraponto um meio urbano incompleto e imperfeito, pouco favorável à vida humana, sendo mesmo o criador de graves dificuldades para uma elevada percentagem da população. Favelas, mocambos, cortiços, densidades demográficas desproporcionais, utilização anárquica do terreno, insuficiência dos serviços urbanos (redes de água, esgoto, luz e telefones), insuficiência nos transportes, dificuldades e insuficiências no setor da instrução, ausência de centros comunitários e de lazer, deficiência nos serviços sociais e de asssistência sanitária, serviços comerciais e de abastecimento excessivamente caros e ineficazes, em suma, a deterioração do meio urbano é a conseqüência mais visível do processo, extremamente rápido, de crescimento que sofreu a maioria das cidades brasileiras.

Dadas suas graves repercussões sociais e sua extensão, o déficit habitacional é dentre os problemas

---

6. COSTA, Rubens Vaz da. *Desenvolvimento e crescimento Urbano no Brasil.* Op. cit. p.51.

7. FURTADO, Celso. Obstáculos Políticos ao Crescimento Econômico do Brasil. *Revista Civilização Brasileira,* Rio de Janeiro, n. 1, mar. 1965. Os dados referentes ao decênio 1960-70 foram obtidos do censo de 1970 — IBGE.

urbanos, certamente o mais importante[8]. Os dados estatísticos de que se dispõe são insuficientes e esparsos; entretanto, para uma avaliação das proporções do problema basta lembrar que somente na Guanabara em 1971, estimava-se em 40% a parcela da população que vivia em favelas; em Brasília, 30% dos habitantes eram favelados, morando em vilas satélites; em Porto Alegre, 15% da população vivia em malocas; em Recife, 58% fixavam-se em mocambos, e assim por diante. O conceito de "déficit habitacional" variou nos últimos anos em decorrência das intenções com que foram analisadas as estatísticas. Durante a década de 60, criado o programa de ajuda da Aliança para o Progresso, procedeu-se a levantamentos que indicavam uma situação alarmante, hoje desmentida com energia[9]. Em 1962, numa tentativa de apreciação global do problema, H. D. Barruel[10]

8. Dentre as inúmeras publicações que tratam dos aspectos do déficit habitacional nas grandes cidades, algumas são de particular interesse, seja porque mencionam aspectos sociais, econômicos ou arquitetônicos do problema, seja porque são documentos oficiais dos órgãos de planejamento. Entre elas:
—. ABRAMS, Charles. *Housing in the Modern World. Man's Struggle for Shelter in an Urbanising World*. Londres, Faber and Faber, 1966.
—. DONNISON, D.V. *The Government of Housing*. Londres, Penguin Books, 1967.
—. MORSE, Richard M. *La Investigación Urbana Latino-Americana: Tendencias y Planteos*. Buenos Aires, Ediciones SIAP, 1971.
—. LARANGEIRA, Mário de Mendonça. O Plano Habitacional e a Expansão das Áreas Urbanas. *Revista de Administração Municipal*, São Paulo, 11:70, 1965, p.155 e ss.
—. PIERRE, Abbé. *O Drama da Habitação Popular*. Rio de Janeiro, Livraria Agir Editora, 1958.
—. COSTA, Rubens Vaz da. *Crescimento Urbano Acelerado: desafio da década de 1970*. Rio de Janeiro, Publicação do BNH, 1972.

9. "O déficit habitacional foi um cavalo de batalha da década de 60 (...) tentou-se dimensionar qual seria o déficit habitacional. Então, se decidiu incluir nele 8 milhões de casas recenseadas como não tendo água corrente ou esgoto sanitário, a maior parte localizada na zona rural, onde água corrente e esgoto é exceção e não regra geral, e uma parte considerável nas cidades. Ora, então o déficit habitacional não era de casas e sim de certos serviços. Não havia 9 milhões de famílias brasileiras dormindo em baixo de pontes, o que havia eram unidades habitacionais consideradas sub-humanas, que deveriam ser dotadas de água e esgoto em muitos casos, ou substituídas por moradias de melhor nível. Com as obras de saneamento básico, que passaram a ser financiadas pelo Banco Nacional de Habitação, começou-se a resolver em boa parte o déficit habitacional. Por exemplo, unidades de boa construção, em determinadas zonas, que não tinham água deixaram simplesmente de fazer parte do déficit habitacional na hora que se ligou a água corrente. Hoje o déficit habitacional é constituído pelas casas sub-humanas existentes em favelas, mocambos, alagados e cortiços..."
Entrevista concedida pelo presidente do BNH, economista RUBENS VAZ DA COSTA, à revista *Realidade*, São Paulo, VII(74):282 e ss, maio 1972.

10. LAGENEST, H.D. Barruel de. Aspectos Humanos e Jurídicos da Habitação Popular. In: *Seminário de Habitação Popular*, São Paulo. Publicação da Faculdade de Arquitetura e Urbanismo da Universidade de São Paulo, 1962.

estimava que seria necessário construir num prazo de cinco anos oito milhões nos principais centros urbanos. Somando-se a esta estimativa o crescimento vegetativo da população, o crescimento urbano acelerado e a deterioração natural das habitações existentes, mais 300 000 moradias deveriam ser previstas por ano. Em 1965 a situação permanecia a mesma, ou melhor tinha-se agravado ano a ano, pois um levantamento feito nessa data, indicou que todo o esforço realizado nos 20 anos precedentes pelas Caixas Imobiliárias dos Institutos e Fundação da Casa Popular, havia deixado um saldo de apenas 60 000 habitações, número irrisório, que não cobria sequer o crescimento vegetativo da população[11] . Em 1970, o então presidente do Banco Nacional de Habitação (BNH), estimava que o déficit habitacional era de cerca de 8 milhões de unidades e a situação bastante difícil pois a indústria da construção estava despreparada e desorganizada para a tarefa, enquanto a população crescia à taxa de 3,1% anualmente. Com o início das atividades do BNH e a construção dos primeiros núcleos habitacionais verificou-se que a extensão do problema era maior, pois não se tratava de construir casas, simplesmente, mas de integrá-las numa comunidade da qual os serviços urbanos de água, esgoto e eletricidade eram os primeiros e essenciais elementos.

Diga-se que dos 8 milhões de habitações consideradas como déficit 6,5 milhões eram de habitações consideradas "subnormais" por falta de serviços urbanos — água, esgoto e eletricidade. Esses 6,5 milhões representavam 50% dos estoques de 13 000 000 de habitações que alojavam cerca de 67 milhões de brasileiros em 1960[12].

Em suma, o que se desprende dessas informações é que a década se encerrou e o déficit permaneceu, apesar do BNH já estar em funcionamento há alguns anos.

O objetivo de procurar levantar e analisar o déficit habitacional não é outro senão o de avaliar a extensão e

11. Ver o número especial da revista *Arquitetura*, Rio de Janeiro, *Revista do Instituto de Arquitetos do Brasil*, n.40, out. 1965.

12. TRINDADE, Mário. "Melhoria do padrão de vida — o BNH e suas realizações" — Conferência proferida pelo autor, então presidente do BNH na Escola Superior de Guerra em 7 de julho de 1970. A conferência foi reproduzida na revista *Engenharia* órgão mensal do Instituto de Engenharia de São Paulo. 327:67 e ss., set. 1970, e na publicação "Industrialização da Construção 4" série de textos para leitura de alunos em seminários da disciplina "Industrialização da Construção" — Departamento de publicações da Faculdade de Arquitetura e Urbanismo da USP, nov. 1971.

distribuição do mercado potencial, fator essencial na elaboração de uma política de industrialização da construção no Brasil. Assim, pois, não há interesse em polemizar sobre o conceito de habitação subnormal, habitação mínima, habitação de interesse social, e sobre as dimensões "reais" do "déficit habitacional". As atuais estimativas do BNH, mais modestas que as precedentes, já são de tal maneira elevadas que de qualquer forma justificam um estudo mais sério, uma análise mais detalhada, sobre a viabilidade de uma política de desenvolvimento tecnológico, visando melhorar a produtividade da construção. Os dados atuais são os seguintes:

Nesta década a população urbana do Brasil crescerá em 27 milhões de pessoas, o que, mantida a elevada média atual de 5 pessoas por domicílio, significa a necessidade de mais 5 milhões de novos domicílios, casas e apartamentos. Se considerarmos a necessária reposição das casas do estoque existente condenadas pelo mau uso, pela má localização, ou ainda pela falta de conservação, podemos prever para a década um mercado de construção de mais um milhão de habitações, a estas se somando ainda as 500 mil que teremos de construir nos próximos dez anos, em substituição às sub-habitações das favelas e mocambos. Neste lapso de tempo teremos, assim, um mercado potencial de, no mínimo, 6 milhões e meio de habitações, ou seja, uma necessidade de construir 650 mil casas por ano. Isso, se de um lado representa enorme esforço financeiro, significa por outro, um grande mercado para a indústria de materiais de construção[13].

A distribuição dessas habitações pelo território nacional, no tempo e no espaço, e seu escalonamento social não foram analisados, provocando algumas distorções nos mercados urbanos, pelo excesso de ofertas

---

13. COSTA, Rubens Vaz da. *O Sistema Nacional da Habitação e os Corretores de Imóveis*. Rio de Janeiro, Publicação do BNH, 1972, p.12. Na mesma publicação o autor analisa o programa norte-americano nos seguintes termos:

"Vejamos agora, para melhor nos situarmos, qual a meta norte-americana. São 13 e meio milhões de habitações destinadas a atender a novas famílias, 8 e meio milhões para reposição de casas deterioradas e, curiosamente, 3 e meio milhões destinadas a serem mantidas disponíveis no mercado para efeito de controle de aluguéis e de preços de casas, como uma pressão da oferta sobre a procura. Isso nos dá um mercado com uma meta de 25 milhões de unidades em 10 anos, correspondendo ao atual crescimento demográfico dos Estados Unidos, que é ele todo urbano, como ocorre no Brasil. Enquanto aqui o crescimento urbano atual é da ordem de 2,7 milhões de habitantes por ano, nos Estados Unidos chega a 2,3 milhões, o que nos dá a estarrecedora média de uma nova unidade habitacional por pessoa. É pois difícil de compreender a meta americana de 2 milhões e meio de casas por ano, se não se observar que 850 mil são de reposição e 350 mil de estoque disponível, o que torna o quadro mais claro. Tomando como comparação estes dados dos Estados Unidos, bem se vê o potencial que existe com o desenvolvimento urbano em nosso país."

de determinado tipo de apartamento, classe média, por exemplo, em detrimento de padrões mais simples, para as classes de menor renda. Trata-se de reelaborar as estimativas gerais situando e quantificando as diferentes faixas em função da localização e das rendas familiares, através de levantamentos das situações locais e dos casos particulares. Este trabalho ainda está por fazer como o reconhece o Presidente do BNH ao declarar:

> Se quisermos detalhar esse mecado surgem, no entanto, grandes dificuldades. Trata-se de um mercado praticamente desconhecido (...) em termos de formulação da política serão necessários muitos estudos, muitas pesquisas para que possamos conhecer melhor o que é o mercado habitacional em nosso país[14].

O Banco Nacional da Habitação atuando essencialmente como um banco comercial, sem uma clara política de distribuição dos financiamentos pelo espectro social, permitiu distorções na alocação dos recursos, provocadas, sem dúvida, pela especulação imobiliária que preferiu as garantias oferecidas pela classe média, às dificuldades e incertezas das classes de menor poder aquisitivo. Tais são as críticas que hoje se fazem ao Banco parcialmente reconhecidas pela direção quando, ao analisar a programação para o triênio 1972-74 afirma:

> Para o triênio 1972-74 prevemos que o Banco financiará a construção de cerca 570 mil unidades habitacionais correspondentes a 40% da demanda geográfica que há em todo o país. (...) No mercado superior, financiaremos apenas 22 mil unidades. Talvez surpreenda cifra tão baixa dentro do total citado de 570 mil unidades. Ela corresponde, porém, a 75% da demanda geográfica do setor, de acordo com a distribuição da renda levantada pelo Banco. Isso demonstra que para essas casas de valor mais alto, a demanda é relativamente pequena; elas de fato não representam o grande mercado nacional. Essa taxa elevadíssima de 75% de atendimento ao mercado superior com apenas 22 mil unidades habitacionais, tem paralelo no mercado médio onde, com 145 mil unidades, estaremos atingindo 82% do mercado geográfico. São, a rigor, as duas parcelas mais bem atendidas do mercado habitacional. E neste sentido a crítica feita ao BNH, tem certo fundamento, uma vez que a percentagem mais elevada da demanda geográfica, a das classes de maior poder aquisitivo, é a melhor aquinhoada. No mercado econômico, onde financiaremos 235 mil unidades, estaremos atendendo a 39% da demanda geográfica, e no mercado popular a apenas 24%. Infelizmente no nosso país a maioria ainda é dos mais pobres e de menor poder aquisitivo[15].

---

14. COSTA, Rubens Vaz da. *O Sistema Nacional de Habitação e os Corretores de Imóveis. Op. cit.*, p.13.
15. COSTA, Rubens Vaz da. *Idem, Op. cit.*, p.16.

A discussão abre-se assim para o segundo fator de importância decisiva na configuração de uma Política Nacional da Habitação, que faça do aumento de produtividade, através da industrialização da construção, um de seus objetivos. Trata-se dos problemas financeiros, que no Brasil se caracterizam sobretudo pela dificuldade que as classes de menores rendas têm para pagar o custo de uma moradia.

As correntes migratórias rurais, incorporando-se às cidades como mão-de-obra não qualificada, com baixíssimas rendas não constituem uma "procura solvável"[16], isto é, não se constituem em mercado para a indústria de construções. Para resolver este problema, evidentemente, seria necessário aumentar as rendas dos grupos interessados, o que supõe um aumento da produtividade *per capita,* que no contexto da construção civil, só pode vir de uma intensa racionalização e mecanização dos processos construtivos. No Brasil têm sido desenvolvidos programas de construção de nível técnico muito simples, fazendo largo apelo à mão-de-obra abundante e barata, constituída pelos migrantes rurais. Esta mão-de-obra barata, pelo fato de poder ser despedida sem dificuldade, é largamente empregada na construção, sem grandes preocupações pela sua produtividade. Por esta razão não são utilizadas técnicas novas ou materiais modernos mais eficientes e mais caros. Nas empresas privadas a elasticidade da demanda em relação ao preço é o único fator de consideração. As flutuações devidas à especulação são acentuadas pela inflação ou mudanças no governo; nos períodos de recessão um grande número de trabalhadores da construção é despedido e passa a categoria de assalariado mínimo a marginal do processo econômico. Por este motivo a indústria da construção civil é um dos ramos de mais baixa produtividade,

que desempenha na economia exatamente o papel de introdutor de mão-de-obra não-qualificada na economia urbana. Nesse sentido, ela cumpre sua função de dar emprego, mas dificilmente algum sociólogo concordaria com que o emprego na construção civil seja um caminho aberto à ascensão social[17].

16. SINGER, Paul I. "Aspectos Econômicos da Habitação Popular". In: *Seminário de Habitação Popular,* São Paulo, Publicação da Faculdade de Arquitetura de Urbanismo da Universidade de São Paulo, 1962.

17. Entrevista concedida pelo sociólogo-economista FRANCISCO

É preciso convir no entanto que somente a elevação da renda familiar e uma paralela redução no custo das habitações pode dinamizar e romper essa situação. Na medida em que se reduza o hiato entre o trabalhador e a moradia ter-se-á criado um

processo de causação circular cumulativo, positivo, para gerar os recursos necessários à expansão progressiva do atendimento das necessidades habitacionais básicas da população[18].

Esses dois objetivos só poderão ser atendidos simultaneamente caso seja possível introduzir métodos e técnicas novas que permitam, pela industrialização, aumentar a produtividade de um sistema de trabalho que se revestiu até o momento de um caráter essencialmente artesanal.

A aceleração do processo construtivo e a necessidade de reduzir os custos da habitação trazem, imediatamente, para o campo da análise o terceiro fator que pode condicionar o desenvolvimento da industrialização da construção no Brasil: a racionalização dos recursos disponíveis em termos de materiais de construção.

A indústria de materiais e componentes intermediários semi-acabados, se não crescer na mesma proporção que a demanda e não acompanhar o aprimoramento e desenvolvimento das especificações, poderá impedir o sucesso de qualquer política habitacional. A coordenação da vasta indústria de bens intermediários deve ser feita, concomitantemente, em duas áreas de ação:

— pela redução dos custos dos materiais mediante investimentos para ampliação da escala de produção, criando condições para que também a indústria de bens intermediários supere a barreira do artesanato e atinja a economia de escala[19].

— pela racionalização e normalização dos elemen-

MARIA CAVALCANTI DE OLIVEIRA à revista *Realidade*, São Paulo, VII(74):285, maio 1972.

18. TRINDADE, Mário. Melhoria do Padrão de Vida. O BNH e sua Realizações. *Op. cit.* p.15 e s.

19. "Com a demarrage do Plano Nacional da Habitação os preços dos materiais começaram a subir vertiginosamente, pelo aumento da demanda. Então o Banco sentiu a necessidade de entrar nesse campo temporariamente, financiando a utilização da capacidade ociosa que havia na indústria de materiais de construção, através de um programa de empréstimos para capital de giro. Mas em seguida vimos que era necessário ampliar também a capacidade existente nessa indústria". Entrevista do economista RUBENS VAZ DA COSTA, presidente do BNH à revista *Realidade*, São Paulo, VII(74):281, maio 1972.

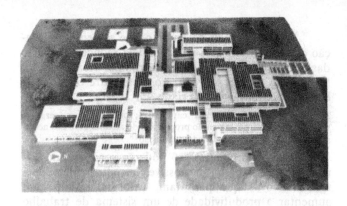

Ilustração 2

SECRETARIA DA AGRICULTURA DO ESTADO DE SÃO PAULO

Projeto do autor em colaboração com os arquitetos A. Martino, A. S. Bergamin, J. G. Savoy de Castro. Projeto estrutural Tedeschi & Ogata. 1969.

2 — Vista de conjunto: maquete. 3 e 4 — Vistas de conjunto: a obra realizada. Primeiro prêmio em concurso público nacional, a obra foi projetada para ser inteiramente pré-fabricada no canteiro.

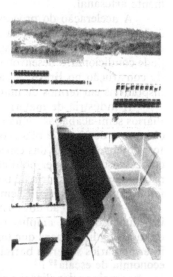

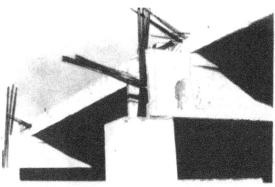

Ilustração 3
SECRETARIA DA AGRICULTURA DO ESTADO DE SÃO PAULO

5, 6, 7 — A obra em execução. O projeto obedeceu a uma rigorosa modulação horizontal e vertical de 12 M. As vigas principais, protendidas, vencem 14,40 m e as nervuras de piso e cobertura 7,20 m. Os acabamentos internos, tais como forros e divisórias, obedecem a uma segunda malha de referência também de 1,20 × 1,20 m, defasada da primeira, porém de 1/2 módulo, o que pode ser observado nas placas quebra-sol da fachada.

Ilustração 4

## SECRETARIA DA AGRICULTURA DO ESTADO DE SÃO PAULO

8. — A obra executada: a praça pública de distribuição, ao nível dos pilotis. Abaixo vê-se o acesso principal, jardins e estacionamento.

9 — A cobertura, inclusive as áreas com iluminação zenital, foi sombreada por meio de grelhas de alumínio perfuradas, apoiadas em bancos pré-fabricados, que facilitam acesso e manutenção.

10 — A pré-fabricação não inibiu a movimentação dos volumes e o correto tratamento das fachadas.

tos a serem produzidos. Inicialmente, uma normalização dimensional, tomando como base uma coordenação modular aceita e respeitada por todos, fabricantes, projetistas e construtores. Em seguida, uma normalização qualitativa no sentido de se poder efetivamente confiar nas informações fornecidas pelo catálogo do fabricante.

Mas o estabelecimento de normas é uma espécie de contribuição passiva, sem dúvida necessária, porém insuficiente na prática; é necessário com o tempo tornar obrigatório o emprego dos materiais normalizados, pelo menos nos setores industrializados e sujeitos ao financiamento do BNH. Trata-se, portanto, de uma ação a longo prazo imprescindível no quadro de um desenvolvimento equilibrado da industrialização da construção.

Finalmente, e para completar a discussão dos fatores que condicionam e orientam a implantação definitiva da industrialização da construção no Brasil, é necessário analisar a situação da mão-de-obra nas grandes cidades. A estrutura do emprego urbano caracteriza-se por dois defeitos mais graves: desequilíbrio na repartição dos empregos e existência de um importante contingente de mão-de-obra marginal ou submarginal ao processo econômico.

As estatísticas indicam que este desequilíbrio caracteriza-se, essencialmente, pelo fato de que o número de empregos terciários, em "serviços", é maior que aquele nas atividades produtoras de bens, estas últimas caracterizadas pelas indústrias manufatureiras e de construção. Por empregos terciários entendem-se aqueles trabalhos necessários ao funcionamento da sociedade, mas não diretamente ligados à produção de bens (empregos secundários). Para aumentar o nível geral da renda, ou de outra forma, para dar à população urbana empregos mais produtivos, o único caminho é, mantendo os atuais efetivos nos "serviços", aumentar o volume de bens produzidos, através de um incremento da industrialização.

No setor da produção de bens a indústria da construção tem um papel importante do ponto de vista dos empregados urbanos. Em função da tendência acentuada de centralização dos investimentos imobiliários, esta atividade acaba concentrando-se particularmente nas grandes cidades. Nas condições atuais que se caracterizam pela ausência de um planejamento setorial a longo prazo — no mínimo um plano de investimentos qüinqüenal —; por profundas alterações no setor dos serviços públicos — zoneamento, transportes e saneamento, principalmente —; por flutuações nos interesses financeiros — diversificação em investimentos mobiliários —; e por mudanças políticas cíclicas — alterando freqüentemente a ordem das prioridades —, é natural que a indústria da construção seja um setor tipicamente instável e que contribua, fortemente, para as flutuações e por conseguinte para o desequilíbrio no mercado urbano de trabalho.

A mão-de-obra marginal é composta por aquele conjunto de indivíduos com as rendas mais baixas — próximas do nível fisiológico — seja porque suas atividades são improdutivas e não indispensáveis, seja porque o trabalho é irregular ou difícil de encontrar. Entre a mão-de-obra marginal propriamene dita, e os empregos plenamente produtivos, existe uma zona de fraca produtividade, ou inferior à normal; a renda desta categoria de trabalhadores, em conseqüência, é pouco elevada e apenas superior ao mínimo fisiológico. Pode ser qualificada de submarginal. O excesso de mão-de-obra marginal e submarginal é característico da estrutura de emprego das cidades nos países subdesenvolvidos e cria um sem-número de problemas sociais graves, entre eles os bolsões de miséria que são as favelas, mocambos, malocas, alagados e os cortiços. Pelo censo de 1970, verifica-se que o número de pessoas economicamente ativas que tem um rendimento mensal até Cr$ 100,00 é de quase 47% do total dos trabalhadores na agricultura e de 55% do total das que fazem prestação de serviços. A gravidade desta demonstração aumenta se se considera que quem trabalha na agricultura, além do salário monetário, tem, em geral, meios de obter um rendimento adicional *in natura*. Incluindo-se neste quadro de salários a classe de rendimentos variando entre Cr$ 151,00 e Cr$ 200,00, que inclui o salário mínimo da época, verifica-se que ela abrange 70% das pessoas ocupadas na agricultura e 80% das ocupadas em prestação de serviços nas áreas urbanas. (Para os efeitos do censo as atividades terciárias foram subdivididas em prestação de serviços, comércio de mercadorias, transporte, comunicações e armazenagem, atividades sociais, administração pública e outras atividades, estas incluindo profissionais liberais, técnicos especializados etc.) Comparando a estrutura de salários dessa categoria de trabalhadores com outras mais bem remuneradas, como as de transporte, comunicações e armazenagem, onde apenas 6,6% dos ocupados ganhava até Cr$ 100,00 por mês, ou com as atividades industriais, nelas se incluindo a construção civil, na qual apenas 11% dos trabalhadores ganhava até Cr$ 100,00, verifica-se a gravidade da situação e o desafio que representa para a formulação de políticas adequadas a melhorar e modificar a situação[20].

Na medida em que o BNH limita, ou melhor, inicia seus programas de financiamentos para construção de moradias para aquelas categorias de trabalhadores que ganham um ou acima de um salário mínimo, tem razão o Senador Franco Montoro quando declara:

> Ao limitar sua clientela às pessoas com renda igual a um e meio salário mínimo, o BNH exclui de seus programas, de pronto, mais de 60% da população brasileira[21].

Em face dessas considerações há uma generalizada convicção de que o *status quo* tecnológico, na construção civil, deva ser mantida a todo custo, pois é o único setor intensamente empregador de mão-de-obra desqualificada. Aumentar a produtividade de setor,

---

20. COSTA, Rubens Vaz da. "Desenvolvimento e crescimento urbano no Brasil". *Op. cit.*, p. 28 e s. Ver principalmente o quadro n. 9 à p. 55: "Estrutura do rendimento médio mensal".

21. Entrevista do Senador FRANCO MONTORO à revista *Realidade*, São Paulo, VII (74):282, maio 1972.

"No esquema do BNH o financiamento é feito para as famílias que têm renda de um salário mínimo ou mais, porque a família que ganha menos de um salário tem de ser considerada como desempregada ou subempregada, uma vez que, legalmente não se pode trabalhar no país ganhando menos de um salário mínimo. Temos um programa para aquelas famílias que ganham entre um e um e meio salário mínimo, com taxa de juros extremamente baixa, de 1% ao ano e pazo de 25 anos para pagar as casas de valor modesto que essas famílias podem adquirir. Daí o esquema do BNH: à medida que aumenta a renda da pessoa, pode aumentar o valor da casa; mas se diminui o prazo e se aumenta o juro, isso significa um esquema de redistribuição de renda de grande importância social. A classe média, por exemplo, que pode comprar uma casa de mais de 100000 cruzeiros, paga uma taxa de juros pelo seu empréstimo que poderá ser superior a 12% ao ano, num prazo de quinze anos. Uma família que ganhe dois salários mínimos comprará uma casa cuja prestação corresponda a aproximadamente 20 ou 25% da sua renda e pagará taxa de juros de 2 ou 3% com um prazo de 25 anos. Vale dizer que os programas estão ajustados à realidade brasileira." Entrevista do Presidente do BNH, RUBENS VAZ DA COSTA à revista *Realidade*, VII(74):281, maio 1972.

Ilustração 5

ALOJAMENTO PARA ESTUDANTES. CIDADE UNIVERSITÁRIA ARMANDO SALLES DE OLIVEIRA. UNIVERSIDADE DE SÃO PAULO.

Projeto dos arquitetos Eduardo Kneese de Mello, Joel Ramalho Jr. e Sidney de Oliveira, 1961.

11, 12, 13 — A obra em execução: montagem de uma laje de piso; detalhe dos apoios das lajes de piso nas vigas principais; e a estrutura terminada. A obra teve um caráter pioneiro de estímulo e demonstração. Ver *Acrópole*, n. 303, fev. 1964, p. 93.

corresponderia a aumentar a faixa dos trabalhadores submarginais, vale dizer desempregados.

No setor da construção civil, os meios tradicionais de produção devem ter a preferência no momento atual, dada a necessidade de criar empregos para mão-de-obra não-qualificada. Os modernos métodos industriais de produção, no entanto, podem ser objeto de estudos, de experimentos, mas a sua utilização no País é ainda prematura, inclusive porque, de modo geral, são mais caros do que os meios tradicionais que empregam mão-de-obra não-qualificada, de baixo salário. É, portanto, o setor da construção civil o que mais tem correspondido à necessidade de criação de empregos; e deverá continuar a ser ainda por muitos anos um baluarte do emprego em nosso País[22].

Há nesta colocação ortodoxa do problema, repisada muitas vezes por economistas e sociólogos, uma afirmação, que pela sua repetição, assumiu foros de verdade e que necessita ser urgentemente rebatida: refere-se ao emprego de mão-de-obra não-qualificada para a execução de construções pelos métodos tradicionais.

O emprego maciço de mão-de-obra não-qualificada é sem dúvida um dos grandes reponsáveis pelo baixo nível de execução da arquitetura contemporânea brasileira, pelo incrível desperdício de materiais e homens-horas registrado e, por conseguinte, pelo custo elevado das construções. Os métodos tradicionais, ao contrário do que normalmente se acredita, só se justificam se amparados numa considerável equipe de operários especializados: pedreiros, carpinteiros, pintores, estucadores, eletricistas, serralheiros, etc. A mão-de-obra não-qualificada emprega-se nas obras como serventes e ajudantes, colaboradores enfim dos operários qualificados. Se um pedreiro precisa, por exemplo, de dois ajudantes, 10 mil pedreiros necessitarão de 20 mil serventes, 20 mil pedreiros, 40 mil ajudantes e assim por diante. O crescimento do número de empregos para a mão-de-obra não-qualificada é linear, em função direta da mão-de-obra especializada. Por outro lado a formação de mão-de-obra qualificada, sem dúvida necessária dentro de uma certa proporção, perde sentido quando pensada em termos de atendimento ao déficit habitacional, num período relativamente curto, por exemplo, dez anos. A formação de mão-de-obra especializada é cara e demanda

---

22. COSTA, Rubens Vaz da. *O Sistema Nacional de Habitação e os Corretores de Imóveis*. Op. cit., p.11.

Ilustração 6

**GARAGEM DO MINISTÉRIO DE EDUCAÇÃO E CULTURA EM BRASÍLIA.**

Projeto do arquiteto Luis Aciolly — Projeto estrutural — Projectum Engenharia Ltda. 1971.

14, 15, 16 — A obra em execução: note-se a leveza das placas de cobertura, que se apóiam diretamente sobre as vigas calhas, e os vedos laterais compostos com os mesmos elementos de cobertura.

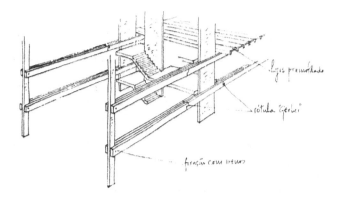

Ilustração 7

ALOJAMENTO PARA PROFESSORES. CIDADE UNIVERSITÁRIA BRASÍLIA

Projeto do arquiteto João Filgueiras Lima. 1962.

17 — Desenho do arquiteto mostrando a simplicidade de sistema estrutural.

18 — A obra em execução: foi inteiramente pré-fabricada no canteiro, inclusive os painéis vazados que protegem as áreas de serviço.

19 — A obra terminada. Ver *Módulo*, n. 32, mar. 1963, p. 39 e *Acrópele* n. 369/370, jan. 1970, p. 32.

tempo. Além disso, considerando que a mão-de-obra qualificada está em vias de extinção em todos os países de alto nível econômico, pode-se perguntar se é correto formar uma tal mão-de-obra no Brasil, — a não ser dentro daqueles estreitos limites necessários à manutenção do patrimônio existente — correndo-se o risco de favorecer a sobrevivência daquilo que seria considerado mão-de-obra anacrônica, porque sua produtividade é fraca e porque correspondente mais a um artesanato de luxo do que a uma produção abundante e econômica: "A economia na abundância é obtida pelo trabalho mecanizado"[23].

O problema do desemprego em função de um aumento da produtividade no setor, pela racionalização e mecanização dos atuais métodos construtivos, leva imediatamente à consideração da tecnologia adotada e, mais explicitamente, à análise, dos "fundamentos econômicos de uma política tecnológica"[24].

Admite-se que nos países desenvolvidos e industrializados há uma relativa abundância de capital; as elevadas rendas *per capita* permitem uma rápida acumulação de capital; admite-se que há uma oferta abundante de recursos para ser investida na produção e, por isso, o preço do capital é ou deveria ser naturalmente baixo. Por outro lado, nesses países há uma relativa escassez de mão-de-obra, conseqüentemente ela é cara, mesmo quando se verifica um certo desemprego. Nessas condições, as inovações tecnológicas que substituem trabalho por capital são, geralmente econômicas, porque elas substituem um recurso escasso, que seria o trabalho, por um recurso relativamente mais abundante que seria o capital.

A situação seria oposta nos países não desenvolvidos. Nesses países supõe-se que exista um grande reservatório de mão-de-obra ociosa, desempregada, marginal

---

23. BLACHÈRE, G.A. A construção de habitações econômicas — por que e como industrializar. *Op. cit.*, p. 1.

24. A exposição até o fim do capítulo, segue de perto a aula do professor PAUL SINGER: "Tecnologia e Emprego" ministrada no "Curso Livre da Ciência, Tecnologia e Desenvolvimento" Organizado pelo Departamento de Física da Faculdade de Filosofia, Ciência e Letras da USP. As aulas foram publicadas num volume único, editado pelo serviço de DOCUMENTAÇÃO RUSP, Cidade Universitária, São Paulo, 1968. Este volume foi reimpresso com o título de *Ciência, Tecnologia e Desenvolvimento*, São Paulo, Editora Brasiliense, 1971.

ao processo econômico. O trabalho seria, portanto, um fator muito abundante. Ao mesmo tempo, o capital seria muito escasso, pois a renda muito baixa dificultaria a acumulação de capital. As inovações tecnológicas que fazem sentido econômico nos países industrializados, apenas aprofundariam o desequilíbrio entre os fatores de produção nos países não desenvolvidos, pois, ao substituírem trabalho por capital, estariam criando desemprego e com isso tornando mais abundante, mais ocioso, o fator trabalho que já é abundante e ocioso, e ao mesmo tempo tornando mais escasso ainda o fator capital, que já é escasso. Conclui-se, portanto, que a adoção de inovações tecnológicas pelos países não desenvolvidos seria irracional, pois essas inovações resultaram de situações econômicas completamente diversas e obedecem a uma racionalidade que não se aplica aos países não desenvolvidos.

Embora esse raciocínio pareça lógico e evidente, na prática a situação é outra. Na construção civil ou se mantém o *status quo* tecnológico, simplesmente racionalizando as atuais operações artesanais, ou se mecaniza a produção. Existe um impasse, pois quase não existem inovações tecnológicas que poupam capital e usam mais mão-de-obra. O que existe são "regressos tecnológicos". Para dar um exemplo clássico, poder-se-ia passar do tear automático para o tear mecânico e deste para o manual, mas a construção civil ainda está na fase manual e não é possível imaginar um setor mais atrasado tecnologicamente. Porém este tipo de "inovação", em lugar de reduzir o valor dos fatores de produção por unidade do produto, tende antes a aumentá-los, em face do aproveitamento pouco racional dos materiais (desperdício) e porque o custo do trabalho, de fato, não é muito baixo, próximo a zero (qualquer trabalhador deve ser remunerado) e, principalmente, porque as inovações que substituem trabalho por capital, via de regra, também melhoram a qualidade do produto e conferem uma elevada produtividade ao próprio capital.

O critério básico portanto para se julgar o papel da inovação tecnológica no desenvolvimento econômico não é tanto seu efeito imediato sobre o emprego, mas seu efeito sobre a acumulação de capital. Isto não só porque a acumulação de capital é realmente um dos motores centrais de transformação da estrutura da eco-

Ilustração 8

HOSPITAL DE TAQUATINGA. BRASÍLIA.

Projeto dos arquitetos João Filgueiras Lima, Cláudio Cavalcanti, Fernando Andrade, Oscar Kneipp, José Paulo Ben e Luis Henrique Pessina. 1970.

20, 21, 22 — A obra executada. Arquitetura, que se utiliza de uma linguagem tecnologicamente avançada, para exprimir sua função social com adequação e beleza. Ver C. J. ARQUITETURA, n. 3 nov./jan. 1974, p. 59.

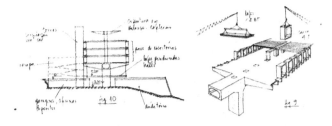

Ilustração 9

SECRETARIAS DO GOVERNO DO ESTADO DA BAHIA C.A.B.

Projeto do arquiteto João Filgueiras Lima. Cálculo Estrutural Roberto Rossi Zuccolo Engenharia Ltda. 1974.

23, 24, 25 — As condições topográficas, a necessidade de executar a obra em prazo muito curto, e a repetitividade das funções, levaram o arquiteto a optar por um sistema estrutural cómposto por uma plataforma de concreto, apoiada em pilares de altura variável, a qual recebe uma superestrutura pré-fabricada, formando pavimentos flexíveis e extensíveis destinados aos escritórios. Ver C.J. ARQUITETURA n. 7, 1975, p. 38 e *Módulo* n. 40, set. 1975, p. 54.

nomia, mas porque a própria acumulação de capital vai criar emprego mais adiante. É o ritmo de acumulação de capital, de transformação de uma parte do produto em novos meios de produção, que cria emprego. Se for possível maximizar o ritmo de acumulação de capital, aumenta-se, ao mesmo tempo, ao máximo, o ritmo de criação de empregos. Então, se uma inovação tecnológica aniquila um certo número de empregos, num certo canteiro, a sua contribuição para a acumulação de capital está permitindo a criação de outros empregos em outras áreas, e nas indústrias de materiais de construção. Haveria desemprego se o volume da produção fosse o mesmo ou só ligeiramente superior, caso em que, efetivamente, um certo número de operários seria supérfluo. Mas no caso de construção civil, a inovação tecnológica, somente iria permitir, pelo aumento do número de moradias oferecidas no mesmo período, alcançar uma demanda não satisfeita. Haveria, isto sim, canteiros maiores, mais complexos e um remanejamento dos atuais efetivos em outras áreas da própria construção. "Do ponto de vista da economia, não há dúvida nenhuma que a inovação tecnológica acaba criando mais emprego do que ela destrói".

As fases pelas quais passou a economia dos países industrializados no decorrer de todo o processo histórico, desde a Revolução Industrial, deverão ocorrer, de uma forma muito mais rápida, nos países não industrializados. Nestes países os processos de produção têm que ser aceleradamente barateados, para que a produção possa ser diversificada. O progresso tecnológico só é viável na medida em que dois mecanismos acontecem: que se barateiam os métodos de produção do estoque de produtos que já estão sendo rotineiramente produzidos, e que se utilize a capacidade de produção assim liberada, tanto em termos de trabalho humano como de capital, para a produção de novos produtos. "O processo de desenvolvimento econômico é, no final, a incorporação de tecnologias superiores".

Finalmente, cabe analisar a tese de que os custos dos fatores de produção são completamente diferentes nos países desenvolvidos e nos países não desenvolvidos. Trata-se, segundo o Prof. P. Singer de "preconceitos de economistas, principalmente de países adiantados, olhando de forma tremendamente superficial, o cenário econômico dos países não desenvolvidos. (...) Os pressupostos de superabundância do fator trabalho e da escassez absoluta do fator capital são falsos". O custo do trabalho pelo fato da mão-de-obra ser abundante não é nulo. O trabalhador da construção civil tem, em maior ou menor escala, uma certa capacidade de reivindicação, proteção trabalhista legal, salário mínimo, e assim por diante, o que torna o seu custo bastante diferente de zero. Está claro que o operário da construção, no Brasil, ganha muito menos que um trabalhador de uma país industrializado. Porém, na medida em que se verifica um aumento na produção, que seja mesmo pelo simples maior número de canteiros tradicionais racionalizados, como está agora ocorrendo nas grandes capitais, este progresso exige não só trabalho braçal, mas também operários especializados em número crescente, técnicos de nível superior, o que torna os custos de trabalho humano cada vez mais próximos dos custos dos países adiantados, que importaram consideráveis contingentes de mão-de-obra barata da bacia do Mediterrâneo, ou da Índia e Paquistão, como na Inglaterra. Existem áreas de grande desemprego ou de submarginalização no Brasil — principalmente no Nordeste — mas isso não significa que o custo do trabalho seja nulo em todo o país.

O custo do capital tampouco deriva apenas do volume de capital existente no país, mas também de suas oportunidades de emprego. As oportunidades de investimento nos países não industrializados são geralmente menores que aquelas existentes nas economias altamente diversificadas e

o custo do capital, para um empreendedor, pode não ser maior, e muitas vezes pode até ser menor, do que nos países adiantados. Não quero dizer com isso que num país não desenvolvido, trabalho e capital têm os mesmos tipos de valorização que nos países industrializados. É preciso estudar caso por caso, não só país por país, mas região por região, e só nessas circunstâncias é que se pode afirmar que em "certos" momentos, em "certos" lugares, uma inovação tecnológica que substitua trabalho por capital, não é econômica. Generalizar isto para todo o mundo subdesenvolvido é simplesmente falso.

O problema então resume-se em grande parte a uma adequação do ritmo de introdução tecnológica à capacidade de acumulação de capital e de criação de empregos, dentro do panorama geral do processo de desenvolvimento econômico. Esta colocação só poderá

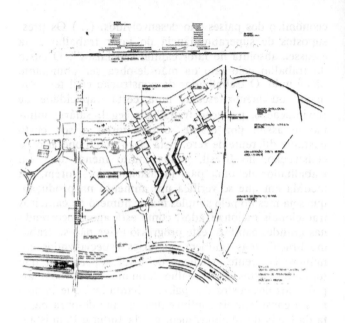

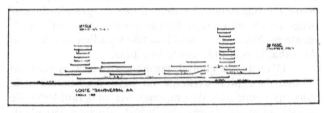

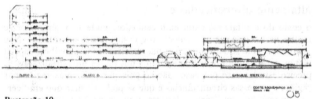

Ilustração 10

CENTRO ADMINISTRATIVO MUNICIPAL DE SÃO PAULO C.A.M.

Projetos: Rino Levi Arquitetos Associados e Promon Engenharia Ltda. 1974.

26, 27, 38 — O conjunto deverá abrigar todas as secretarias municipais de São Paulo e os principais serviços de administração indireta. Ao longo de uma galeria principal, elevada 5,00 m sobre o solo, localizam-se os salões de grande afluência de público. A variação na extensão e largura do edifício permite atender a todas as exigências de um complexo programa funcional. A praça elevada interliga as galerias e permite o acesso público ao gabinete do prefeito, que apresenta uma estrutura e um volume particulares.

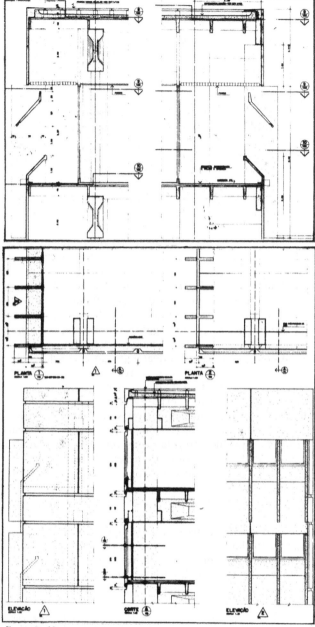

Ilustração 11

## CENTRO ADMINISTRATIVO MUNICIPAL DE SÃO PAULO C.A.M.

29, 30 — **Detalhes da estrutura pré-fabricada.** O prazo de execução e o grau elevado de **repetitividade, levaram a uma solução** tecnologicamente avançada e de grande **eficiência construtiva. Adotou**-se uma grelha modular de 1,25 × × 1,25 m, **que orienta o posicionamento** de todos os elementos estruturais, e que, defasada **de 1/2 módulo, permite** locar os acabamentos. A cada 40,00 m ocorrem núcleos, **moldado** *in loco*, de enrijecimento da estrutura, e que abrigam os **serviços sanitários**, equipamentos de ar condicionado e a escada de segurança.

ser feita adequadamente nos termos de um planejamento a longo prazo que leve em consideração a inter-relação dos fatores mencionados.

Em síntese, pode-se concluir que essas seriam as variáveis significativas que deveriam ser levadas em conta, para se fundamentar uma política tecnológica para um país em desenvolvimento como o Brasil:

as que pemitissem, simultaneamente, o melhor aproveitamento possível dos recursos produtivos do país e a mais rápida taxa de acumulação de capital e de crescimento da economia.

B. *Problemas técnicos — O Plano Nacional de Habitações; análise e conclusões*

Para finalizar este trabalho há interesse em analisar, sucintamente, a estratégia e os objetivos do Plano Nacional de Habitação, posto em prática a partir de 1965, pelo Banco Nacional da Habitação. O objetivo deste exame é o de demonstrar que o Plano atualmente em execução, brilhantemente concebido em termos econômico-financeiros, não esgota o problema, pois não propõe medidas concretas para alguns pontos-chave, como por exemplo: o barateamento do custo das habitações, a redução nos prazos de execução, integração de um maior número de trabalhadores não qualificados na economia de mercado, expansão progressiva do atendimento e, finalmente, redução nos custos financeiros à medida que se atinjam economias de escala. A solução para esses problemas está, sem dúvida, vinculada à elaboração de uma política de desenvolvimento tecnológico, cujos fundamentos econômicos foram precedentemente estudados, que objetivasse aumentar a produtividade de construção pela industrialização de seus métodos de produção.

Ao iniciar suas atividades o Banco Nacional de Habitação elaborou uma estratégia de desenvolvimento, em função de uma série de variáveis, denominadas "variáveis de situação", para serem objeto de mutações, num quadro inflacionário de país em desenvolvimento[25].

25. O exame do Plano Nacional de Habitação segue, de forma muito sucinta, a exposição que dele fez, o então Presidente do BNH, MARIO TRINDADE, em conferência proferida na Escola Superior de Guerra, em 7 de julho de 1970, sob o título: "Melhoria do Padrão de Vida: o BNH e suas realizações". A conferência foi reproduzida na revista *Engenharia*, órgão mensal do Instituto de Engenharia de São Paulo, 327:67 e ss., set. 1970.

— absorção de mão-de-obra pelos setores secundários e terciários;

— redução do capital de investimento para gerar emprego, pela utilização da habitação como meio de ativar a construção civil; esta limitada à utilização de técnicas intensivas de mão-de-obra, pelo menos na fase inicial;

— elevação da capacidade de poupança, inicialmente sob forma compulsória e após pela elevação do poder aquisitivo da população, captando-se por um sistema de poupança livre, os recurso para reinvestimento.

Destas variáveis resultou um planejamento físico, econômico, financeiro e social integrados. Esses modos de ação foram concebidos sob a forma de sistemas flexíveis, adaptáveis às mutações que a própria ação provoca, de sorte a integrar a execução e o planejamento. As ações conseqüentes resultam da abertura de novos caminhos, de novas frentes, tornando-se o processo auto-sustentável.

A auto-sustentação do processo, contudo depende do mercado, isto é, acesso permanente de novas famílias à satisfação das necessidades básicas no caso, a habitação e os serviços urbanos. Tal se consegue com, de um lado, a redução dos custos finais da habitação; de outro, pela elevação da renda familiar em conseqüência da ativação da economia, em escala crescente, a taxa superior à taxa de urbanização das populações.(...) Em síntese, essa estratégia visa, afinal, utilizar as forças incoercíveis do processo de urbanização para gerar um processo de causação circular cumulativo, crescente, para gerar os recursos necessários à expansão prgressiva do atendimento das necessidades básicas da população[26].

Em princípios de 1966, verificando que os recursos de que dispunha o Banco eram insuficientes, pois não cobriam 5% das necessidades anuais de habitações, foi adotada uma solução para ampliar os meios disponíveis: constituir um fundo de Investimentos com os recursos provenientes da taxação de 8% sobre a folha de salários. Esse fundo, denominado Fundo de Garantia do Tempo de Serviço (FGTS), seria constituído pelas contas vinculadas de propriedade dos empregados que optassem pelo novo sistema e dos empresários, das contas relativas aos não-optantes. O Fundo passou a ser empregado em habitações a partir de 1967 e, posterior-

26. *Idem, ibidem.*

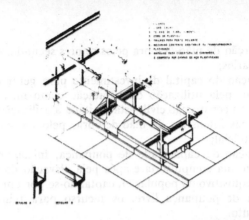

Ilustração 12

**INDÚSTRIAS DO GRUPO PERMETAL — PERMETAL S/A METAIS PERFURADOS/AÇOPLAST IND. & COM. LTDA/VIBROTEX TELAS METÁLICAS LTDA. GUARULHOS/SÃO PAULO.**

Projeto: Rino Levi-Arquitetos Associados Ltda. Cálculo Estrutural: Eng.º Carlos Eduardo de P. Pessoa — 1973.

31 — Perspectiva axonométrica do sistema estrutural pré-fabricado: 1 pilar; 2 vigas calhas; 3 canaletes Fibro-cimento; 4 domos translúcidos; 5 vigas da ponte rolante; 6 mezaninos para sanitários ou transformadores; 7 platibandas; 8 marquises para caminhões.

32, 33 — A obra em fase de montagem.

Ilustração 13

### INDÚSTRIAS DO GRUPO PERMETAL.

34, 35, 36 — A obra executada. O sistema estrutural, com um intercolúnio de 7,50 × 15,00 m, permite expansões em todos os sentidos. Por essa razão os vedos laterais são desmontáveis, e as vigas das pontes rolantes são metálicas, permitindo sua montagem em qualquer vão e a qualquer momento, como indicado em 36. As juntas entre as vigas-calhas e os pilares foram locados próximo ao ponto de momento fletor nulo, facilitando a transmissão dos esforços, e a impermeabilização das calhas de águas pluviais.

mente, em financiamentos para saneamento (água e esgoto); treinamento de operários; pesquisas; treinamento de pessoal técnico-administrativo e financiamentos às indústrias de materiais de construção. A ativação da construção civil teve o mérito de reativar o processo de desenvolvimento econômico, paralisado pela ,inflação. Todas as operações foram realizadas aplicando-se a correção monetária de tal maneira que não tiveram efeito inflacionário, mas repuseram a economia funcionando em bases realistas, forçando a busca da eficiência e a eliminação dos desperdícios. Os recursos mencionados, complementados por uma legislação que favorecia, sob todas as formas, a livre poupança, permitiu a criação de um Sistema Brasileiro de Poupança e Empréstimo, que passou a realizar financiamentos habitacionais para a classe média, e atuação em várias áreas que pouco a pouco se revelaram interligadas ao problema da habitação: planificação urbana; saneamento; controle à poluição dos rios; adestramento de operários especializados etc.

O resultado dessa política financeira foi positivo, pois a

capitalização dos recursos aplicados no Plano Nacional de Habitação, a uma taxa média de 7% ao ano, permite que esses recursos dupliquem a cada 10,1 anos, ou seja, a uma velocidade 2,3 vezes superior à taxa de crescimento da população e cerca 1,3 vezes superior à taxa de urbanização da população brasileira. Como resultado podemos afirmar que, mesmo mantidas as taxas de crescimento da população e de urbanização, teremos recursos a médio e a longo prazo para face a ambas, no setor[27].

Contudo o Banco objetiva acelerar a solução dos problemas e para isso conta com:

a) o crescimento do FGTS como resultado do aumento da oferta de empregos e do aumento da produtividade da mão-de-obra, seja pelo treinamento desta, seja pela generalização de técnicas evoluídas e racionalizadas de produção;

b) o crescimento da capacidade de poupança, em resultado da própria política de investimentos no setor da habitação e desenvolvimento urbano.

Ainda como fatores aceleradores, mas já pela redução dos custos, o Banco conta com:

27. Idem, ibidem.

c) redução dos custos da terra urbanizada em conseqüência do Planejamento Urbano e Local Integrados e dos programas de saneamento;

d) redução dos custos da construção tradicional, pela racionalização, modulação e economia de escala;

e) redução dos custos dos materiais e componentes da habitação, mediante investimentos para ampliação da escala de produção, modulação e racionalização das atividades do setor;

f) redução dos custos pela eliminação dos desperdícios de mão-de-obra, materiais, custos financeiros e administrativos e tempo de execução;

g) redução dos custos financeiros à medida que se atinjam economias de escala na captação de recursos e nos financiamentos.

Desta forma, estabelecido o processo, sua auto-sustentação está garantida, não porém na escala e velocidade desejadas; razão pela qual o Plano Nacional de Habitação prevê, claramente, nos itens "d", "e", "f" e "g", a necessidade de introduzir uma "racionalidade e uma escala de produção" só possíveis com a industrialização da construção.

A manutenção do processo auto-excitado — pois quanto mais habitações promovidas, mais empregos são gerados, gerando recursos para a produção de mais habitações, e assim por diante — depende, em última análise, de dois pontos básicos: que são a elevação da renda familiar e a redução do custo das habitações, reduzindo-se o hiato entre a capacidade de pagar das famílias e o custo da habitação. Na medida em que se reduza esse hiato e que mecanismos adequados de financiamento ponham a habitação (prestação mensal resultante do prazo de amortização do empréstimo, taxa de juros, poupança prévia e correção monetária) ao alcance da capacidade de pagamento da família, teremos alcançado o objetivo de transformar esse mecanismo, de um mecanismo auto-excitado em um processo auto-sustentado[28].

A industrialização da construção, mecanizando as operações artesanais do canteiro, permite a integração de mão-de-obra não-qualificada no processo produtivo de uma maneira direta, sem necessidade de um longo aprendizado anterior. Estabilidade, continuidade e melhores condições de trabalho são as vantagens que a usina oferece ao operário; redução nos prazos de execu-

---

28. *Idem, ibidem.*

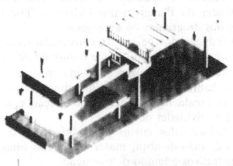

Ilustração 14.

MINISA S/A COMÉRCIO & INDÚSTRIA/SÃO JOSÉ DOS CAMPOS.

Projeto: Rino Levi-Arquitetos Associados Ltda. Cálculo estrutural: Eng? Carlos Eduardo de P. Pessoa — 1975.

37 — Perspectiva axonométrica dos sistema estrutural pré-fabricado. O mesmo sistema utilizado para as indústrias do grupo Permetal, incorporando porém peças de cobertura e vigas-pórtico que permitem iluminação e ventilação adequados.
38, 39 — A obra em fase de montagem.

Ilustração 15

MINISA S/A COMÉRCIO & INDÚSTRIA/SÃO JOSÉ DOS CAMPOS.

40, 41, 42 — A obra em fase de montagem. O sistema estrutural, com um intercolúnio de 9,00 × × 15,00 m, permite expansões em todos os sentidos. Neste caso, em particular, o crescimento frontal foi limitado pela colocação das vigas definitivas, que trabalham como contrapeso das vigas-pórtico, como pode-se observar em 41. Os escritórios, vestiários e sanitários foram localizados em mezaninos como visível em 41 e 42.

Ilustração 16

Projetos e construções: CINASA Construção Industrializada Nacional S/A

43 — Galpão Industrial para MANGELS Industrial S/A, Três Corações, M.G. Espaçamento entre pilares de 15,00 × 15,00 m e vigas para pontes rolantes de 10 t e 20 t. Cobertura de vigas Y protendidas e iluminação zenital.

44 — Galpão industrial para ENGESA Engenheiros Especializados S/A — São José dos Campos. Cobertura constituída por dois planos de vigas Y protendidas, justapostos permitindo iluminação e ventilação laterais.

45 — Galpão Industrial para a Metalúrgica DEDINI S/A — Piracicaba. Espaçamento entre pilares de 12,50 × 25,00 m com duas pontes rolantes de 60 t cada. Vigas de cobertura Y com abas desiguais para permitir iluminação tipo *shed*.

ção, eliminação dos desperdícios em materiais, controles tecnológicos e qualitativos mais fáceis e rigorosos, previsão de trabalho a longo prazo, são as vantagens que a usina oferece ao construtor; precisão e qualidade na execução, possibilidade de atuação dentro de uma perspectiva social mais ampla em face de vulto das realizações, possibilidade de racionalizar a sistemática do projeto, sem abrir mão da riqueza espacial e formal, da flexibilidade e variedade das soluções compositivas, são as vantagens que a usina oferece ao arquiteto; atendimento no prazo previsto, menores custos pela produção em massa de habitações ou de componentes, obras melhores e mais resistentes e conforme o esquema mais bem acabadas, são as vantegens que a usina oferece ao cliente.

Mas a constatação de que o Plano Nacional de Habitação somente poderá vir a ser integralmente cumprido pela implantação da industrialização da construção, não significa que o processo ocorra espontaneamente. É preciso que se criem as condições necessárias, ou em outras palavras, é preciso que haja um plano de desenvolvimento tecnológico equilibrado e adequado às condições específicas brasileiras. A importação indiscriminada de tecnologias européias somente poderá contribuir com argumentos para aqueles que, analisando insucessos e resultados econômicos parciais, advogam a manutenção do *status quo* tecnológico. A produção em massa de habitações, para ser econômica e portanto atender às necessidades dentro dos recursos da grande maioria do povo brasileiro, necessita sejam atendidos alguns princípios básicos, as "variáveis de situação" na estratégia do desenvolvimento tecnológico[29]:

1. Primeiramente é necessário dar garantias à indústria da construção de que haverá continuidade de trabalho nos canteiros industrializados. É a garantia de que os investimentos realizados serão amortizados. Não se pode pretender que a indústria assuma o risco — sem garantias mínimas — de adotar métodos de produção, para cuja implantação deverão ser feitos investimentos consideráveis, na medida que o governo, através do

---

29. MYRDAL, Gunnar. *Needs versus Capacity*. Op. cit., p.4.

BNH continue usando a construção de habitações como uma válvula reguladora da economia nacional. Há poucos setores da economia menos indicados para as flutuações dos objetivos econômicos, que a produção de habitações em massa, na escala almejada pelo Plano Nacional de Habitação. Se as atividades na construção devem assumir um papel de reguladores econômicos, o que sem dúvida é plausível dentro da estratégia adotada, então estes projetos deverão ser procurados em outros setores que não a construção de habitações: na renovação urbana, nas obras públicas, nelas se incluindo o transporte rápido de massas, no saneamento e outras obras. O mais importante incentivo que se possa dar à industrialização da construção é a garantia de que a produção em massa de habitações não será interrompida, mas ao contrário, que um planejamento a longo prazo garantirá um nível contínuo e crescente de realizações. Mas a continuidade da demanda não é suficiente para garantir o sucesso dos métodos industriais de construção.

2. Em segundo lugar, é necessário diminuir as variações na composição da demanda, com o objetivo de tornar viável a produção de componentes estandardizados e modulados. Os edifícios de habitação são indubitavelmente organismos complexos, que devem se acomodar a diferentes condições de solo, clima, padrões sociais etc. Uma infinita variedade nas soluções não pode ser justificada em termos de atendimento às exigências da demanda. Se a produção de edifícios idênticos não é rocomendável, como já foi demonstrada, isto não significa que os compontentes não possam e não devam ser disciplinados, normalizados e modulados. Nenhuma indústria desenvolveu-se sem a estandardização de seus produtos. Pequenas variações no tamanho e nos arranjos dos apartamentos dificultam e impedem efetivamente a adoção de métodos industriais de produção em massa. Estas variações não são, na prática, exigidas pelos consumidores, mas resultam do desejo de originalidade dos projetistas, tanto é verdade que algumas empresas construtoras estão, em São Paulo, racionalizando de tal forma seus métodos de trababalho, que plantas idênticas têm sido reutilizadas sucessivamente. Esta racionalização é o primeiro passo para uma normalização mais completa, atingindo também os compo-

Ilustração 17

Projetos e Construções: RACIONAL Engenharia S/A

46, 47 — Galpão Industrial para DABI Atlante S/A, Ribeirão Preto, S.P. Estrutura de concreto pré-moldado no canteiro e montada em 100 dias. Expansões possíveis em todos os sentidos.

48 — Galpão Industrial para FLAKT S.F. do Brasil, São Paulo. Estrutura de concreto pré-moldado no canteiro, e montada em apenas 20 dias. A expansão pode ocorrer em todas as direções.

Ilustração 18

*Construções: Rácz Construtora S.A.* Assessoria para os pré-moldados de concreto armado: Luis Morales Davilas.

49 — KSR — Depósito de papel da Indústria de Papéis Simões, Via Anchieta, S.P.
Projeto: Enes Silveira Mello
Cálculo Estrutural: E. A. Vicente de Stefano

50 — Faculdade de Filosofia, Letras e Ciências Humanas
Cidade Universitária Armando Salles de Oliveira, S.P.
Projeto e Cálculo estrutural: FUNDUSP

51 — Fábrica de Câmaras KODAK
São José dos Campos, S.P.
Projeto: Louise Brown
Projeto estrutural: E. A. Vicente de Stefano

nentes e materiais de construção. De qualquer maneira, as pesquisas de mercado que se constituem numa parte integral e importante de qualquer indústria moderna, têm sido, no campo da construção, muito pouco utilizadas. Nenhum, ou praticamente nenhum esforço, foi dedicado até o presente, à tarefa de encontrar, de uma maneira objetiva, científica, quais são efetivamente as preferências e necessidades dos consumidores brasileiros, por classes de renda e organização familiar, e quais variações no projeto podem ser justificadas do ponto de vista funcional.

3. Outro aspecto que não pode ser esquecido se forem adotados métodos industriais de produção, é a necessidade de investimentos em pesquisa e desenvolvimento. Não só no campo restrito dos novos materiais, de novas técnicas, de novos sistemas, pesquisas essenciais, sem dúvida, mas que serão levadas adiante pelos fabricantes de materiais e por diferentes especialistas, assim que se criarem as condições para o início do processo de desenvolvimento, mas também pesquisa "interdisciplinar", com o objetivo de encontrar as melhores soluções para o organismo arquitetônico final, em termos funcionais, técnicos, econômicos, formais, sociais etc. Esta pesquisa interdisciplinar não pode restringir-se ao edifício isolado, mas deve estender-se ao conjunto dos espaços urbanos. Ainda que a construção seja um setor completamente distinto dos demais campos industriais e que comparações com atividades mais desenvolvidas sejam pouco válidas, na medida em que a construção for se industrializando, os construtores e fabricantes de materiais e componentes terão muito a aprender de outros setores da economia em termos de planejamento, organização, custos, controle de qualidade e administração empresarial.

4. Este esforço "interdisciplinar" chama a atenção imediatamente para o problema do ensino e formação de pessoal especializado nos vários níveis que serão exigidos pela industrialização.

Às Faculdades de Arquitetura caberia a formação de arquitetos especialmente preparados para atuar nos três níveis em que o projeto deverá atingir: do desenho industrial, do projeto arquitetônico e do planejamento territorial. Partindo da análise fenomenológica das tipologias existentes, o aluno deverá ser ensinado a individualizar as partes, decompondo o todo arquitetônico em elementos construtivos que sejam caracterizados por três qualidades fundamentais, isto é: "funcionalmente e formalmente definidos, formalmente e tecnicamente componíveis, tecnicamente e economicamente fabricáveis em série"[30]. Uma vez definidos os elementos construtivos, os alunos deverão ser capazes de efetuar a recomposição do organismo arquitetônico, para verificar a organicidade das partes. E, finalmente, a última etapa será a planificação do território uma vez que a escala das intervenções ultrapassa a unidade compositiva, ou, como escreveu G. Candilis:

O urbanismo permanece uma abstração até que se torne o gerador da arquitetura[31], ao mesmo tempo em que deve associar as atividades humanas, de tal forma que a totalidade da vida em um complexo urbano se torne mais rica do que a soma das partes componentes[32].

As Faculdades de Engenharia caberia a função de formar especialistas que, atuando paralelamente aos arquitetos, em termos de objetivos, adquirissem conhecimentos sobre a construção vista nos seus aspectos essencialmente tecnológicos e de organização da produção.

Em nível abaixo caberia pensar na formação e treinamento dos técnicos e das diversas categorias de operadores, ainda que nestes campos as técnicas em uso na indústria, sejam mais facilmente transferíveis, de setor para setor, do que no vértice da pirâmide.

Em conclusão, pode-se afirmar, que os maiores obstáculos no caminho da industrialização da construção não são de ordem técnica, na elaboração dos projetos, fabricação e montagem dos organismos arquitetônicos, mas de caráter econômico, administrativo e político. Estes somente poderão ser superados pela compreensão das vantangens sociais que a industrialização da construção traria ao conjunto do desenvolvimento brasileiro.

30. ROSSO, T. Introdução ao Seminário sobre a Construção Industrializada. *Op. cit*, p.5
31. CANDILIS, George, e arquitetos colaboradores, "ZUP — Toulouse Le Mirail", publicado na revista *Téchniques & Architecture*, 22(5):11 e s., jul. 1962.
32. REIS FILHO, Nestor Goulart. "Urbanização e Teoria". *Op. cit.*, p.80.

*Ilustrações*

Fotos 3, 4, 8, 9, 10, 35 ....... Lucio Gomes Machado
Foto 11 ................. Eduardo Kneese de Mello
Fotos 20, 21, 22 .......... Nestor Goulart Reis Filho
Fotos 24, 25 ........................... Módulo
Fotos 32, 33 ......... Luiz Roberto Carvalho Franco
Fotos 43, 44, 45 ......................... Cinasa
Fontos 46, 47, 48 ..................... Racional
Fotos 49, 50, 51 ........................... Rácz
Fotos 1, 2, 5, 6, 7, 12, 13, 14, 15, 16, 18, 19, 34, 36, 38,
    39, 40, 41, 42 ......................... Autor
Desenhos 17, 23 ............. João Figueiras Lima
Desenhos 26, 27, 28 ...................... autor
Desenhos 29, 30, 31, 37 ..........................
    ...... Rino Levi Arquitetos Associados Ltda.

# BIBLIOGRAFIA

*Explicações necessárias*

A organização desta bibliografia, limitada aos problemas da industrialização da construção, apresentou algumas dificuldades de ordem metodológica que convém indicar:

Em primeiro lugar, dificuldade em estabelecer os limites precisos do assunto tratado. Assim, a tentativa de situar historicamente a origem da industrialização da construção recuando a análise do movimento moderno aos primórdios da Revolução Industrial, abre uma ampla perspectiva, fecunda em temas para pesquisas, principalmente no que se refere ao Brasil, onde o assunto foi muito pouco estudado. Esta perspectiva histórica é necessária para avaliar a contribuição dos novos materiais, o ferro e o vidro, nas técnicas de construir, mas a bibliografia deste período não foi incluída, pois o assunto é tão amplo que de per si já constitui uma pesquisa com características próprias. Por outro lado, aspectos contemporâneos relativos aos métodos para racionalização dos canteiros e aos sistemas de controle, previsão e acompanhamento da construção, ainda que aspectos essenciais de uma mesma problemática, não foram incluídos pelos mesmos motivos e porque não são específicos, isto é, são métodos e sistemas dos quais a industrialização da construção se utiliza mas que são aplicados indiscriminadamente em toda a indústria e mesmo na construção tradicional.

Em segundo lugar, dificuldade em adotar um sistema de classificação adequado a um assunto em rápida evolução. As bibliografias consultadas preparadas pelo Centre Scientifique et Technique du Bâtiment, Cément and Concrète Association, Building Research Station, Associação Brasileira de Cimento Portland, Biblioteca da Faculdade de Arquitetura e Urbanismo da USP etc., adotam sistemas de classificação próprios, estritamente ligados aos métodos de trabalho internos de cada instituição e não se prestam a consultas não especializadas. A subdivisão de temas por materiais, sistemas e patentes, países ou tipos de construção não satisfaz, na medida em que um determinado livro ou artigo deveria ter mais uma entrada, aumentando excessivamente o número de fichas. Por exemplo, como classificar um artigo sobre "A tolerância nas juntas de painéis pesados de concreto armado"? Sob o tema "materiais", pois os painéis são em concreto armado? Sob o tema "sistemas", pois trata-se de construções por meio de painéis pesados? Sob um tema mais específico o das "juntas entre materiais"? Ou sob o tema mais amplo da "coordenação modular", pois trata de um problema de tolerâncias? Possivelmente haveria necessidade de classificá-lo quatro vezes, pois ao estudar cada um desses temas seria necessário não abandonar os aspectos dele decorrentes. Uma sistematização dessa natureza, é válida sem dúvida numa biblioteca especializada, mas deixa de apresentar interesse para uma bibliografia restrita como a presente. Assim, pois, resolveu-se adotar um sistema de classificação mais simples, mais direto, levando em consideração apenas a dificuldade e grau de profundidade de uma pesquisa, organizando a matéria do geral ao particular, das análises de conjunto aos estudos de pormenores da execução. Desta maneira agruparam-se num primeiro grande item os Livros de Interesse Geral, os Livros de Técnicos Especializados e de Documentação sobre os processos de construção. Foram incluídos neste item os livros básicos de consulta e referência, que por tratarem de assuntos comuns a todos os sistemas construtivos podem servir de introdução à Industrialização da Construção, bem como aqueles livros que apresentam relações, verdadeiros catálogos, dos sistemas em uso num determinado momento ou lugar. Num segundo item foram incluídos os livros e artigos sobre a "Coordenação Modular" que pela sua importância dentro do contexto da Industrialização da Construção, justificam uma pesquisa à parte. Neste item estão incluídos os livros, artigos e as normas que em número crescente tratam do assunto. Finalmente num terceiro grande item estão os "Artigos publicados em revistas e periódicos". Neste item encontra--se a grande maioria dos títulos elencados que, com raras exceções, tratam de aspectos particulares, de detalhes dos sistemas construtivos. Nem todos os periódicos relacionados são facilmente encontrados o que torna a pesquisa laboriosa e freqüentemente infrutífera. Este item da bibliografia é o mais sujeito a lacunas e imperfeições pelos motivos apresentados.

Em terceiro lugar, dificuldade em pesquisar e consultar todas as fontes de informação. A presente bibliografia limitou-se a um número restrito de volumes e periódicos, pois foi impossível estender o trabalho a todas as instituições e bibliotecas que de uma forma ou de outra se relacionam ao assunto. De uma maneira geral não foram incluídas referências a livros e revistas da Europa Oriental, exceto quando traduzidas para o inglês ou espanhol e divulgadas em nosso meio, como os livros russos e húngaros. O mesmo é válido para a bibliografia escandinava e alemã exceto quando traduzida ou divulgada em revistas internacionais. A bibliografia norte-americana é bastante reduzida neste trabalho por deficiência do autor. No que se refere à América Latina as informações são escassas e se relacionam praticamente todas a construções escolares e a programas de casas populares.

No que se refere à bibliografia propriamente dita foram adotados os seguintes critérios:

A classificação dos textos é por ordem alfabética dentro de cada grupo, tendo sido adotado o sistema de referência bibliográfica segundo as normas da ABNT (PNB 66).

Não foram indexados os catálogos de fabricantes ou de grandes empreiteiras. Em princípio a dúvida não caberia não fossem algumas empresas como a Jespersen & Sons Ltd. com o sistema 12M, que edita catálogos tão completos, com informações técnicas, ilustrações de projetos, seqüências de montagem, tabelas de dimensões preferenciais etc., que tornam esses catálogos verdadeiros tratados sobre a industrialização por meio de sistemas fechados. O mesmo é válido para dezenas de outras emprèsas como os catálogos de Gilbert Ash Ltd. — *The Intergrid System of Structural Framing with Special Reference to the Construction of Schools*, Londres, 24 p. —, ou o da Ohlsson & Skarne A.B. — *The Skarne System*, Estocolmo, 39 p. — ou o da Larsen & Nielsen Constructor AB — *Building with Systems*, Copenhague, 40 p. —, ou o da Bison Concrete Ltd. — *Multy Storey Flats in Precast Concrete*, Londres, 64 p. e assim por diante. A relação é muito grande, e finalmente decidiu-se excluí-los porque não são encontráveis nas fontes habituais de referência.

Igualmente não foram indexados os catálogos de exposições sobre a Industrialização da Construção. Algumas destas feiras, como por exemplo, a IBSAC — "INDUSTRIALIZED BUILDING SYSTEMS AND COMPONENTS" EXHIBITION, que se realiza periodicamente em Londres, editam catálogos extremamente completos, em que a presença de, praticamente, todos os fabricantes e empreiteiros garante uma visão de conjunto da indústria naquele momento. Os mesmos motivos levaram a excluir estes catálogos desta bibliografia.

No que se refere aos livros em que são relatados os trabalhos de congressos sobre a Industrialização da Construção, o critério adotado foi o seguinte: Classificou-se o livro como um todo, pelo seu título, veja-se por exemplo os congressos do CIB e os magníficos volumes editados posteriormente a cada congresso. Não foram consideradas as contribuições isoladamente, que no entanto, muitas vezes aparecem como artigos em revistas especializadas e como tal considerados.

O mesmo critério foi adotado no que se refere aos números especiais de revistas. Por exemplo: Quando do

8º Congresso da União Internacional de Arquitetos em Paris em 1965, a revista *Téchniques & Architecture* publicou um número especial *Industrialisation du Bâtiment*, com 35 artigos. Classificamos apenas a revista, dando-lhe um destaque merecido, precedendo os artigos propriamente ditos do grupo III. Pela mesma razão as revistas especializadas, poucas, e esporádicas, também foram indicadas em conjunto.

Finalmente é preciso esclarecer que os breves comentários aos principais livros são de exclusiva responsabilidade ao autor. Resultaram de uma necessidade didática e foram mantidos nesta bibliografia porque podem apresentar algum interesse e orientação para aqueles que iniciam uma pesquisa. Não pretendem assumir os foros de uma análise crítica, mas simplesmente apontar em grandes linhas as diretrizes e o conteúdo da matéria apresentada.

Este trabalho não teria sido possível sem a inestimável colaboração da Biblioteca da Faculdade de Arquitetura e Urbanismo da USP na pessoa das Bibliotecárias Dna. EUNICE RIBEIRO COSTA que ordenou e classificou todo o material e Dna. THEREZA HAMEL pelo incentivo constante.

Igualmente valiosa foi a colaboração de Ana Marilza de Oliveira, Daisy Maurício de Oliveira e Ana Maria Pierami, que pacientemente datilografaram o texto repetidas vezes.

## LIVROS

ABRAHAM, P. *Architecture préfabriquée.* Paris, Dunod, 1946. 140 p. Livro inteiramente superado, possivelmente de algum interesse histórico, pois mostra os primórdios das técnicas atuais de pré-fabricação e montagem.

AMERICAN Concrete Institute, (Detroit). *Symposium on precast concrete wall panels.* Detroit, 1965. 143 p. (publicação especial).

ARONIN, J.E. *Towards industrialized building.* Nova York, American Elsevier Publishing, 1966.

ASOCIACIÓN Venezolana de Ingeniería Estructural. *Memoria: III Jornadas Venezolanas de Prefabricación.* Caracas, 1970. 520 p.

ASOCIACIÓN Técnica de Derivados del Cemento. *Elementos prefabricados de hormigón en la construcción moderna.* Barcelona, 1960. 157 p.

ASSOCIATION du Catalogue Documentaire du Bâtiment. *Catalogue du Bâtiment.* Paris, C.S.T.B., v. 1, 2 e 3.

ASSOCIATION Internationale des Ponts et Charpentes. 7ème congrès, Rio de Janeiro, 1965.

ASSOCIAZIONE Italiana Prefabbricazione per l'Edilizia Industrializzata, AIP. *Catalogo dei materiali e dei sistemi per l'edilizia industrializzata*. 6.ª ed. S.l.p., AIP, s.d. (Suplemento al. n. 4/1973 della rivista *Prefabbricare-edilizia in evoluzione*).

——. *Catalogo della prefabbricazione 1962 a 1973*. 12.ª ed. Milão, 1973.

Catálogo publicado anualmente com a relação de todos os fabricantes de componentes industrializados para a construção da Itália.

——. *Un modulo per l'edilizia*. Milão, A.I.P., 1973. 100 p.

AUBERT, G. *Le bâtiment peut-il devenir une industrie?* Paris, Eyrolles, 1972. 176 p.

AUDOVIN, J. *Plastiques et Architecture*. Paris, Ed. G.M. Perrin, 1969, 164 p.

Trata-se de um número especial da revista *Plastiques Bâtiment*. Divide-se em três partes: A primeira é formada por uma série de artigos relacionando as matérias plásticas e a arquitetura; a segunda parte é uma resenha técnica sobre os diferentes tipos de plásticos empregados na construção, com suas características técnicas, métodos de produção etc.; a terceira parte corresponde a uma "mesa redonda" sobre o tema.

AXELSON, B. *Some new methods of building in Sweden*. Londres, Cement and Concrète Association, 1962. 11 p. (Séries Bd 25).

BANYKIN, B.N. & MKRTUMJAN, A.K. *Nuove techniche di prefabbricazione*. Milão, ET/As Kompass, 1965. 460 p.

Trata-se da tradução em italiano de dois trabalhos distintos: o primeiro de B.N. Banykin: "Projeto e Construção de Habitações por meio de grandes painéis" publicado em 1963; e o segundo de A.K. Mkrtumjan: "Fabricação de painéis com uma ou várias camadas", publicado em 1961. Trabalho técnico, já francamente superado.

BARI Università degli Studi. Istituto di Architettura della Facoltà di Ingegneria. *Industrializzazione dell'edilizia*. Bari, Dedalo, 1965. 320 p.

O livro recolhe as contribuições de 15 professores

(Ciribini, Grisotti, Wachsmann, Blacherè...) num curso realizado pelo Instituto de Arquitetura da Faculdade de Engenharia de Bari. As conferências são do mais alto interesse e abordam uma variedade de assuntos que tornam o livro um texto fundamental para todos aqueles que desejam compreender a construção como um processo urbanístico-social, econômico-produtivo e técnico--funcional.

BERNDT, K. *Prefabricación de viviendas en hormigón*. Trad. do original alemão por Carlos Z. Hamma. Madri, Blume, 1970. 217 p.

As primeiras 25 páginas são dedicadas aos "termos atuais", ou seja, à abordagem de aspectos gerais da industrialização da construção. O restante do livro não passa de um catálogo bem detalhado e ilustrado de alguns sistemas de construção por meios de elementos de concreto armado.

BIANCHI, T. *L'unificazione nell'edilizia e la prefabbricazione*. Genova, Vitali e Ghianda, 1963.

BILLING, K. *Precast concrete*. Londres, MacMillan, 1955.

BISHOP, D. *The economics of industrialized building*. Garston, Building Research Station, 1966. 11 p. (Design Series, 54).

―――. *Large panel construction production methods*. Garston, Building. Research Station, 1964. 10 p. (Building Research Station Construction Series, 9).

BLACHÈRE, G. *Savoir batir: habitabilité, durabilité, économie des bâtiments*. Paris, Eyrolles, 1966. 294 p.

Na apresentação do livro, Blachère, atual Diretor do CSTB (Centre Scientifique et Technique du Bâtiment), afirma ter sido sua intenção "fornecer em síntese, o quadro geral da concepção científica da construção". Todo o esforço do CSTB, em particular, e da política nacional de desenvolvimento tecnológico da construção, em geral, pode ser reduzido ao binômio "qualidade x preço das construções". Este binômio é a própria razão de ser deste livro e seu fio condutor.

BLOC, E.T.P. *L'industrialisation de la construction*. Paris, 1965. 230 p.

BONNOME, G. & LEONARD, L. *L'industrialisation du bâtiment*. Paris, Quillet, 1969.

BRUCE, A. & SANDBANK, H. *A history of prefabrication*. S.l.p., The John B. Pierce Foundation, 1943. 80 p. (Research study, 3).

CARRIERO, J. e outros. *The New Building Block*. A Report on the Factory — Produced Dwelling module. Research Report N? 8. Ithaca, Nova York, Cornell University, 1968. 280 p.

CARTEI, B. e DONATO, G. *Sulla possibilità di impiego di un panello prefabbricato con anima di polistirolo espanso*. (Pisa, Centro Studi Costruzzioni Metalliche) 1962. 18 p. (Pubblicazione, 22).

CEMENT and Concrete Association, London. *A.I.P.C. Design philosophy and its application to precast concrete structures;* proceedings of a symposium held at Church House, Londres, maio 1967. Londres, 1968. 223 p.

—— . *Fifth international congress of the precast concrete industry*. Londres, 1966. 213 p.
Congresso patrocinado pelo "Bureau International du Béton Manufacturé", que promoveu os congressos anteriores e que se encarregou da edição dos respectivos anais.

—— . *Housing from the factory;* proceedings of the conference held at Church House, Londres, 1962. Londres, 1963.

CENTRE de Recherche pour le Développement de l'Industrialisation de la Construction. *L'habitat et les procédés Camus;* diversité des réalisations, méthodes industrielles, valeur architecturale; libération de la forme par les possibilités du montage en usine; moyens de recherche integrés; applications aux régions en voie de développement: conférence préparée par une equipe de techniciens et de chercheurs du groupe de construction Raymond Camus. Atenas, 1960. 87 p.

CHENER, N. *Fabricating houses from component parts* (How to build a house for US$ 6000). Nova York, Reinhold Publishing Corporation, 1957. 208 p.
Livro simples, informativo e bem ilustrado sobre habitações pré-fabricadas de madeira. O autor desenvolve uma série de projetos de residências econômicas, apresenta seus detalhes construtivos e

nas últimas folhas, recolhe fichas de materiais e componentes, indicando seus fabricantes.

CHIAIA, V. *Prefabbricazione, case unifamiliari prefabbricate di tutto il mondo.* Bari, E. Leonardo da Vinci, 1963. 392 p.

CIRIBINI, G. *Architettura e industria: lineamenti di tecnica della produzione edilizia.* Milão, Tamburini, 1958. 132 p.

Nas páginas deste livro foram recolhidas as aulas do Prof. Ciribini na Faculdade de Engenharia do Politécnico de Milão. O autor divide a matéria em 5 grandes capítulos: "Introdução e aplicação de metodologias industriais na construção" onde são esclarecidos os conceitos de método industrial e repetição em série: "A estandardização ou normação"; "A organização do trabalho"; "A pesquisa nas operações industriais" e finalmente: "A qualidade e o seu controle". Livro extremamente teórico, preciso, difícil, mas muito completo. Foi posteriormente revisto pelo autor que adaptou a matéria em outros cursos e textos.

CIRIBINI, G.; CRESPI, R. & GUARNERIO, G. *Politica, habitat, nuova tecnologia: prospettive di pianificazione sistemica.* Bolonha, Ente Fiere, 1970. 179 p.

Editado por ocasião do 6º Salão Internacional da Indústria da Construção, realizado em Bolonha em 1970, este livro compõe-se de três textos: Ciribini: "O território como sistema de componentes humanos, naturais e tecnológicos"; Crespi: "Thamesmead no quadro do Greater London development plan"; Guarnerio: "Os problemas operativos relativos ao crescimento de uma cidade". Textos polêmicos, muito bem ilustrados, sobre a interdependência entre política habitacional, o ambiente em que vive o homem e a tecnologia necessária para garantir a transformação da matéria, da energia e do *habitat* humano.

COLLINS, F.T. *Manual of tilt-up construction.* Berkeley, Know-How Publications, 1965. 102 p.

COMISSION Économique pour l'Europe. *La conception, la production et l'utilisation futures d'éléments préfabriqués industriellement;* rapports sur les travaux du 2e. cycle d'études de la CEF sur

l'industrie du bâtiment. Paris, Nations Unies, 1967. 29 p. (ST/ECE/HOU 36, 2t).
Parte deste material foi republicado nos *Cahiers du CSTB* n? 103 (904) 1969.

CONGRÈS de l'Association Internationale des Ponts et charpentes, 9? Amsterdam, 1972. *Rapport final: thème 4; influence reciproque entre prise et méthode d'exécution des routes surélevées et des ponts.* Zurique, A.I.P.C., 1972. p. 209-253.

CONSEIL International du Bâtiment. *Building research and documentation;* contributions and discussions at the First CIB Congress, Roterdã, 1959. Amsterdã, Elsevier, 1961. 500 p.
Primeiro de uma série de congressos cujas contribuições se revestem da maior importância. Os relatórios preparados pelos melhores especialistas de todo o mundo foram classificados em grandes grupos como: "Aspectos sociológicos funcionais do projeto de habitação". "Aspectos do cálculo e projetos das construções no que se refere aos fatores de segurança". "Controle das tolerâncias e dimensões". "O problema do dimensionamento do canteiro". "Problemas de pesquisas relativas a grandes elementos de concreto para a construção de habitações". "Habitação em massa nos países em desenvolvimento rápido nas áreas tropicais ou subtropicais". "Tetos planos". "Aspectos fundamentais da transmissão do conhecimento técnico" etc. Pela seriedade e objetividade, trata-se de um livro raro: apresenta um balanço dos problemas da industrialização da construção de maneira completa e objetiva.

—— . *Innovation in building;* contributions at the 2nd. CIB Congress, Cambridge, 1962. Amsterdã, Elsevier, 1962. 232 p.
Da mesma maneira que no 1? Congresso, os relatórios dos especialistas foram agrupados segundo grandes tópicos: Relatórios sobre as tendências da construção; o problema do início do desenvolvimento no setor da construção; a inovação e os quadros técnicos; como tornar o desenvolvimento contínuo e aceito pela população; como determinar o atendimento e satisfação do usuário; o problema de transmissão das informações. Pela serie-

dade e objetividade, esta série de livros impõe-se como o melhor balanço da situação e dos problemas da industrialização da construção.

——— . *Towards industrialized building;* contributions at the 3rd. CIB Congress, Copenhagen, 1965. Amsterdã, Elsevier, 1966. 493 p.
Da mesma forma que nos congressos precedentes, os relatórios dos especialistas foram agrupados segundo grandes tópicos. Neste, os trabalhos foram abertos pelo Prof. Gunnar Myrdal, cuja capacidade de síntese e objetividade são notáveis. Os principais assuntos tratados foram: a estrutura da construção civil em mutação; integração entre o projeto e a produção; o planejamento das operações; aspectos das legislações no que concerne à construção; estandardização modular; métodos de produção; a comunicação do conhecimento, etc. Corresponde ao melhor balanço da industrialização no mundo, naquele momento.

——— . *Building cost and quality;* contributions to the 4th. CIB Congress, Ottawa and Washington, 1968. Roterdã, Elsevier, 1969.

——— . *Research into practice:* the challenge of application; contributions to the 5th. CIB Congress, 1971. Roterdã, Elsevier, 1971. 2 v.

LA CONSTRUCTION préfabriquée en Europe: sélection de procédés et de réalizations. Paris, Agence Européenne de Productivité de l'Organisation Européenne de Cooperation Economique, 1958. (Proj. n? 226). 122 p.
Como o subtítulo indica uma relação de processos e realizações até 1958. Completamente superado como informação técnica, tem interesse, todavia, como perspectiva histórica principalmente nos capítulos: "Préfabrication lourde", que trata das primeiras experiências do Grupo Camus e das realizações alemãs, suíças e escandinavas; e "Le traditionel evolué", que trata da racionalização da construção tradicional pelo emprego de elementos pré-fabricados de pequeno porte.

COSENZA, G. *Industrializzazione in architettura.* Nápoles, Istituto di Architettura e Urbanistica, 1969. 176 p.

CROSBY, T. *Architecture: City Sense*, London Studio Vista/Van Nostrand Reinhold Company, 1965. 96 p.

A inclusão deste livro, numa bibliografia especiazada, deve-se ao capítulo "Action Building", no qual o autor analisa as possibilidades abertas pela industrialização da construção para a solução dos problemas da habitação na grande cidade. O livro procura apresentar um enfoque coerente sobre os problemas do ambiente urbano e em especial sobre a reurbanização das áreas centrais deterioradas. Segundo o autor as dificuldades encontradas pela Industrialização da Construção residem na oposição entre flexibilidade e custo que somente uma progressiva estandardização poderia resolver.

CSORDAS, T. (e colaboradores). *Building Industrialization, Technical Design, Typification in Hungary*, Budapeste, Institute of Building Types Design, 1969. 228 p.

Livro interessante, pois apresenta a evolução da experiência húngara em matéria de industrialização da construção a partir de 1950. Essa experiência é de grande atualidade pois permite o seu rebatimento para as condições brasileiras de desenvolvimento tecnológico.

CUBA/Ministerio de La Construcción. *Investigaciones Tecnicas: Ceramica Armada*. Havana, Dirección de Investigaciones Técnicas de Micons, 1962. 123 p.

Trabalho excepcionalmente interessante, pois, dentro da perspectiva cubana de "lograr el maximo con el minimo", como tão bem a descreve R. Segre no seu livro "Cuba — Arquitetura de la Revolución" (Ed. G. Gili, 1970), a necessidade de cobrir os edifícios utilizando ao mínimo os recursos escassos, principalmente ferro em barra e cimento, redundou em pesquisas com a cerâmica armada, lajes mistas, formando abóbadas, cúpulas, folders, pisos, painéis de parede, etc. O trabalho foi preparado pelo arquiteto Juan C. Campos e consta essencialmente de duas partes: Até a p. 40 o autor apresenta uma relação completa de especificações técnicas, desde os métodos de cálculo até a composição do concreto a ser utilizado. Da p. 40 em diante, são analisados exemplos práticos ilustrados com desenhos e fotografias.

—— . *Investigaciones Técnicas: Naves Industriales,* Havana. Direccion de Investigaciones Técnicas del Micons, 1961/63. 56 p.

Trata-se de uma relação de projetos para edifícios industriais utilizando técnicas de pré-fabricação, em geral muito simples dispensando equipamentos pesados de transporte e montagem. O interesse do trabalho reside na simplicidade das soluções propostas e no sistema de construção, verificação por meio de provas de carga e montagem dos componentes.

CUTLER, L.S. & CUTLER, S.S. *Handbook of housing Systems For Designers and Developers.* Nova York, Van Nostrand Reinhold Company, 1974. 234 p.

Os autores, conscientes dos problemas e necessidades do mercado americano da habitação (para o qual o livro é dirigido), e com nítida preocupação didática, organizaram este livro que descreve como avaliar sistemas para construção de habitações. Em nove capítulos analisam os "Sistemas de Construção como Processos", "Ecologia humana e as necessidades dos Usuários", e fornecem os detalhes de um sistema de baixo investimento de capital para construção de habitações: The Ecologic System: I Madeira; II Aço; e III Concreto. Através de um grande conjunto de plantas e gráficos fornecem um "Kit" (conjunto de partes) de maneira a envolver o leitor no processo de projetar e construir um sistema de construções industrializadas.

DANILOW, Nikolaj. *Mechanisierte Herstellung von Beton-und Stahlbeton fertigteilen.* Berlim, VEB, 1962. 504 p.

DEPARTMENT OF HOUSING AND URBAN DEVELOPMENT. Estados Unidos, *Industrialized building: a comparative analysis of European experience.* Washington, Division of International Affairs, 1968. 131 p.

DEESON, A. *The comprehensive industrialized building systems annual 1965.* Londres, House Publications, 1965. 224 p.

DESPEYROUX, J. *L'état actuel de la règlamentation en matière de construction par panneaux préfabriqués de grand format.* S.l.p., Comité Européen du Béton, 1965 (Bulletin d'Information, 47).

DEUSTCHE Bauakademie. *Die Grossblockbauweise in der DDR*, Allemagne de l'Est, 1958. 173 p.

DIAMANT, R.M.E. *Industrialized building;* 50 international methods. In collaboration with the Architect & Building News. Londres, Iliffe, 1964. 214 p.

Os três volumes publicados até o momento, profusamente ilustrados, descrevem métodos e sistemas de construção em uso nos vários países da Europa, EUA, etc. Tecnicamente são livros superficiais, mas excelentes "catálogos", uma vez que, de certa forma, fazem um apanhado dos principais canteiros onde sistemas industrializados tenham sido empregados.

—— . *Industrialized building 2;* 50 international methods. In collaboration with the Architect & Building News. Londres, Iliffe, 1968. 216 p.

Ver comentários ao primeiro volume da série.

—— . *Industrialized building 3;* 70 international methods. In collaboration with the Architect & Building News. Londres, Iliffe, 1968. 216 p.

Ver comentários ao primeiro volume da série.

DIAS PUERTAS Diego. *Industria de la construcción o técnicas modernas de la construcción en Francia.* Tucuman, Universidade Nacional (1965). 71 p.

DIETZ, A.G.H. & CUTLER, L.S., ed. *Industrialized Building Systems for Housing.* Cambridge, MIT, 1971. 285 p.

A matéria deste livro está baseada em dois cursos de verão organizados pelo MIT em 1969 (Industrialized Building) e 1970 (Industrialization for New Communities). Nele estão incluídas as contribuições de especialistas em várias áreas desde política urbana e análise de sistemas, até tecnologia dos materiais. Examina os princípios básicos da industrialização, os tipos de sistemas em uso, principalmente no setor das habitações em massa.

DRESDEN. Technische hochschule. *Die Montagebauweise mit Stahlbetonfertigteilen in Industrie- -und Wohnungsbau;* II Internationaler Kongress, 1957, Wiesbaden, Bauverlag. 1959. 548 p.

DYACHENKO, P. & MIOTVORSKI, S. *Prefabrication of reinforced concrete.* Moscou, Peace Publishers, s.d. 240 p.

Traduzido do russo por S. Klein. Livro essencialmente técnico sobre os processos industriais para a execução de peças em concreto armado. Divide-se em 8 capítulos: Sumário das técnicas de fabricação de concreto armado; entrega das matérias-primas à usina e seu armazenamento; preparo do concreto; preparo dos reforços; protensão; moldagem; cura, desforma e estocagem de elementos de concreto armado. Livro precioso, pois indica todos os tipos de equipamentos e ferramentas necessários, ilustrando os comentários com desenhos técnicos de ótima qualidade.

ETTINGER, J. van. *Towards a habitable world.* Amsterdã, Elsevier, 1960.

EUROPREFAB Systems Handbook. Housing. Londres, Interbuild Prefabrication, 1969. 210 p.

Este catálogo apresenta 82 sistemas europeus para a construção de habitações industrializadas utilizando-se de 1 quadro comparativo formado de parâmetros fixos, de um esquema gráfico, e de alguns detalhes, além de explicações resumidas em três línguas. Trata-se de um trabalho esquemático e sem profundidade.

EVENWELL, J.K. *Modern building methods.* Johannesburg, National Building Research Institute of the South African Council for Scientific and Industrial Research, 1971. 183 p.

Baseado numa tese apresentada para a obtenção do grau de doutor em construção (PHD in Building Science), na Universidade de Witwatersrand, Johannesburg, em 1969. O interesse deste livro reside no levantamento feito pelo autor da demanda habitacional, custos, necessidades de mão-de-obra, utilização de equipamentos, etc. na África do Sul, comparando esses dados com os fornecidos pelas principais agências européias que tratam do assunto. Ver principalmente partes 2 e 3.

UN EXEMPLE de mur-rideaux dans la construction H.L.M.: 359 logements à Nancy-Laxon. Paris, Centre d'Information et de Documentation du Bâtiment, 1961.

EXPERIMENTAL studies of the prefabricated house with concrete panels. Building Research Institute, Tóquio (41) dez. 1964.

FÉDÉRATION Belge pour l'Urbanisme, l'Habitation, le Dévéloppement et l'Aménagement du Territorie, *L'industrialisation du Bâtiment clé d'un nouvel urbanisme*. Bruxelas, 6e Congrès International, 1970.

FINZI, L. *La statica degli edifici prefabbricati a pannelli-parete; corso di perfezionamento per le costruzioni*. Milão, Politécnico, 1965.

FOUGEA, E. *The industrial construction of housing; the rapid prefabrication of multi-story building;* paper presented to the Societé des Ingénieurs Civils de France, British Section; sixth ordinary general meeting. Londres, The Society, 1962. 14 p.

FRATEILI, E. *Storia breve della prefabbricazione*. Trieste, Istituto di Architettura e Urbanistica della Universitá di Trieste, 1966.

GAGE, M. *Guide to Exposed Concrete Finishes*. Londres, The Architectural Press & The Cement and Concrete Association, 1970. 161 p.

Este guia foi inicialmente publicado em dois números especiais da revista *The Architects Journal;* (14/fevereiro/1968 e 26/março/1969). Bem impresso, extremamente rico em detalhes e informações práticas, divide-se essencialmente em duas partes: Acabamentos em concretos moldados *in loco* e Acabamentos em concretos pré-fabricados. Esta parte divide-se em 7 subitens, a saber: Métodos de produção; Técnicas de produção; Precisão; Moldes; Técnicas de Acabamentos; Transporte e Manuseio; Procedimentos para especificações.

Uma Bibliografia preciosa, porque rara, encerra este trabalho de grande utilidade.

—— . *Hard Landscaping in Concrete*. Londres, The Architectural Press & The Cement and Concrete Association, 1975.

Publicado como uma série de documentos técnicos na revista *The Architects Journal* este livro, muito ilustrado, fornece indicações precisas sobre o uso do concreto — em geral sob a forma de peças pré-fabricadas — para o projeto e execução de pisos, jardins, taludes, bancos, cercas, etc., de todo esse complemento da arquitetura que o autor chama de Hard Landscape.

GARCIA, B.J. *La ingenieria en el problema de la vivienda*. Buenos Aires, Instituto del Cemento Portland Argentino, 1961. 31 p. (Série 88 n? 44).

GATZ, K. *Paredes Exteriores*, Barcelona, Edit. Gustavo Gili, 1970. 176 p.

Trata-se de uma série de 4 livros publicados como artigos na revista *Strukturformen der Architektur Beispiele*. O primeiro tomo: "Paredes exteriores" trata de detalhes das fachadas com elementos de concreto pré-fabricados; com elementos metálicos tipo curtain wall; com paredes maciças e fachadas com balcões e galerias. Os demais tomos são: Edifícios con estructura metálica; Edifícios de hormigón; e Construcciones de ladrillo.

GLOVER, C.W. *Structural precast concrete*. Londres, Lennox House, 1964. 664 p.

Este livro apresenta, de um ponto de vista essencialmente técnico, considerações relativas à seleção de tipos estruturais pré-fabricados, princípios gerais de projeto e cálculo de elementos estruturais, normas para detalhes de construção de todos os elementos e especificações de materiais, métodos de fabricação, transporte e montagem, e estimativas de custo.

GRÃ-BRETANHA. Ministry of Works. *A survey of prefabrication*. Londres, HMSO, 1945.

GRÃ-BRETANHA. National Building Agency. *The comprehensive industrialized building systems annual*, 1965. Londres, House Publications, 1965. 224 p.

GRÃ-BRETANHA. National Federation of Building Trades Employers, *Safety guide for industrialized building*. Londres, 1968. 10 p.

GRUNAU, E.B. *Les Joints Dans Le Bâtiment*. Paris, Eyrolles, 1971. 149 p.

Traduzido do alemão (*Fugen in Hochbau*, 1968) por Bruno dal Cin, este livro único no gênero, é perfeito como informação. Divide-se essencialmente em três partes: As juntas "duras", tais como as feitas com argamassa; Os mata-juntas; e as juntas "moles", isto é, aquelas formadas por materiais plásticos e elásticos.

HABRAKEN, N.J. *Supports: an alternative to mass housing.* Londres, Architectural Press, 1972.
Essencial para o conhecimento da corrente que advoga a participação do morador no processo de construir; uma nova perspectiva sobre os problemas de construção em massa.

HALÁSZ, R.v. *Industrialisierung du Bautecnik.* Dusseldorf, Wener, 1966. 293 p.
Livro técnico aborda aspectos da industrialização da construção, tais como: "Influência da qualidade do concreto na industrialização da construção; Conseqüências da desforma instantânea na qualidade dos elementos pré-fabricados; Exemplo de um sistema de elementos para países de pequena capacidade industrial ou em vias de desenvolvimento". Este livro deveria ser traduzido para o português, pois o autor vai além dos assuntos puramente técnicos e apresenta uma série de questões que teriam interesse no Brasil, num momento em que a Industrialização da Construção dá seus primeiros passos. Existe uma tradução italiana: *La Prefabbricazione nell'edilizia industrializzata,* Milão, ITEC, 1969.

HALÁSZ, R.v. & TANTOW, G. *La construcción con grandes elementos prefabricados.* Ediciones URMO, Bilbau, 1972. 189 p.
Livro essencialmente técnico, analisa do ponto de vista estrutural os principais sistemas empregados na Alemanha. Tem interesse o capítulo dedicado à Estética das Grandes Construções com Grandes Painéis, porque os autores desenvolvem o cálculo das estruturas, admitindo todas as variantes possíveis.

—— . *Schubfastigkeit der Vertikalfugen und Verteilung der Horizontalkrafte im Grosstafelbau.* Berlim, W. Ernst und John Berichte aus der Bauforschung, 1966. (H 45).

HAUSLER, Horst. *Grossblockbauweise.* Berlim, VEB, 1963. 152 p. (*Industrieller Wohnungsbau,* v. 1.).

HOLST, H.A. *A Swedish building system.* Trans by L.M.L. Booth. Garston, Building Research Station, 1955. (Library Communication, 723).

HULER, B. & STEINEGGER, I.C., ed. *Jean Prouvé: prefabrication; structures and elements.* Londres,

Pall Mall, 1971. 212 p.
Traduzido do original alemão por A. Lieven. Livro estimulante, excepcionalmente rico em ensinamentos técnicos e humanos. Além da biografia de Jean Prouvé, os autores, usando sempre que possível croquis e palavras do próprio artista, discutem os principais problemas enfrentados na industrialização de componentes metálicos para habitações, escolas, mercados, etc. Ver a propósito deste livro e da obra de Jean Prouvé, o que escreveu Reyner Banham em *Architectural Review*, Londres, *151*(900): 130, Fev. 1972.

I.E.T. INSTITUTO EDUARDO TORROJA. *Jornadas de industrialización de la construcción*. Madrid, 1967. 135 p.
Coletânea dos textos apresentados por diversos especialistas europeus quando do encontro em Madri da Reunião Anual do Comitê Executivo do Conseil International du Bâtiment.

IMBEX 70 — *DIGEST OF SEMINARS. Nov. 70.* Chicago, Caliners Publishing Company, 1971. 85 p.

IMBEX 71 — *DIGEST OF SEMINARS. 31 out. — 4 nov. 1971.* Chicago, Caliners Publishing Company, 1972. 160 p.

INDUSTRIALISATION, (Atelier d'Urbanisme et d'Architecture A.U.A. — P. Chemetov & J. Kalisz) Paris, M.A.C. de France, 1970. 67 p.

INTERNATIONAL Federation of Building and Public Works. *Social aspects of prefabrication in the construction industry; 13 monographies*. Paris, 1967.

INVENTERING av Stansystem for elementbyggia flerfamiljshus: Rapport Biggforskningen. Estocolmo, 1967. 114 p.

IRIEBEL, W.; ACHTERBERG, G. & BROCHER, E. *Grossformatige Betonfertigteile in Tafelbanart.* Berlim, Berichte ans der Bauforschung, Berlim, Berichte ans der Bauforschung, 1968. 90 p. (H 55).

I.S.E. The Institution of Structural Engineers. *Industrialized building and the structural engineer.* Londres, 1967.

ISRAEL Institute of Technology, Haifa. *La préfabrication dans le bâtiment: expérience et problèmes;*

symposium franco-israélien. Haifa, Technion, 1967.
JENSEN, A. *Prefabricated building elements.* Copenhague, Byggeindustrien, 1954.
JUANTILLA, A. *Technical and economic bases of building construction with precast components.* Helsinqui, 1961.
KELLY, B. *Desing and production of houses.* Nova York, McGraw Hill, 1959. 401 p.
—— . *The prefabrication of houses.* Boston Massachusetts Institute of Technology Press, and John Wiley & Sons, N.J. 1951. 466 p.
KIENE, S. & BONATE, P. *Construcción con prefabricados de hormigón y homigón armado.* Barcelona, Reverté, 1954.
KJELDSEN, N. & SIMONSEN, W.R. *Industrialized building in Denmark* (published by the occasion of the 3rd, CIB Congress, 1965, in collaboration with Byggenindustrien and with financial aid from A. Jespersen & Son's Foundation) Copenhague, Skandinavisk Bogthryk, 1965. 128 p.
Relatório bem documentado e bem ilustrado sobre a situação da industrialização da construção na Dinamarca. Na introdução encontra-se uma análise da situação habitacional e da ação do Ministério da Habitação na criação de uma política de desenvolvimento tecnológico a longo prazo. Tradução inglesa.
KOTH, Marcia N.; SILVA; Julio G. & DIETZ, Albert G.H. Prefabrication (*In Housing in Latin America*). Cambridge, Mass., M.I.T. 1965. pp. 202-26).
KONCZ, T. *Traité de la préfabrication en béton armé et en béton précontraint: construction, et exécution de la construction.* Bruxelas, Vander, 1969. 3 v., 1091 p.
Tradução do original alemão. Os três volumes pretendem esgotar o assunto do ponto de vista técnico; muito completo, bem ilustrado, com tabelas e gráficos, aborda todos os assuntos relativos ao projeto, dimensionamento, montagem, tolerâncias, equipamentos, etc. de peças pré-fabricadas para edifícios de habitação e industriais. Existem mais duas traduções, a italiana sob o

título: "La prefabbricazione residenziale e industriale". Milão, 1966; e a espanhola; "Manual de la Construcción Prefabricada", Madri, Blume, 1968.

—— . *Handbuch der Fertigteilbauwese*. Berlim, Wiesboden, 1962. 463 p.

Deste livro existem numerosas traduções: em inglês, *Handbook for structural precast concrete building construction*, publicado em 1962; uma tradução em italiano, *Manuale della prefabbricazione* publicado em 1962 e uma tradução francesa de 1969.

—— . *Handbuch de Fertigteilbauwese, Band 3: Nehrgeschossbauten der Industrie und Verwaltung Schul und Universitatsbauten Wohnbauten*. 1967.

KRISTENSEN, E. *What have we learnt from Engstrands Allé and Bellahoj*. Copenhague, Byggeindustrien, 1954.

KUSNETZOV, G.F. *Prefabricación con hormigón armado: viviendas y edificios publicos*. Buenos Aires, Lautaro, 1957.

Tradução do russo por Eugenio Fisher. Este livro oferece em linhas gerais um panorama do Estado em que se encontrava a pré-fabricação de habitações de concreto armado na URSS, na data de sua publicação.

LARGE-SCALE production of "Hearts". Stockholm, The Swedish Building Industry, 1958.

Descreve o sistema de fabricação de blocos sanitários pela indústria Allbetong, na Suécia.

LAURET, R. *Progress report on structural precast concrete elements*. Malmo, Cenbureau, 1962 (Technical note, 4).

—— . *Report to the sub-committee on structural precast concrete elements to the working group on building and structural work in concrete*. Malmo, Cenbureau, 1962.

LEDDERBOGE, Ottoheinz (und andere). *Montage von Beton und Stahlbetonfertigteilen*. Berlim, VB, 1964. 440 p.

LEON, G. *The Economics and Management of System Construction*. Londres, Longman, 1971. 233 p.

Este livro está baseado em pesquisas desenvolvidas pelo autor em usinas e canteiros industrializados. Inicialmente passa em revista os sistemas existentes "abertos e fechados", para em seguida propor critérios econômicos seja para o projeto arquitetônico e estrutural de componentes, seja para a sua produção e montagem. São analisados os principais parâmetros que influenciam o ritmo da produção, o custo dos componentes, a rapidez de montagem e a "economia" dos diferentes tipos de estruturas para edifícios altos. Sendo a industrialização extremamente sensível a atrasos, requer métodos de planejamento e controle para minimizar os tempos não produtivos e os custos no canteiro. São igualmente discutidos os métodos atualmente empregados em concorrências e medições, sendo oferecidas sugestões interessantes. Livro extremamente útil e oportuno.

LEWICKI, B. *Bâtiments d'habitation préfabriqués en éléments de grandes dimensions*. (Warsawa, Arkady). Paris, Editions Eyrolles, 1965. 596 p.
Este livro estuda os problemas relativos à construção de edifícios de habitação, por meio de elementos pré-fabricados de grandes dimensões. Sem deixar de examinar todos os problemas relativos ao assunto, o livro trata basicamente do cálculo estático, do contraventamento, dos pisos, elementos portantes verticais, das juntas e dos problemas de impermeabilidade nas juntas. Muito bem ilustrado, apresenta exemplos de cálculos, tabelas, diagramas e ábacos. Foi traduzido por Wojciech Kukulsky e Jean Lujez e o prefácio foi redigido por G. Blachère diretor do CSTB.

—— . *Factores de la industrialización de la construcción: prefabricación de edificios*. Madri, monografia, 1965. 248 p.

—— . *Les règles polonaises de calcul des constructions en grands panneaux*. S.l.p., Comité Européen du Béton, 1965. (Bulletin d'Information, 47).

, Jean. *La préfabrication lourde en panneaux et le bâtiment d'habitation*. Paris, Eyrolles, 1973. 288 p.
Este livro, com prefácio de G. Blachère, foi escrito por um dos melhores especialistas do CSTB e veio atender a uma lacuna na literatura técnica

contemporânea no setor. Trata-se de uma obra de síntese que permite fazer o *"tour* dos problemas técnicos" no dizer do autor, problemas esses derivados da concepção e da utilização de grandes painéis de concreto armado para a construção de blocos de apartamentos. O livro apresenta um sumário das tendências mais recentes: inicia-se com uma análise das exigências funcionais e regras de qualidade, regras de habitabilidade, durabilidade, estabilidade, passando pelos problemas de fabricação e montagem, para finalmente discutir as relações entre a concepção arquitetônica e a concepção técnica e o futuro da pré-fabricação por meio de grandes painéis pesados.

LYTLE, R.J. *Industrialized builders handbook; techniques of component and modular fabrication.* Formington, Mich, Structures Publishing Company, 1971.

Livro precioso, senão raro, pois trata da industrialização de componentes de madeira, dentro da melhor tradição americana, que vai da "balloon frame" aos "mobile homes" de hoje.

MADELIN, P. *Industrialisation dans le Bâtiment.* Paris, Edition G.M. Perrin, 1969. 240 p.

Livro escrito por um jornalista; demonstra o interesse público que a industrialização da construção apresenta. Superficial, sem chegar ao âmago dos problemas, é no entretanto uma tentativa polêmica e válida de discutir os problemas da construção industrializada francesa.

MAGGI, P.N.; TURCHINI, G. & ZAMOELLI, E. *Il processo edilizio industrializzato.* Milão, Angeli, 1971.

MANSSON, K. *Integrated housing production.* Estocolmo, The Swedish Building Industry, 1958.

Descreve vários sistemas em uso na Suécia, entre os quais a fabricação de unidades sanitárias pela indústria Allbetong, e o emprego de granito no revestimento dos edifícios pré-fabricados.

MARMSTAL, F. & RANHEM, L. *Building with prefabricated concrete elements around staircase cores.* Estocolmo, The Swedish Building Industry, 1958.

—— . *Building with prefabricated elements at Kallhall.*

Estocolmo, The Swedish Building Industry, 1958.

MENDITTO, G. *Statica delle Strutture Prefabbricate.* Milão, Tamburini Editore, 1969. 2 v.

MEYER-BOHE, W. *Prefabricación: manual de la construcción con piezas prefabricadas.* Barcelona, Blume, 1967. 151 p.

Tradução do original alemão *Vorvertigung: Handbuch des Bovens und Fertigteilen,* publicado em 1964. Este volume, não passa de um catálogo de sistemas industrializados e de métodos de montagem; está organizado e ilustrado de acordo com os seguintes critérios: medidas, tipificação, construção, métodos, custos e aspectos econômicos, etc. Excelente o resumo do assunto "blocos sanitários".

———. *Prefabricación II: analisis de los sistemas.* Barcelona, Blume, 1969. 212 p.

Tradução do original alemão *Vorvertigung: Atlas der Sisteme,* publicado em Essen, 1967. Como o nome indica, trata-se de um catálogo dos sistemas em uso na década de 60. Muito bem ilustrado, apresenta desenhos técnicos e legendas pormenorizadas.

———. *Vergefertigte Wohnhauser.* Munique, Callwey, 1959.

MILMAN, B. *Pré-fabricação de edifícios: materiais, processos e normas.* Rio de Janeiro, Universidade Federal, 1971. 316 p.

Apontamentos de aulas ministradas aos alunos da Escola de Engenharia da Universidade Federal do Rio de Janeiro durante o ano de 1967. Dirigido aos alunos do curso de estruturas, o livro é essencialmente uma sistematização dos problemas apresentados pelo cálculo de estruturas pré-fabricadas de concreto armado.

MOKK, L. *Prefabricated concrete for industrial and public structures.* Budapeste, Akademiai Kiadó, 1964. 516 p.

Distribuição da C.R. Books Ltd., Londres, este livro é notável pela riqueza de informações e exemplos reais. O autor trata principalmente da experiência húngara em alguns aspectos semelhante à do Brasil. As sucessivas edições da obra foram revistas de tal sorte que apresentam um panorama contínuo e bem documentado da pré-fabricação de edifícios industriais no canteiro. Divide-se em seis grandes capítulos: Estrutura e juntas de elementos pré-fabricados; produção de elementos; equipamentos de levantamento e montagem; exemplos de estruturas pré-fabricadas de grande significação e, finalmente, a economia da pré-fabricação.

Foi também traduzido para o espanhol: *Construcciones con materiales prefabricados de hormigón armado*. Editorial Urmo, Bilbau, 1969. 555 p.

DER MONTAGEBAU. Berlim, Volk und Volkseingener Verlag, 1960.

DIE MONTAGEBAUWEISE mit Stahlbetonfertigteilen und ihre aktuellen Problem international Kongress 1954. Berlim, Verlag Technik, 1956. 332 p.

MONTESI, P. *La Casa*. Roma, Edizioni de Luca, 1958, v. 4.

NELSON, G. *Problems of design*. Nova York, Whitney, 1957. 205 p.

NEUFERT, E. *Les éléments des projets de construction*. Paris, Dunod, 1963. 436 p. (Existe tradução espanhola deste manual).

NISSEN, H. *Industrialized building and modular design*. Londres, Cement and Concrete Association, 1972. 446 p.

Este livro notável é a somatória de dois outros editados na Dinamarca *Praktish Modelprojektering*, publicado em 1966, e *Model og Montagebyggeri*, publicado em 1970, que tiveram grande aceitação entre os profissionais e estudantes dinamarqueses. Os capítulos 1 a 7 tratam de assuntos gerais nos campos da industrialização da construção e do projeto modular; os capítulos 8 a 21 mostram a maneira pela qual estes princípios foram aplicados em projetos construídos na Dinamarca entre 1960 e 1970.

Ilustrações primorosas completam esse livro excepcionalmente claro e didático.

NOUAILE, R. *La préfabrication*. Paris, Eyrolles, 1957. 231 p.

Relação de todos os sistemas de pré-fabricação em uso na Europa até a data de sua publicação. Relação minuciosa, extensa, mas pouco profunda.

OESTERLEN, P. & HOFFMANN, D. *Aufgaben der Planning und industrialisierten Wohnungsbau.* S.l.p., s.c.p., 1965. 100 p. (Studienhefte zum Fertigbau, 3-4).

O.I.T. Commission du Bâtiment, du Génie Civil et des Travaux Publics. *Aspects sociaux de la préfabrication dans l'industrie de la construction.* Genebra, 1968. 135 p.

OLIVERI, G.M. *Prefabbricazione o metaprogetto edilizio.* Milão, Etas Kompass, 1968. 179 p.
Boa parte do material que forma este livro foi publicado na revista *Casabella* no período 1965--67. O autor analisa teoricamente as implicações da industrialização da construção no quadro urbano, avaliando suas possibilidades e dificuldades e concluindo — capítulos 12, 13 e 14 — com uma proposta para a solução dos problemas da pré--fabricação aberta através do metaprojeto. Este identifica-se com a coordenação modular, que o autor considera "o único estímulo hoje disponível para o início real da produção industrial de componentes para a construção"...

ORDÓÑEZ, J.A.F. *Prefabricación teoria y practica. Seminario de Prefabricación.* Barcelona, Eta-Editores Técnicos Asociados S.A., 1974. 1236 p. 2 vol.
Este magnífico livro é o resultado do esforço de um grupo de profissionais dirigidos pelo Prof. A.F. Ordóñez, que se reuniu para analisar e discutir quais as implicações estéticas, técnicas, econômicas, sociais, trabalhistas, etc., que a pré--fabricação coloca. O "Seminário de Pré-fabricação" nascido da Cadeira de História da Arte da Escola de Caminhos de Madri, não se limitou aos aspectos gerais e teóricos, do problema, mas desceu à solução dos detalhes construtivos, das tecnologias específicas de fabricação, transporte e montagem dos componentes.
Está dividido em dois alentados tomos: No primeiro são desenvolvidos três temas: 1) Problemas genéricos da construção industrializada (caps. 1, 2; Breve História da Pré-fabricação cap. 3; Modulação e Coordenação Modular cap. 4); 2) Análise dos Sistemas de Pré-fabricação (caps. 5, 6, 7 e 8,

onde são discutidos mais de cem sistemas, e em especial as juntas) e, finalmente, 3) Análise das construções para uso industrial (caps. 9, 10, 11, onde são passadas em revista as conclusões dos estudos das tipologias existentes, e das juntas). No segundo tomo são desenvolvidos também 3 temas: 4) Estudo sobre a Pré-fabricação de Pontes (caps. 12, 13 e 14); 5) Estudo das Tecnologias de Fabricação, Transporte e Montagem de Componentes (caps. 15, 16 e 17); e, finalmente, 6) Análise das diferentes Formas que a Industrialização da Construção assumiu no Mundo (cap. 18, Pref. na Europa Oriental; cap. 19, Industrialização da Construção nos EUA; cap. 20, Pré-fabricação no Terceiro Mundo; cap. 21, Industrialização da Construção na Espanha).

Este segundo volume é completado por 4 anexos: 1) Investigação mundial sobre a pré-fabricação; 2) Correspondência com especialistas europeus; 3) Conversações com especialistas em pré-fabricação e 4) Bibliografia comentada.

——— . *Arquitectura y Represión. Seminario de Prefabricación*. Madri. Editorial Cuadernos para el Dialogo S.A., 1973. 335 p.

Sob este curioso título esconde-se uma edição simplificada do trabalho publicado em dois tomos: "Prefabricación teoria y practica", do mesmo autor. Foram publicados apenas 4 capítulos que tratam dos problemas gerais da pré-fabricação (caps. 1 e 2); da situação da pré-fabricação no mundo (cap. 3); e conversações com especialistas (cap. 4).

ORGANIZAÇÃO das Nações Unidas, Nova York. *Seminar on prefabrication of houses for Latin America*. Nova York, ONU, 1967.

Nesse livro veja-se em particular o relatório de P.E. Malmstrom e V.F. Munch-Petersen, "Philosophy of design and adaptation to production in industrialized housing".

——— . Comissão Econômica para a Europa, *Cost, repetition, maintenance*. Nova York, ONU, 1963. 165 p. (ST/ECE/HOU/7).

——— . *Effect of repetition on building operations and the processes on site*. Nova York, ONU, 1965. 150 p.

——— . *Production of Prefabricated wooden*. Nova York, ONU, 1971. 94 p.
Publicação de excepcional interesse para o Brasil, pois reproduz, de forma bastante ampliada a exposição que fez o Eng. K.N.I. Tiusanc, de Helsinque na reunião do "Grupo de Estudo sobre o uso da madeira sob o ponto de vista das condições reinantes nos países em vias de desenvolvimento", reunião que teve lugar em Viena, em novembro de 1969. O trabalho é completado por três anexos. O primeiro reproduz o projeto completo de uma habitação finlandesa feita com painéis; o segundo trata das medidas a adotar para proteger as casas de madeira das formigas e cupins; o terceiro reproduz o artigo de R.E. Plats, publicado na revista *Canadian Builder*, no qual se estudam as características das fábricas que se dedicam à produção de habitações de madeira.

PCI — Prestressed Concrete Institute, *Architectural Precast Concrete*. Chicago, PCI, 1973.

PATNIAN, P.F. and others, *Industrialized building: a comparative analysis of European experience*. Washington, Department of Housing and Urban Development, 1968.

PEER. *Vorvertigung auf der Baustelle*. Colônia, Forschungsgemeinschaft Bauen und Wohnen, 1964. 240 p.

POPOV, A. & ANGUELOV, I. *Bâtiments d'habitations par grands panneaux*. Sofia, Teknika, 1967. 246 p. (título transliterado, texto em búlgaro).

PORTLAND Cement Association, Chicago. *Construction details for tilt-up concrete farm buildings*. Chicago, P.C.A., 1967. (Concrete Information, F 6.10)

——— . *Tilt-up construction: a modern method of building with reinforced concrete*. Chicago, 1952.

PORTUGAL. Ordem dos Engenheiros. *Colóquio sobre pré-fabricados*. Lisboa, 1968. 146 p.

PROCEEDINGS of a symposium on tall buildings with particular reference to shear wall structures. Oxford, Pergamon Press, 1967. 513 p.

PRODUIT: mur-rideau Tracoba n? 5. Paris, Centre d'Information et de Documentation du Bâtiment, 1961.

PROMYSLOV, V.F. *Moscow in construction: industrialized methods of building*. Moscou, Mir, 1967. 366 p.
Sobre a industrialização da construção da União Soviética há poucas publicações. Este livro, muito bem ilustrado com desenhos e fotografias, descreve em detalhe os projetos e sistemas empregados na região de Moscou. Divide-se em 5 capítulos: Princípios básicos do planejamento urbano em Moscou; projetos e *lay-outs* de edifícios inteiramente pré-fabricados; novos processos e sistemas na indústria de materiais de construção; novos princípios e métodos na organização do canteiro e perspectivas de industrialização da construção em Moscou.

RAHM, H.C. & THUNBLAD, G. *Labour requirements for traditional building versus unit construction*. Estocolmo, 1969 (Repport n.º 50).

RECOMMENDATIONS internationales unifiés pour le calcul et l'exécution des constructions en panneaux assemblés de grand format.
Annexe 1. Mur porteurs.
Annexe 4. Calcul des constructions par panneaux assemblés à joints verticaux elastiques plastiques, par J.R. Robinson.
Comité Européen du Béton, Bulletin d'Information (60), abr. 1967.

REIDELBACH, J.A. *Modular Housing in the real*. Virgínia (USA), Edit. Modco, 1970. 213 p.
Do mesmo livro existe uma segunda edição, *Modular Housing 1971 (Facts and Concepte)*, publicado por Cohners Books, Inc. Boston, 1971. Trata-se de uma bem documentada exposição do panorama da indústria de casas pré-fabricadas, seja em madeira, seja em aço, nos Estados Unidos.

REVEL, M. *La préfabrication dans la construction*. Paris, Entreprise Moderne d'Édition, 1966.

RICHARDSON, J.G. *Precast concrete production*. Londres, Cement and Concrete Association, 1973. 232 p.

RIPKE, H. *Probleme des industriellen Bauens*. Leipzig, Technische Universitat Dresden, 1966. 80 p.

ROHM, W. *Architekt und Fertigteilbau*. Wiesbaden, Bauverlag, 1973. 132 p.

ROYAL Institute of British Architects, Londres. *The industrialization of building*. Londres, RIBA, 1965. 40 p.

ROYAL Institute of British Architects, London & National Building Agency. *Industrialized housing and the architect*. Londres, RIBA, 1967. 192 p.

SAILLARD, Yves. *La prefabricación industrial de viviendas en grandes elementos*. S.l.p., s.c.p., s.d.

SCHMID, T. & TESTA, C. *Systems building, Bauenmitsystemen, Constructions modulaires*. Zurique, Les Éditions d'Architecture Artemis, 1969. 240 p.

Este livro primorosamente impresso e ilustrado foi publicado simultaneamente em três línguas, como no título: inglês, alemão e francês. Divide-se em duas partes bem definidas: uma introdução na qual são relacionados todos os aspectos técnicos da industrialização, e uma descrição dos sistemas que os autores julgaram representativos do estádio atingindo pela industrialização da construção. Esta parte, quase um catálogo de sistemas, corresponde à maior parte do livro, da página 96 em diante.

SCHOMOCH, H.H. *Prefabricated concrete units in Germany;* paper presented at the meeting of the Working Group on Building and Structural Work in Concrete, Munique, abr. 1961. Malmo Cenbureau, 1961.

SCHWEIZERISCHE Zentralstelle für Baurationalisierung. *Rationalisierung im Hochbau*. Zurique, Ingenieur-und Architekte Vereins, 1965. 100 p.

SEBESTYEN, G. *Large panel buildings*. Budapest. Akademiai Kiadó, Publishing House of the Hungarian Academy of Sciences, 1965. 402 p.

Este livro, distribuído pela C.R. Books Ltd., procura analisar e sistematizar as experiências húngaras e estrangeiras na pré-fabricação de grandes elementos de concreto armado. É composto basicamente por cinco capítulos que tratam dos Materiais; do Projeto Arquitetônico e Estrutural; dos Problemas estruturais, térmicos e acústicos; das Técnicas de pré-moldagem e montagem; e dos Aspectos econômicos dos métodos de construção por meio de grandes painéis de concreto armado. O livro é primorosamente ilustrado e impresso.

SELNIANOV, M.P. & DRABKIN, G.N. *Estructuras prefabricadas*. Trad. del russo por Eli Grinwald. Montevidéu, Inter Ciencia, 1961. 196 p.
Livro sintético, descritivo, sobre a experiência russa nos setores da normalização dos elementos, das estruturas pré-fabricadas, e dos elementos--paredes para grandes edifícios de habitação coletiva.

SHEPPARD, R. *Prefabrication in Building*. Londres, The Architectural Press, 1946. 147 p.
Em função da data de sua publicação pouco interesse técnico apresenta hoje. A importância desse livro, muito bem documentado, reside justamente no valor iconográfico dos exemplos, de um ponto de vista histórico. Dentro desse mesmo prisma ver John Madge — *The Rehousing of Britain*, Londres, The Pilot Press, 1945. 64 p.

SIMON, E.H.L. *L'industrialisation de la construction*. Paris, Éditions du Moniteur des Travaux Publics, 1962. 344 p.
Sumariza a experiência no setor: evolução da construção tradicional, pré-fabricação parcial e total e anexos. Hoje, francamente superado do ponto de vista técnico, permanece interessante como análise das medidas tomadas pelo Ministério da Construção para desenvolver a industrialização da construção. Nestas condições, a primeira parte — dados e características (mão-de-obra, concentração, produtividade, etc.) e os anexos oferecem leitura estimulante.

SLANSKA Cementgjuteriet. *Allbetong construction lowers cost by utilizing capacity of equipment*. Malmo, s.c.p. 1962.

SKEIST, I. (e outros). *Plastics in Building*. Nova York, Reinhold Publishing Corp. 1966. 466 p.
Livro técnico muito sério, consta de uma série de 23 contribuições de especialistas sobre o emprego do plástico na construção, desde os aspectos puramente técnicos aos detalhes de obra. O livro é enriquecido por numerosas tabelas, detalhes técnicos e cada capítulo é acompanhado por uma bibliografia especializada.

SPADOLINI, P. *Civiltà industriale e nuove relazioni.*
Florença, Libreria Editrice Fiorentina, 1969.
104 p.

Coleção de ensaios nos quais o autor procura verificar qual seria o papel específico do projetista — e não somente do arquiteto — na definição do ambiente urbano, do *design* ao planejamento territorial. O autor dedica os dois últimos capítulos aos problemas da industrialização da construção: relação entre o território e a pré-fabricação aberta e construções hospitalares e industrialização da construção.

STUDIENHEFTE zum Fertigbau. Dortmund, Deutscher Fertigbautag, 1967. 100 p.

SYSTEM building for housing and schools. Londres, Interbuild, 1963; v. 1 e 2.

TEKNISK Forlag, Copenhagen. *Building industry 1950-1960: building in the fifties.* Copenhague, 1961.

TESTA, D. *Die Industrialisierung des Bauens. The Industrialization of Building.* Zurique, Verlag für Architektur, Artemis, 1972. 199 p.

Este livro em alemão e inglês, contém uma análise da industrialização como um processo de produção global, isto é, levando em consideração os problemas teóricos e práticos associados às fases de projeto, organização, produção e distribuição. O livro divide-se em 8 partes: Introdução; Análise histórica e atual apontando algumas soluções satisfatórias; Arquitetura e industrialização; Conceitos básicos de organização e produção; Estudo de casos; Opinião de "experts"; Desenvolvimentos futuros e conclusões. O livro é bastante ilustrado.

TRAVAUX du cycle d'études sur les changements à apporter à la structure de l'industrie du bâtiment afin d'améliorer son efficacité et d'accroitre sa production. Praga, 1965. 5 v. (ST/ECE/HOU/13).

UNION Internationale des Architectes. *Rapport final,* 6ème congrès, Londres, 1961. Londres, Humphries 1962. 202 p.

USSING, V. The importance of large precast concrete components in the development of industrialized construction; paper presented as the meeting of the Working Group on Building and Structural Work in Concrete, Munique, abr. 1961. Malmo, Cenbureau, 1961.

VILAGUT, F. *Prefabricados de hormigon*. Barcelona, Editorial Gustavo Gili, 1975. 2 vol., 1403 p.

Dois extensos tomos; O primeiro trata da tecnologia do concreto de uma maneira completa e exaustiva; O segundo mais explicitamente de componentes industrializados em concreto armado: vigas, placas, tubos, postes, telhas, travessas para estrada de ferro, etc. Passa em seguida a discutir os problemas dos moldes, das usinas, e dos pré-fabricados para residências, edif. industriais, e agrícolas, obras hidráulicas, etc. Finalmente discute nos capítulos finais aspectos do controle dos produtos e da automatização da produção.

WACHSMANN, K. *Wendepunktt im Bauen*. Wiesbaden, Krausskopf, 1959. 240 p.

Existe uma tradução italiana deste livro *Una svolta nelle costruzioni*, publicado por Edizioni Il Saggiatore, Milão, 1960.

WHITE, R.B. *Prefabrication — A history of its development in Great Britain*. Ministry of Technology. Building Research Station. National Building Studies, Special Report 36, Londres, HMSO, 1965. 354 p.

WILSON, J.G. *Concrete Facing Slabs*. Londres, Cement and Concrete Association, 1959. 29 p.

Este pequeno manual, pioneiro no assunto, hoje está superado por livros como o de M. Gage *Guide to Exposed Concrete Finishes*, mas sem dúvida, trouxe uma contribuição notável, e a coleção de detalhes das últimas páginas permanece insuperada.

ZIGNOLI, V.; TURIN, A. & DEMARRE, G. *Les chantiers de bâtiment et des travaux publics*. Paris, Eyrolles, 1961.

## COORDENAÇÃO MODULAR

ABRAHAN, P. *Architecture préfabriquée.* Paris, Dunod, 1952.

ACCURACY in building. Londres, HMSO, 1967. (Building Research Station Digest, 84).

ADAMS, M.W. & BRADLEY, P. *A 62 guide for modular coordination.* Boston, Modular Service Association, 1946.

—— . Coordination of dimensions. *Architectural Forum.* Nova York (3):191, mar. 1940.

AGUIRRE DE YRAOLA, E. La coordenación dimensional y la industrialización de la construcción. *Informes de la Construcción.* Madri, 1966.

—— . *Directivas para la coordinación dimensional.* Madri, 1965 (Normas y Manuales).

AIRE. *Guida alla progettazione modulare.* Roma, Ministero dei Lavori Pubblici, 1970.

ALEXANDER, C. Perception and modular co-ordination. RIBA Jrl., *Londres,* 66 (12):425-9, out. 1959.

ALLEN, W.A. Modular coordination research: the evolving pattern. *RIBA Jrl,* Londres, *62* (6):246--50, abr. 1955.

AMERICAN Institute of Architect. *Building products register.* Washington, AIA, 1964. 456 p.

*Modular grid lines* (grilles modulaires). Washington, AIA, 1955.

AMERICAN Standards Association. *Standards for modular coordination in building.* Nova York, American Standard Association, s.d.

ANKERSTJERN & BLANCH. modulprojettering. *Arkitekten.* Copenhague (6) 1964.

ANSWER to the question of modular coordination in building. *Neue Bauwelt,* Berlim, 303-11, maio 1949.

ARCHITECT C. Koch proves his own prefab systems: the basic space module. *Progressive Architecture,* Stamford, Conn., *38* (11):128, nov. 1957.

THE ARCHITECT'S responsability for the design of building component: report of a discussion held at the RIBA Jrl. on January 1962. *RIBA Jrl.,* Londres, *69* (6):236-8, jun. 1962.

ARGAN, C.G. Modulo misura e modulo oggeto. *La Casa,* Roma, 1958.

ASLIN, C.H. & MARTIN, B. Primary school at Borsham Wood, Herts. *Architectural Design,* London, *22* (8):224-33, ago. 1952; *Architects' Jrl.,* Londres, *116*:161-70, ago. 1952.

ASLIN, C.H. & WILLIAMS, A. Beechwood day nursery, Garston, Herts. *Architectural Design,* Londres, 22(3):63-74, mar. 1952.

ASSOCIATION Française de Normalisation, AFNOR, Paris. *Dimensions de coordination des ouvrages et des éléments de construction.* Paris, AFNOR, 1964. (101).

ASSOCIAZIONE Italiana Promozione Studi e Ricerche Nell'Edilizia. *Due studi sulla coordinazione modulare delle dimensioni verticali negli edifici residenziali.* Milão, 1966. (Caderno 3).

—— . *Inchiesta fra i membri dello "International modular group" sui metodi di applicazione pratica della coordinazione modulare alla progettazione e alla coordinazione: rapporto sulla coordinazione modulare in Italia.* Milão, 1966. (Caderno 4).

—— . *Nove studi sulla coordinazione modulare delle dimensioni verticali negli edifici residenziali.* Milão, 1955. (Caderno 5).

—— . *Ricerca applicata sui problemi della coordinazione modulare: sei relazioni sulla problematica della coordinazione modulare.* Milão, 1967. (Caderno 9).

. *Ricerca applicata sui problemi della coordinazione modulare: proposte per la articolazione delle dimensioni orizzontali e verticali per il dimensionamento dei componenti edilizi delle strutture in conglomerato cementizio armato e degli impianti tecnologici.* Milão, 1968. (Caderno 11).

\VIROM, L.S. & EGLIT, V.T. Tolérances dans la construction par grands-panneaux. *Cahiers du C.S.T.B.,* Paris, 85 (746), 1967.

BALANCY-BÉARN, A. The evolution of building techniques: development of modern forms of structure standardization and modular design, industrialization... *L'Homme et l'Architecture,* Paris,: 13-20, jul.-ago. 1945.

BARBAGLIA, C. (ed. altri). Spessori dei pavimenti. *Prefabbricare,* Milão, *1,* 1962.

BASIC principles of modular co-ordination: examples of application to typical layout plan and various assembly details components. Nova York, American Standard Association, 1941. (ASA projeto A 62).

BATTISTI, E. L'esempio giapponese. *La Casa,* Roma, 1958.

BÉLGICA. Institut Nacional du Logement.*Normalisation modulaire des bâtiments: principes de coordination modulaire, théorie, terminologie générale.* 2. édition. Bruxelas, I.N.L., 1963. (Folha 20-1F).

—— . *Normalisation modulaire des bâtiments; principes de coordination modulaire: théorie: A) principes du système du module.* 2. édition. Bruxelas, I.N.L., 1963. (Folha 20-1F).

—— . *Normalisation modulaire des bâtiments: principes de coordination modulaire, théorie: B) application du système du module à la maçonnerie.* Bruxelas, I.N.L., 1963. (Folha 20-2F).

— . *Normalisation modulaire des bâtiments; principes de coordination modulaire:* C) *hauteur d'étage.* Bruxelas, I.N.L., 1963. (Folha 20-3F).

— . *Normalisation modulaire des bâtiments; principes de coordination modulaire, théorie: 6 exemples d'implantation des surfaces modulaires des murs.* 2ª édition. Bruxelas, I.N.L. 1963.

— . *Normalisation et coordination modulaire.* Bruxelas, I.N.L., 1960. (Cadernos de informação T 2).

BENIS, A.F. *The evolving house: rational design.* Cambridge, Mass., The Technical Press, 1936. v. 3.

BERGVALL, L. Dimensional co-ordination as a tool for industrialization. (*In Towards industrialized building:* contributions at the third CIB Congress; Copenhagen, 1965. Amsterdã, Elsevier, 1966).

— . Modular coordination and industrial tool. *The Modular Quarterly,* Londres,: 15-30, 1956.

— . Modular coordination as a basis for the industrial production-houses: description of SM system used by AB Elementhauss in Sweden. *The Modular Quarterly,* Londres, Inverno: 15-21, 1955/56; *Bygmastaran,* Estocolmo,: 3-5, 1956.

— . Tendances récentes de la coordination modulaire. In: *Cahiers du C.S.T.B.,* Paris, 111(979), jul.-ago. 1970.

BERGVALL, L. & DAHLBERG, C. *Biggestandardiseringens Modultredning.* (Report on modular coordination) Estocolmo, Victor Petersons, 1946.

BERLIN. Deutsche Bauakademie. Standige Kommission Bauwesen des R.G.W. *Les tolérances dans le bâtiment.* Berlim, 1963.

BLACH, K. Rules for modular design practice. (In: *Towards industrialized building:* contributions at the third CIB Congress, Copenhagen, 1965. Amsterdã, Elsevier, 1966).

BLACHÈRE, G. L'aptitude à l'emploi des matériaux de construction. (In seu *Savoir Bâtir,* Paris, Eyrolles, 1966).

— . La coordinazione dimensionale. *Prefabbricare,* Milão, 7 (1) 1964.

— . La coordination dimensionnelle: moyen de concilier la liberté de conception et la fabrication industrielle des éléments du bâtiment. In: *Ann.*

*I.T.B.T.P.*, Paris (177):797-812, set. 1962.

— . Définitions et contrôle des tolérances dans le bâtiment. In: *Cahiers du C.S.T.B.*, Paris, 99 (867) maio 1969.

— . La détermination des dimensions des grands éléments de la construction. In: *Cahiers du C.S.T.B.*, Paris, 42(34C), fev. 1960.

— . Essai sur la coordination des normes dimensionnelles. In: *Cahiers du C.S.T.B.*, Paris, 32 (296), jun. 1958.

BLOMSTED, A. Proposition pour un système de coordination modulaire. *Bâtir*, Paris (49):48-53, 1955.

— . A study on module variations of 180 centimetres (the assumed height of man) *Arkkitethi*, Helsinque, 72(4), 1957.

BLOMSTED, A. & LEHTONEN, R. Modular assembly. *Progressive Architecture*, Stamford, Conn.; 38(11):117-80, nov. 1957.

BONICALZI, G. *Coordinazione modulare delle dimensioni.* Milão, AIP, 1965. (Caderno 3).

BRADLEY, Prentice. Dimensional co-ordination: a survey of problem outline of procedure followed

— . Étude d'un système proposé de coordination dimensionnelle. In: *Cahiers du C.S.T.B.*, Paris, 34(282), nov. 1958.

— . Exposé des principes de la coordination modulaire. In: *Cahiers du C.S.T.B.*, Paris, 90(778), fev. 1968.

— . Le moyen de concilier la liberté de conception et la fabrication industrielle des éléments du bâtiment: la coordination dimensionnelle. In: *Ann. I.T.B.T.P.*, Paris (177):797-821, set. 1962.

— . Note sur le problème des tolérances dans le bâtiment. In: *Cahiers du C.S.T.B.*, Paris, 48 (380), fev. 1961.

— . Que devient la coordination modulaire? In: *Cahiers du C.S.T.B.*, Paris 39(318):18-9, ago. 1959.

BLANCK, A.D.E. Flats at Frankfurt-am-Main: plan, details, elevation, section. Description of modular construction. *The Modular Quarterly*, Londres, outono: 20-5, 1962.

by American Standards Association in production of A62. *Royal Architectural Institute of Canada Journal,:* 153-9, ago. 1945.

BRASIL — MINISTÉRIO DO INTERIOR, BANCO NACIONAL DA HABITAÇÃO, Grupo Técnico da Habitação. *Coordenação modular,* 1967.

BRIOSCU, A. & McEnatt, W. *Modular guidelines.* Dublim, Foras Forbatha, 1972.

BRITISH Standard Institution, London. *The search for an agreed method of dimensional coordination for building.* Londres, s.d. 14 p. (D63/1380).

BROUN, W. & Tatton. Some aspects of modular coordination in USA. *The Modular Quarterly,* Londres, Primavera: 16-23, 1957.

BRUCE, Martin, Brick sizes: The 4-inch module and the modular brickwork. *The Modular Quarterly,* Londres,: 30-8, 1958.

BUILDING exhibition: modular coordination report of conference for the building exhibition of the 18th November 1963. *Architects' Jrl.,* Londres,: 1171-3, dez. 1963.

BUILDING methods in America: prefabrication, standardization, modular design... Ministry of Works exhibition illustrating report of Lord Portal's mission. *The Builder,* Londres,: 335-7, abr. 1944.

BUILDING Research Institute, Washington. *The current status of modular coordination.* Washington, A.C.P., s.d., 32 p. (publ. 782).

BUILDING Research Station experiment in coordination building. *Architects' Jrl.,* Londres, *132*:184-8, ago. 1960.

BUILDING'S post-war pattern (series of articles n.º 2) Standardization versus simplification; building codes, designs, dimensional coordination, formulation of standards. *Architectural Forum,* Nova York (11):353-62, nov. 1941.

BURG, A.R. van der. Accuracy of measurements and tolerances in the building industry. (*In Building Research and Documentation:* contributions at the first CIB Congress, Rotterdam, 1959. Amsterdã, Elsevier, 1961).

BURGESS, R.A. The installation of prefabricated partioning in traditionally constructed building. (*In Towards industrialized building:* contributions at the third CIB Congress, Copenhagen, 1965.

Amsterdã, Elsevier, 1966).
BUSSAT, Pierre. *La coordination modulaire dans le bâtiment*. Stuttgart, Krämer, 1963.
—— . *S.I.P. Zentralstelle für Baurationalisierung* (La coordination modulaire dans le bâtiment). Stuttgart, Krämer, 1963. 77 p.
BUTLER, R.C. Standardization (four articles): 1 Standardization. 2 Applied to housing. 3 Minimum standard. 4 Modular unit plans. *The Builder*, Londres, :497-8, maio 1941; :518-9, maio 1941; :564-6, jun. 1941; :58-9, jul. 1941.
BYGGERIETZ Modul ABC (Módulo ABC) Anvisning 34, Copenhague SBI, 1957.
CADMORE Lane primary school. *The Modular Quarterly*, Londres, Verão 1960.
CAHART-HARRIS, T.L. The coordination of dimensions in building. *The Builder*, Londres, *200* (6148):515-20, mar. 1961.
CAHART-HARRIS, T.L. & HARRISON, H.W. *The coordination of dimension in building: The selection of components ranges*. Garston, Building Research Station, 1961. 8 p. (v. E 1141).
CANADÁ. National Research Council. *Modular coordination in practice*. Ottawa, National Research Council, 1959. (Technical paper, 79).
—— . Modular coordination: proceedings of conference held in Toronto and Montreal. *Montreal Bulletin*, Montreal (3):51, 1965.
CANADÁ. National Research Council, — Division of Building Research. *Modular coordination*. Ottawa, Building Research Council, 1950.
—— . *Proceedings of the 1st. meeting on modular coordination*. Ottawa, National Research Council, 1951.
CANAUX, J. L'industrialisation du bâtiment. *Techniques et Architecture*, Paris, jan./fev. 1945.
—— . Les préliminaires de l'industrialisation du bâtiment: la modulation. In: *Ann. I.T.B.T.P.*, Paris (98) dez. 1943.
—— . Le texte base de la modulation. *Techniques et Architecture*, Paris, jan./fev. 1945.
CAPORIONI ed altri. *La coordinazione modulare*. Padova Marsilio, s.d. 216 p. (Istituto Universitario di Architettura di Venezia).
CENTRE Scientifique et Technique du Bâtiment, Paris

— Dimensions des constructions: modulation NF P01-D01 (In seu *REEF-58; Normalisation: normes applicables au bâtiment*. Paris, C.S.T.B., s.d. v. 5.).

—— . Dimensions des constructions, dimensions principales, NF P01-002. (In seu *REEF-58; Normalisation: normes applicables au bâtiment*. Paris, C.S.T.B., s.d. v. 5).

—— . Dimensions des constructions: escaliers, droits en charpente, NF P01-010. (In seu *REEF-58; Normalisation: normes applicables au bâtiment*. Paris, C.S.T.B., s.d. v. 5).

—— . Dimensions des constructions: escaliers en maçonnerie, NF P01-011. (In seu *REEF-58; Normalisation: normes applicables au bâtiment*. Paris, C.S.T.B., s.d. v. 5).

—— . Dimensions des constructions: huisseries et bâtis, dimensions de passage libre, NF P01-004. (In seu *REEF-58; Normalisation: normes applicables au bâtiment*. Paris, C.S.T.B., s.d. v. 5).

—— . Dimensions des constructions: modalités d'application de la norme NF P01-001, NF P01--007. (In seu *REEF-58; Normalisation: normes applicables au bâtiment*. Paris, C.S.T.B., s.d. v. 5).

—— . Dimensions des constructions: modulation NF P01-001. (In seu *REEF-58; Normalisation: normes applicables au bâtiment*. Paris, C.S.T.B., s.d. v. 5).

—— . Dimensions des constructions: ouvertures des baies, NF P01-003. (In seu *REEF-58; Normalisation: normes applicables au bâtiment*. Paris, C.S.T.B., s.d. v. 5).

—— . Dimensions des constructions: portes interieures et extérieures, NF P01-005. (In seu *REEF-58; Normalisation: normes applicables au bâtiment*. Paris, C.S.T.B., s.d. v. 5).

CENTRE Suisse d'Études pour la Rationalisation du Bâtiment, Zurich. *La coordination modulaire dans le bâtiment: norme*. Zurique, C.S.E.R.B., 1965.

CENTRO Interamericano de Vivienda y Planeamiento, Bogotá. *Casa Modular de concreto*. Bogotá, CINVA, 1957.

—— . *La coordinación modular de la construcción*.

Bogotá, CINVA, 1957.

—— . *La coordinación modular de la construcción.* 2.ª ed. Bogotá, CINVA, 1958.

—— . *Normalisación y coordinación modular de la industria de la edificación.* Bogotá, CINVA, 1957.

CHIAIA, V. *Prefabbricazione: case unifamiliari prefabbricate di tutto il mondo.* Bari, Leonardo da Vinci, 1963.

THE CHOICE of sizes for modular components. *The Modular Quarterly,* Londres, Inverno de 1959/60, Verão 1960.

CRONIQUE de la coordination modulaire: dimensions réglamentaires et coordination dimensionnelles. In: *Cahiers du C.S.T.B.,* Paris, 74(639) jun. 1965; 75(646) ago. 1965; 78(679) fev. 1966; 79(691) abr. 1966.

CINQUE Domande sull'industrializzazione. *La Casa,* Roma, 1958.

CIRIBINI, G. *Architettura e Industria.* Milão, Tamburini, 1958.

—— . *Considerazioni di metodo sulla progettazione dei componenti edilizi prodotti industrialmente. Prefabbricare,* Milão, *10* (5), 1967.

—— . *Coordinamento modulare: comprehensive report on modular co-ordination treating extensively combinations of numbers, tolerances... Edilizia Popolare,* Roma, :16, jan. 1956.

—— . *Coordinazione modulare come metadisegno. Prefabbricare,* Milão, 11(1), 1968.

—— . *La coordinazione modulare nello studio dei prodotti edilizi. Prefabbricare,* Milão, 5:35-51, mar. 1959.

—— . *Introduction to the standardization of dimensioning on the building site.* (In Building Research and Documentation: contributions and discussions at the first CIB Congress, Rotterdam, 1959, Amsterdã, Elsevier, 1961).

—— . *Introduzione all'applicazione di metodologie industriali nella costruzione. La Casa,* Roma, (4) 1958.

—— . *Lineamenti di tecnica della produzione edilizia.* Milão, Tamburini, 1958. 137 p.

—— . *Manuale della coordinazione modulare,* stesura

*191*

provvisoria. Milano, Associazione Italiana Promozione Studi e Ricerche per l'Edilizia, AIRE, 1968.

—— . Premesse fondamentali all'unificazione del sistema di coordinamento dimensionale in edilizia. *Edilizia Popolare*, Roma, :29, nov. 1954.

—— . La pre-progettazione: teoria generale del coordinamento modulare delle dimensioni, norma fondamentale delle unificazioni edilizie. *Edilizia Popolare*, Roma (8):16-23, jan. 1957.

—— . Principes théoriques fondamentaux pour la normalisation de la coordination modulaire dans le bâtiment. *Structura*, Paris, 1:33-9, maio 1955 (numéro groupé avec *Batir*).

—— . *Progettazione Architettonica e disegno dei componenti edilizi prodotti industrialmente*. Milão, AIRE, 1967, (Caderno 6).

—— . La standardizzazione o normalizazione. (In Architettura e industria. Milão, Tamburini, 1958, Cap. 2).

—— . *Teoria generale del coordinamento delle dimensioni edilizie*. Roma, Comitato Nazionale per la Productività, 1956. 33 p.

—— . Teoria generale del coordinamento modulare della dimensioni edilizie. *Edilizia Popolare*, Roma, :16-23, jan. 1956.

—— . Unificazione integratrice fondamentale: il coordinamento modulare della dimensioni. *Architettura e Industria*, Milão, Lug. 1958.

CIRIBINI, G. ed altri. *Due studi sulla coordinazione modulare delle dimensioni verticali negli edifici residenziali*. Milão, AIRE, 1966.

—— . *Sei relazioni sulla problematica della coordinazione modulare*, Milão, AIRE, 1967.

CIRIBINI, G. & GUARNEIRO, G. Situazione attuale della coordinazione modulare. *Prefabbricare*, Milão, *10* (2) 1967.

CODE for modular coordination in building. Ottawa, Canadian Standard Association, 1959.

COLLINS, Peter. Modular. *Architectural Review*. Londres, *116* (691):5-8, jul. 1954.

COMMUNAUTÉ Européenne du Charbon & De L'Acier. *Premier programme de constructions expérimentales*. 1958.

—— . *Deuxième programme de constructions expérimentales*. 1962.

CONOLLY, H. Essex school program: illustrated review including references to unit and module planning. *Architectural Design*, Londres, *20* (5):115-31, maio 1950.

COORDINACIÓN modular de la construcción, ABC modular. Trad. de in trabajo sueco. Buenos Aires, Instituto Argentino de Racionalización de Materiales, s.d.

COORDINACIÓN modular de la construcción: estudio de factibilidad para aplicación, en viviendas de interés social, de criterios de normalización. Buenos Aires, Instituto Argentino de Racionalización de Materiales, 1974. (Departamento de Construcciones, Publicación Técnica, 5).

LA COORDINATION modulaire en Danemark. Copenhague, Montagebygge Publication, 1956 (Montagebyggeri Publication 3).

LA COORDINACIÓN modular en la edificación. Buenos Aires, Ediciones 3, 1962.

THE COORDINATION of dimensions in building. *RIBA Jrl.*, Londres, *72*(12):574-8, dez. 1965; *The Builder*, Londres, *201*(6178):689-95, out. 1961.

THE COORDINATION of dimensions in building: the selection of component ranges. *The Builder*, Londres, *201*(6178):689-95, out. 1961.

CORKER, Erik. Dimensional coordination: letter, contributes to previous discussion between A. Diprose and Ministries. *Architects' Jrl.*, Londres, *140*(5):532, set. 1964.

——. Modular coordination: a modular primer. *Architects' Jrl.*, Londres, *136*:279-92, ago. 1962.

——. Modules and gridules: concepts of modular coordination. *The Modular Quarterly*, Londres, Inverno: 29, 1962/61.

CORKER, E. & DIPROSE, A. *Modular primer*. Londres, The Modular Society, 1963.

——. Modular primer: technical study; classified list of available modular components. *The Modular Quarterly*, Londres, Supl. n.º 1, 1963.

COST consequences of coordinating dimensions. *The Builder*, Londres, *198*(6092):363-5, fev. 1960.

COSTANTINO, D. ed altri. *Inchiesta tra, i membri dello International Modular Group sui metodi di applicazione pratica della coordinazione e alla costruzione e Rapporto sulla coordinazione modulare in*

*Italia.* Milão, Aire, 1966.

—— . *Proposte per l'articolazione delle dimensioni orizzontali e verticali e orientamenti per il dimensionamento dei componenti edilizi delle strutture in conglomerato cementizio armato e degli impianti tecnologici.* Milão, Aire, 1968.

CRESPI, R. Il "componenting" in due esempi inglesi. *Prefabbricare,* Milão, *11*(2), 1968.

DANSK Ingeniorforrening Ryggerationaliseringsudvalget. *Modulordninger.* (A coordenação modular na Dinamarca). Copenhague, Montagebyggery Publikation, 1956. (N? 3).

DARLINGTON, R.P.; ISENBERG, N.W. & PIERCE, D.A. *Modular practice: the schoolhouse and the building industry.* Nova York, Wiley, 1962. 198 p. (Modular Building Standards Association- -Education Facilities Laboratories-Building Research Advisory Board).

DAVIDSON, C.H. Consortium of selected manufacture's open system. *The Modular Quarterly,* Londres, (4):10-9, 1966.

DEMAREST, W. *Building better from modular drawings.* Washington, Housing and Home Financy Agence, 1954, (Housing Research).

—— . Economy by modular co-ordination. *American School and University,* 24:170, 1952.

—— . Modular measure. *Progressive Architecture,* Stamford, Conn., *38*(11):164-79, nov. 1957.

DEUTSCHE Bauakademie: *Standige Komission Bauwesen des R.G.W. Einheitliche internationale Massaordnung im Bauwesen.* Berlim, Berechnung von Baükonstruktionen und Grundungen, 1963.

DEUTSCHMANN, E. Influence de la technologie sur la précision dimensionnelle des murs réalisés en panneaux préfabriqués. In: *Cahiers du C.S.T.B.,* Paris, 89(777) 1967.

DEVELOPMENT for public buildings. *Interbuilding. 12*:20-2; dez. 1965.

DIAMANT, R.M.E. The acceptance of the 4 in. module brings this challenge to British builders. *The Illustrated Carpenter and Builder,* Londres, *151* (4433):2596-8, ago. 1962.

—— . *Industrialized building.* Londres, Iliffe, 1965, v. 1.

DIETZ, A.G.H. Sense and shelter. *Technology Review,* 44(6):266-6+280-2+284, 1942; *Building Science Abstracts,* Londres, (680), 1942.

DIETZ, A.G.H. and others. *Components in the house--building industry.* MIT, Cambridge, Mass., 1961.

DIMENSIONAL coordination. *RIBA Jrl.,* Londres, 72 (7):339-40, jul. 1965.

DIMENSIONAL coordination: leader on modular construction standardization. *The Builder,* Londres, :142, fev. 1942.

DIMENSIONAL coordination: report by Architectural Science Board Study Group, n.º 3; summary of BSI Report. *RIBA Jrl.,* Londres, 29(340):230-4, abr. 1951.

DIMENSIONAL coordination in buildings: BSI Committee's progress report. *The Builder,* Londres, 204:399-400, fev. 1963.

DIMENSIONAL coordination in the public sector: the department reply (Sequel to the article of A. Diprose in the *Architect's Jrl., 140*:435-40, ago. 1964). *Architects' Jrl.,* Londres, 140:507-10, ago. 1964.

DIMENSIONAL standardization: amendments to the department reply (Sequel to the article of A. Diprose in the *Architect's Jrl. 140*:435-40, ago. 1964). *Architects' Jrl.,* Londres, 140:507-10, ago. 1964.

DIMENSIONAL standardization: Architectural Science Board Report n.º 3. Londres, RIBA, 1949.

DIMENSIONAL standardization: amendments to the Architectural Science Board's Report n.º 3, jun. 1949, Londres, RIBA, 1950.

DIMENSIONS and industrially made components. *Interbuild,* 12(12):9, dez. 1965.

DINAMARCA. Ministry of Housing. Development Group for Public Building. *Maltypisering Coppenhage, Rapport 56,* 1966.

DINEUR, Juan L. *Coordinación modular de la construcción: juntas y tolerancias para componentes modulares.* Buenos Aires, Instituto Argentino de Racionalización de Materiales, s.d.

——. Juan L. *Coordinación modular de la construcción: locales e instalaciones sanitarias modulares.*

Buenos Aires, Instituto Argentino de Racionalización de Materiales, s.d.

DIPROSE, A. Dimensional coordination in the public sector: comments on DC1, DC2 and DC3. *Architects' Jrl.*, Londres, *140*:435-40, ago. 1964.

DIRECTRICES para la coordinación dimensional. Madrid, Instituto Eduardo Torroja de la Construcción y del Cemento, 1967.

DUNSTONE, P.H. *Combinations of numbers in building*. Londres, The Estates Gazette, 1965.

ECHEGARY COMBA, G. *Directrices para la coordinación dimensional*. Madrid, Instituto Eduardo Torroja de la Construcción y del Cemento, 1967.

EHRENKRANTZ, E.D. Development of the number pattern for modular coordination: flexibility Through standardization. *The Modular Quarterly*, Londres, :39-41, 1955.

―――. Flexibility through standardization: development of a number pattern for modular coordination; paper to Modular Society. *The Builder*, Londres, *190*:743-8, jun. 1955.

―――. Flexible system of modular proposed. *Architectural Forum*, Nova York, *123*(8):114-7, ago. 1960.

―――. How to make things fit together. *Architectural Forum*, Nova York, *123*(8):114-7, ago. 1960.

―――. Modular materials and design flexibility. *Arts & Architecture*, Los Angeles, *84*(4):13-5, abr. 1967.

―――. *The modular number pattern*. Londres, Tiranti, 1956.

EHRENKRANTZ, E.D. & KAY, J.D. Flexibility through standardization. *Progressive Architecture*, Stamford, Conn.; *38*(7):105-15, jul. 1957.

ENCUESTA nacional sobre materiales de construcción y sistemas constructivos. Buenos Aires, Instituto Argentino de Racionalización de Materiales, s.d.

ENTWHISTLE, C. How to use module: an article on le Corbusier le Modulor *Architectural Design*, Londres, *23*(3):72-5, mar. 1953.

ESTADOS UNIDOS. Department of Commerce. *Dimensional co-ordination of building and materials: sequel to A62 guide*. Washington, Office of Technical Service, 1948.

ESTADOS UNIDOS. Housing and Home Finance Agency. *Building better from modular drawings*.

Washington, Housing Research, 1954. 24 p.

—— . *Modular coordination*. Washington, Housing and Home Finance Agency, 1948. (Technical Bulletin, 3).

—— . *Modular coordination*. Washington, Housing and Home Finance Agency, 1955. 20 p.

—— . *The Modular methods in dwelling design*. Washington, Housing and Home Finance Agency, 1951. 54 p.

ESTADOS UNIDOS. National Service of Sciences. National Research Council, *The current status of modular co-ordination*. Washington, Building Research Institute, 1960.

AN EXERCISE in modular coordination: three schemes for a public library. *The Architect and Building News*, Londres, *210*(23):757-63, dez. 1956.

FACCIO, F. Bibliografia fondamentale della coordinazione modulare. *Prefabbricare*, Milão, *11*(1), 1968.

FALCONER, P. and others. Modular method building. *The Modular Quarterly*, Londres (2):10-9, 1966.

FASTE hodjer boligbyggerist. Copenhague, Boligministeriat, 1950.

FIVE fundamentals of modular drafting. *The Modular Quarterly*, Londres, Primavera: 36-8, 1956.

FLEXIBILITY through standardization: development of the number pattern for modular coordination. *The Builder*, Londres, *190*(5907):743-8, 1956.

FOLEY, N.H. Towards a modular system of standardization. *Prefabricated Houses* *2*(5):19-28, 1944.

FOSTER, D. Modular coordination in Germany. *The Modular Quarterly*, Londres, Outono: 173, 1955.

FRANCHINI, A. Elemento modulare polivalente. *Prefabbricare*, Milão, *2*(1), 1959.

FRATEILI, E.*Introduzione alla progettazione integrale*. Milão, AIRE, 1966 (Caderno 2).

—— . I tempi profetici e saggistici della coordinazione modulare. *Prefabbricare*, Milão, *11*(1), 1968.

—— . Verso una teoria delle connessioni in edilizia. *Prefabbricare*, Milão, *10*(5), 1957.

FRATEILI, E.; MAGGI, P. e ROSSI, R. *Nove studi sulla coordinazione modulare delle dimensioni verticalli negli edifici residenziali*, Milão, AIRE, 1966.

FRATEILI, TONINI & FRANCHINI. Il modulo. *Prefabbricare*, Milão, 2:35-51, mar. 1959.

FROMMHOLD, H. *Die Bau-Massordnung in der Welt*. D.B.Z., H8, S.l.p., 1962.

—— . Für Rationalisierung und Normung im Basewen. (Para uma racionalização e normalização na construção). *Deutsche Bauzeitschrift*, Hanover, :609--44, dez. 1953.

—— . Neue Wege im Englische Schulbau. (Novas idéias na construção da escola inglesa). *Deutsche Bauzeitschrift*, Hanover, :40-50, jan. 1955.

—— . Massordnung im Bauwesen. D.B.Z. H1, S.l.p., 1963.

FURTHER step to introduction of modular co-ordination in building in Yugoslavia. Centre for the Development of Building and Public Works, Belgrado. *CIB Bulletin*, Roterdã (3):6-14, 1960.

GARCIA, A.V. *Modulação das construções*. Lisboa, Ministério das Obras Públicas, s.d. (N? 24).

GEAR, A.N. The Thickness problem: report to the technical committee. *The Modular Quarterly*, Londres, Verão :31-5, 1955.

GHYKA, M. Le Corbusier's Modulor and the concept of the golden mean. *Architectural Review*, Londres, *103*:39-42, fev. 1948.

GEYER, B. Introduction de structures nouvelles dans le système de construction modulaire. In: *Cahiers du C.S.T.B.*, Paris, 98 (859) 1969; *Build International*, Roterdã 2(2):27, 1969.

GIGOU, A. Application et orientation de la normalisation dans le bâtiment. In: *Ann. I.T.B.T.P.*, Paris, junho 1952.

—— . Modulation, problème mondial. *Courrier de la Normalisation*, Paris, mar.-abr. 1949.

—— . Théorie des tolérances dans le bâtiment. *Courrier de la Normalisation*, Paris, (475), jul./ /ago. 1960.

—— . Rationalisation dans l'Industrie du bâtiment et modulation. In: *Annales de l'Association des Ingénieurs sortis des Écoles Spéciales de Gand*, 1954-55.

GRÃ-BRETANHA. British Intelligence Objectives Sub--Committee. In: *German building industry: final report 57-5*. Londres, HMSO, 1946.

GRÃ-BRETANHA. Department of Education and Science. Controlling dimensions for educational building. *Building Bulletin,* Londres, 1964.

GRÃ-BRETANHA. Ministry of Education. *Report of the technical working party on school construction.* Londres, H.M.S.O., 1948. 44 p.

GRÃ-BRETANHA. Ministry of Health. Dimensional co-ordination and industrialized building. *Hospital Design,* Londres (1), 1964.

GRÃ-BRETANHA. Ministry of Housing and local Government. *Co-ordination of components in housing: metric dimensional framework.* Londres, HMSO, 1968.

—— . *Dimensions and components for housing with special reference to industrialized buildings.* Londres, HMSO, 1963. 58 p. (Design Bulletin, 8).

—— . *Quicker completition of house interiors.* Londres, HMSO, 1953.

—— . Ministry of Public Building and Works. *Dimensional co-ordination and industrialized building (DC2): preferred dimensions for housing.* Londres, HMSO, 1963.

—— . *Dimensional co-ordination for building.* Londres, HMSO, 1969, (DC-10).

—— . *Dimensional co-ordination for crown office buildings,* Londres, HMSO, 1964.

—— . *Dimensional co-ordination for industrialized building* (DC1) Londres, HMSO, 1963.

—— . *Dimensional co-ordination for industrialized building: preferred dimensions for education, health and crown office buildings.* Londres, HMSO, 1964.

—— . Ministry of Works Standards Committee. *Further uses of standards in building.* 2nd. report, part. V. Londres, HMSO, 1964.

GRAVE, A. de Notions de normalisation. *Annales de l'Association des Ingénieurs sortis des Écoles Spéciales de Gand.* 4º fasc. 1952, 1º fasc. e 4º 1953.

THE GRID method building. *The Modular Quarterly,* Londres, Verão: 18-9, 1964.

GROOSMAN, E.F. Tradition inertia industrialization. *The Modular Quarterly,* Londres (2):9-17, 1967.

IL GRUPPO modulare italiano per una politica della

coordinazione modulare. *Prefabbricare*, Milão, *11*(1), 1968.

GUARNEIRO, G. Un contributo agli studi sul coordinamento modulare in edilizia. *Edilizia Popolare*, Roma, (17) 1957.

GUHL, C. Baunormung in den U.S.A. (Normalisation des constructions aux U.S.A.) *Bauen & Wohnen*, Zurique (11):494-6, nov. 1962.

HARDING, J.W. Coordination by design modules satisfying essential requirements of selectivity and additivity. *The Builder*, Londres, *201*(6175):544-8, set. 1961.

—— . Coordination by design-modules. *The Modular Quarterly*, Londres, Verão: 19-24, 1962.

—— . The metre and module: the implications of preference in the choice of components and design dimensions. *The Builder*, Londres, *204*:797-9, abr. 1963.

HARDING, J.W. & WALLANCE, L.S. Geometrical aspects of modular coordination. *The Builder*, Londres, *193*(5974):552-5, set. 1957.

HARRISON, D.D. *Introduction to standards in building*. Londres, Span 1947.

—— . Prefabrication: a national opportunity (plea for development of prefabricated houses, specially for adoption of 3ft 4in module. *The Builder*, Londres, 184:44-6, jan. 1953.

HARRISON, H.W. & CARHART-HARRIS, T.L. The Co-ordination of dimensions in building: the selection of component ranges (DS R BRS Note N.E. 1141) *The Builder*, Londres, *201*:689-95, out. 1961.

HASAN, A. Development of new bricks and their influence on economy. *The Modular Quarterly*, Londres, Inverno: 22-8, 1964.

HEAF, E. Universal modular coordination for prefabrication. *Architectural Design*, Londres, (6):304-6, jun. 1962.

HEATH, F. (Junior). Dimensional or modular co-ordination: current US ideas and work. *American Institute of Architect's Journal*, Washington,: 22-32, jan. 1944.

—— . Freedom from fractions: discussions of dimensional co-ordination. *American Institute of Archi-*

*tect's Journal,* Washington,: 276-8, dez. 1945.

HEINICKE, G. *Masz-und Formabweichungen im Hochbau möglichkeitenihres Ausgleichs.* Leipzig, Teubner, 1958. 36 p. (Institut für Ausbautechnik im Hochbau der Technischen Hochschulc Dresden).

HEMEL Hempstead Centre. *The Modular Quarterly,* Londres, Primavera 1960.

HENRIKSON, G. Coordination modulaire avec des examples de maisons unifamiliales. *Byggmastaren,* Estocolmo, *A6* :135-40, Jun. 1957.

HITCHIN College Hertfordshire. *The Modular Quarterly,* Londres, (2):8-17, jun. 1965.

HOESLI, B. Le Corbusier's modulor. *Werk,* Zurique, 41(1):15-9, jan. 1954.

HOLFORD, W. The first large-scale modular building: multistorey flats at Kensal. *Architects' Jrl.,* Londres, 123:327-8, fev. 1959.

——. Hostels special number: reference to unit plans. *Architects' Jrl.,* Londres, :171-89, mar. 1942.

HOLFORD, W. & FRASER, D. Modular coordination in multistorey buildings at Kensal in the Royal Borough of Kensington. *The Modular Quarterly,* Londres, Primavera, 1959.

HOW tall is your storey? Leader on storey heights BS 3778, 1964. *Architects' Jrl.,* Londres, *140*:529, set. 1964.

HOUSES designed by Harvard students from identical units: General Panel Corporation prefabrication system. *Pencil Points,* :76-81, dez. 1943.

HUTCHEON, N.B. & KENT, S.R. Influence of sizes, function and design on the standardization of components. (In *Towards industrialized building:* contributions at the third CIB Congress, Copenhagen, 1965. Amsterdã, Elsevier, 1966).

——. Standardizzazione dei componenti edilizi. *Prefabbricare,* Milão, *10,* 1967.

IKEBE, Kyoshi. Analysis and direction of modular co-ordination. *Kenchiku Bunka,* Tóquio, *18*(6):101--16, jun. 1963.

——. Analysis of datum planes in architectural planning: continuation of the subject of modular co-ordination. *Kenchiku Bunka,* Tóquio, *18*(8):113--36, ago. 1963.

———. Modular co-ordination by GM number table: interesting anthropometric, functional and design studies. *Kobusai Kenchiku*, Tóquio, 25(7):59, jul. 1958.

IKEDA, T. & JAPAN MODULAR SOCIETY. Modular co-ordination in building: Japanese translation of EPA. Project 174, first report. *Kobusai Kenchiku*, Tóquio, 25(7):159, jul. 1958.

INDUSTRIALISATION du bâtiment. *Courrier de la Normalisation*, Paris, (203):395-480, set./out. 1968.

INSTITUTION òf Danish Civil Engineers, Copenhagen. *Accuracy in building construction: statistical study of dimensions in common use for building elements.* Copenhague, 1956.

INTERNATIONAL Modular Group, IMG. Compendio dei principi della coordinazione modulare. *Prefabbricare*, Milão 10(1), 1968.

INTRODUCTION to modular analysis: nine buildings, illustrated, photographs, plans, details. *Architecture and Building*, :402-27, nov. 1959.

JACOB, J. Description of the national standardized structural forms. *Bauwelt*, Berlim, 39(42):248-9, 1940.

JANICKI, S. Coordinazione modulare in Bolonia. *Prefabbricare*, Milão, 7(2), 1964.

———. Tolerance and fits in building. (In *Building research and documentation:* contributions and discussions at the first CIB Congress, Rotterdam, 1961. Amsterdã, Elsevier, 1959).

JEANNERET, C.E. *Le modulor* par Le Corbusier. *Architecture d'Aujourd'hui*, Boulogne, 1950-55. 2 v.

JOSS, H. La coordination modulaire dans le bâtiment. *Bulletin Technique de la Suisse Romane* (8):105--15, abr. 1965.

———. Die Modul-Ordnung im Hochbau. *CRB Information* (4) 1964.

KADLEIGH, S. Proportion and symetrie in relation to modular coordination. *The Transactions of the Modular Society* (6), fev. 11, 1954.

KAY, J.D. Modular coordination in Herts School design. *Architects' Jrl.*, Londres, 122:783-8, dez. 1955.

KELLY, B. The prefabrication of houses. Londres, Chapman & Hall, 1951.
KENT, S.R. *Canada: modular coordination cuts design and building costs.* Ottawa, National Research Council, 1959. 4 p. (Technical paper, 58).
—— . *Manual de coordination modulaire: un guide pour l'application de la coordination modulaire dans le bâtiment.* Ottawa, National Research Council, 1963. 40 p.
—— . *Modular drafting manual: a guide to the application of modular coordination in design.* Ottawa, National Research Council, 1961. 40 p. (Division of building Research, TP 123).
—— . *Modular masonry.* Ottawa, National Research Council, 1960. (Technical paper, 95).
KENT, S.R. & ANDERSON, R.W. Galbraith building University of Toronto (Page and Stesle architects). *The Modular Quarterly,* Londres, Primavera: 12-7, 1962.
KEPES, G. *Module: proportion, symmetry, rythm.* Nova York, George Brasiller, 1966.
KHASANOV, D. Les éléments modulaires unifiés de l'U.R.S.S. *Cahiers du C.S.T.B.,* Paris, 102(899) jul./ago. 1969; *Build International,* Roterdã, 2(6):14, 1969.
KONCZ, T. Principi della prefabbricazione. (In *Manuale della prefabbricazione.* Milão, Bauverlag, 1963).
KURENT, T. Basic law of modular composition. *The Modular Quarterly,* Londres, Inverno 1965/66.
—— . *La legge fondamentale della composizione modulare.* Torino, Istituto di Elementi Costruttivi della Facoltà di Architettura, 1968.
—— . Manufatura de raios para rodas de madeira de coches e carroças na Iugoslávia. (Título traduzido). *Slovanski Enograf,* Liubliana (16/7) 1964.
—— . O papel do n? 7 na composição modular. (Título traduzido) *Acta Archaeologica,* Academia Scientiarum et Artium Slovena, Liubliana (12/4) 1962/63.
KURENT, T. & Deteni, N. *The modular reconstruction of Emona.* Liubliana, s.c.p., 1963.
LEGGET, R.F. Common sense in building design: address to Canadian conference on modular co-

ordination. *The Builder*, Londres, *137*:989-90, maio 1963.

LEHTONEM, J.K. Concepts in connection with the co-ordination of measurements. *Arkkitehti*, Helsinqui, :61-71, 1957.

LENDRUM, J.T. Modular coordination in timber frame houses. *Architectural Record*, Nova York, *109*(5):153-5, maio 1951.

LENZINI, M. Pannelature per tramezze e per chiusure esterne: studio per la regolamentazione della altezza di piano. *Prefabbricare*, Milão, *1*(3) 1961.

LEOZ DE LA FUENTE, R. Division and organization of architectonic space. (In *Towards industrialized building*: contributions at the third CIB Congress, Copenhagen, 1965. Amsterdã, Elsevier, 1966.

LEWICKI, B. Principes fondamentaux pour l'élaboration d'un projet. (In *Bâtiments d'habitation préfabriqués en éléments de grandes dimensions*. Paris, Eyrolles, 1965).

LORIMER, A.G. Cutting costs with modular design: general survey of use of 4 inch module in building design with special reference to American Standard Association A62. *Engineering News Record*, Albany, N.Y.: 114-9, out. 1945.

—— . Modular co-ordination: article on principles of modular design projected by American Standards Association A62. *Pencil Points*, :82-9, jan. 1946.

MAGGI, P.N. Coordinazione modulare: lavori del IMG-TC "B". *Prefabbricare*, Milão, *7*(5) 1964.

—— . Normalizzazione di un metodo per il rapporto di quote in cantieri. *Edilizia Popolare*, Roma (39) 1961.

—— . *Il problema delle toleranze nella costruzione*. Milão, Associazione Italiana Prefabbricazione, 1961 (Caderno 1).

—— . Proposte per una coordinazione dimensionale delle altezze di piano. *Prefabbricare*, Milão, *6*(5) 1963.

—— . Studi e ricerche sulla coordinazione modulare in Europa e nel mondo. *Prefabbricare*, Milão *11*(1) 1968.

—— . *Uno strumento per l'Industrializzazione edilizia: la coordinazione modulare*, Milano, Associazione Italiana Promozione Studi e Ricerche per l'Edilizia, 1967. (Caderno 7).

MAGGI, P.N. & CIRIBINI, G. *Recherches expérimentales sur les tolérences dans le bâtiment.* Milão, Istituto di Edilizia, Politecnico di Milano, 1960 (Centro per la Ricerca Applicata sui Problemi della Edilizia Residenziale).

MAGGI, P.N. & ROSSI, R. Verso una politica della coordinazione modulare in Italia. *Prefabbricare,* Milão, *11*(1) 1968.

MAGNACHI, Alberto. *Contenuto e funzioni del metaproggeto in architettura: esempio di applicazione alla definizione negli standards tipologici per la scuola media d'obligo.* Milano, Associazione Italiana Promozione, Studi e Ricerche per l'Edilizia, 1967. 2. v. (Caderno 8).

MARKUS, T.A. Panel frame, joints in glazing and cladding. *The Modular Quarterly,* Londres, Primavera, :22-5, 1959.

MARTIN, Bruce. Brick sizes, the 4 inch module and modular brickwork: paper to Modular Society. *The Modular Quarterly,* Londres, Verão:30-8, 1958.

—— . Coordination by planning (anti-modular system). *Architects' Jrl.,* Londres, *118*:265-70, ago. 1953.

—— . *The co-ordination of dimensions for buildings.* Londres, RIBA, 1965.

—— . The E.P.A. programme of test buildings. *The Modular Quarterly,* Londres, Verão:20-9, 1959.

—— . International work on modular co-ordination. *The Modular Quarterly,* Londres, Inverno: 10-7, 1963/64.

—— . Is there a module in the house? the module interior design. *Design,* Londres (161):42-7, maio 1962.

—— . Modular co-ordination. *Royal Society of Health Journal,* Londres, :437-40, ago. 1956.

—— . Modular design information sheets. *Architectural Design,* Londres, *2*(2):84-5, fev. 1959.

—— . Modular information details. *Architectural Design,* Londres, 32(5):254-6; (6):307-8; (7):354--5; (8):402, 1962.

—— . The nature of standardization and its application to the building industry. *Architect's Yearbook,* Londres, (8):87-99, 1957.

———. Products, dimensions and modules: paper to Modular Society, (January 5) on the result of one year study of modular coordination. *Municipal Jrl.*, Londres, :45, jan. 7, 1955; *Architects' Jrl.*, Londres, *121*:40-1, jan. 1955; *The Contract Jrl.*, Londres, 181, jan. 13, 1955; *Architect and Building News*, Londres, *207*:52-4, jan. 1955; *RIBA Jrl.*, Londres, *33*(385):112-4, jan. 1955; The Master Building, Londres, 31, fev. 1955: *Official Architecture and Planning*, Londres, (2):86-8, fev. 1955.

———. The size of a modular component. *The Modular Quarterly*, Londres, 16-23, 1956; *RIBA Jrl.*, Londres, *64*(1):26-9, nov. 1956; *The Builder*, Londres, 191:763-6, nov. 1956; *Architects' Jrl.*, Londres, *124*:555-60, out. 1956; *Official Architecture and Planning*, Londres, :86-8, fev. 1956.

MARTIN, B. & SIDTHROP, T. Dimensional co-ordination for industrialized buildings. *Wood*, Londres, :137, abr. 1963.

MARTIN, B. & WEATE, J. Laboratory Hemel Hempstead: EPA project 174. *The Modular Quarterly*, Londres, Outono: 14-29, 1959: *Architect and Building News*, Londres, *217*:15-24, jan. 1960.

MASCARÓ, Lucía R. de. *Análisis de sistema constructivo: propuesta de una metodologia.* Buenos Aires, Instituto Argentino de Racionalización de Materiales, s.d.

———. *Coordinación modular de la construcción: criterios de selección de altura de local.* Buenos Aires, Instituto Argentino de Racionalización de Materiales, s.d.

———. *Coordinación modular y sistemas constructivos: estudio de planta optima para un sistema constructivo de moldeo continuo.* Buenos Aires, Instituto Argentino de Racionalización de Materiales, s.d.

MASUZAWA. Case study for standardization. *Kenchiku Bunka*, Tóquio, (6):117-32, jun. 1963.

MITTAG, M. Prefabrication in building: tolerances and fittings. *Deutsche Bauzeitschrift*, Hanover (2):165-88, 1961.

———. Pratique de la construction des bâtiments. Paris, Eyrolles, 1958. 352 p. (+8 550 desenhos, +500

tabelas).
—— . Witchge Wohnungsbau-hormen für 1954. (Normas importantes de construção para 1954). *Deutsche Bauzeitschrift*, Hanover, :609-44, dez. 1953.
MODUL ABC. *Zentalblatt für Industriebau.* (2):64-71, fev. 1967.
MODULAR ABC. *Byggstandardisering. Regulation Committee,* Estocolmo, The Nordic Building Regulation Committee, 1965.
MODULAR ABC. S.l.p., NRB, 1965 (Report n? 4).
THE MODULAR assembly of modular and non-modular components erected on the Enbankment. *The Modular Quarterly,* Londres, Outono: 14-36, 1958 (número especial).
MODULAR Building Standards Association. *Buildings better from modular drawings.* Washington, 1954. 24 p.
—— . *Modular practices in residential construction.* Washington, 1959. 16 p.
—— . *Modular product dimensional and installation characteristics.* Washington, s.d.
—— . *Reference working drawings.* Washington, s.d.
THE MODULAR assembly: the art of design with standardized parts. *Progressive Architecture,* Stamford, Conn., *38*(11):117-21, nov. 1957.
MODULAR Building Standards Association. National Academy of Sciences. National Research Council. *The current status of modular co-ordination.* Washington, 1960. 32 p. (Publicação n? 782).
—— . *Modular practice: the school house and building industry.* Nova York, Wiley (c 1962) 198 p.
THE MODULAR Catalogue. Londres, The Modular Society Ltd., 1955/62. v. 1.
MODULAR components. *Progressive Architecture,* Stamford, Conn., *38*(11):148-57, nov. 1957.
MODULAR coordination: a glossary of building terms. *Architects' Jrl.,* Londres, *118*:224-30, ago. 1953.
MODULAR coordination: BS 1708, 1951, first report of BSI Committee. Londres, British Standard Institution, 1951.
MODULAR Co-ordination in building: BS 2900, part I, 1957. Londres, British Standard Institution, 1957.
MODULAR coordination conference. *Prefabrication:*

32, nov. 1954.

MODULAR Coordination in building; European Productivity Agency; Project 174, 1$^{st}$ report, PARIS. OEEC, (Organisation Européenne de Co-operation Economique — Agence Européenne de Productivité) 1956, 176 p.

MODULAR Coordination in building; European Productivity Agency; Project 174, 2$^{nd}$ report, Paris. OEEC, 1961, 226 p. (Destes livros básicos, foram feitas duas edições simultâneas, em inglês e francês).

MODULAR Coordination: first report on the BSI Committee BS 1708, 1951. *The Architect and Building News*, Londres, *199*:319-22, mar. 1951.

MODULAR Coordination for industrialized building. *RIBA Jrl.*, Londres, *69*(7):246, jul. 1962.

MODULAR Coordination for industrialized building: open discussion at the RIBA. *The Builder*, Londres, *203*(6235):969-70, nov. 1962; *203*(6237): 1095-6, nov. 1962.

MODULAR Coordination in Achlsswig-Holstein: development in 1955. Report on ABC visiting team. *Keystone* (ABT):13-20, set./out. 1955.

MODULAR Coordination in aluminium: report on BSI's Hemel Hempstead Laboratories Light Metals, Londres, 1960.

MODULAR Coordination in building — EPA project 174, Hemel Hempstead Centre. Londres, British Standard Institution, 1959. (Trata-se de uma reedição do 1º relatório publicado pela European Productivity Agency em 1956).

MODULAR Coordination in building: the EPA report reviewed. *Architect and Building News*, Londres, *210*:701-2, nov. 1956.

MODULAR Coordination in building. Kordunacja wy miarowa u budownictwis. (Coordenação modular na construção). Polish Standard PN 62/8 — 02352-02358. Varsóvia, 1962.

MODULAR Coordination: review of EPA 174, 2nd. report. *Architects' Jrl.*, Londres, *135*:885, abr. 1962.

MODULAR coordination: two examples demonstrating development of office practice. *Architectural Record*, Nova York, *126*(3):152-5, set. 1959.

MODULAR design data for masonry construction. (*In Time save standard*. Nova York, Dodge, 1946. p. 43-5).

MODULAR furnitime: Kent County Council. *Architecture and Building*, Londres, :435-6, nov. 1959.

THE MODULAR Method in dwelling. Washington, Housing and Home Financy Agency, 1951.

MODULAR Measure. Washington DC, Building Research Institute, 1955.

MODULAR Measure works for architects, producers and builders. Washington DC, Modular Building Standards Association, 1958.

MODULAR planning and design. *Architectural Forum*, Nova York, 75(7):31-4, jul. 1941.

MODULAR Planning. Washington, American Standards Association, Producer's Council 1944.

MODULAR practice: the school-house and the building industry. Nova York, Modular Building Association, 1962.

THE MODULAR Society, London, *The Modular Catalogue*. Londres, Standard Catalogue, s.d.

——. Report of 5 years work 1953-58. *The Modular Quarterly*. Londres, Verão: 19-29, 1958.

——. Technical sub-committee's report discussed at 2nd. public meeting. *The Builder*, Londres, *184*:721-4, maio 1953.

MODULAR Windows: analysis of Clasp system. *Architecture and Building*, Londres, :420-2, nov. 1959.

MODULEX planning tool. *Interbuild*, *11*(7):39, jul. 1965.

MONTESI, P. *La Casa*. Roma, Edizioni de Lucca, 1958.

——. Una nuova tecnica per una nuova architettura. *La Casa*, Roma, 4, 1958.

MOROZOV, N.V. Problems of jointing large elements in prefabricated dwellings. (In *Building Research and Documentation:* contributions and discussions at the first CIB Congress, Rotterdam, 1959. Amsterdã, Elsevier, 1961).

MUTTONI, C. I solai: studio per la regolamentazione della altezza di piano. *Prefabbricare*, Milão, *4*(2) 1961.

MULTISTOREY flats at Kensal new town. *The Modular Quarterly*, Londres, Inverno, 1959/60.

NEUFERT, E. *Bauordnungslehre.* Frankfurt, Ullstein Fachverlag, 1961.

―――. *Industrializzazione edilizia.* Milão, Bauverlag, 1966. (Tradução do original alemão indicado acima).

―――. *Industrializacion de las construcciones.* Barcelona, Gustavo Gili, 1966. (Tradução do original alemão indicado acima).

―――. Masskoordinierung der Teile als Grundlage zum Bauen mit vorgefertigten Elementen. *Detail,* (6): 557-580, 1962.

―――. The standardization of measurements in buildings: statementz on German system. *Building,* Londres, :150-4, abr. 1953.

THE NEW method of building: dimensional organization. *The Modular Quarterly,* Londres, Verão 1963.

THE NEW house 1942: symposium on work chosen as significant postwar development, including standardization, unit-plan. *Architectural Forum,* Nova York, 77(9):65-162, set. 1942.

NISSEN, H. *Industrialized building and modular design.* Londres, Cement and Concrete Association, 1972.

NOIRÉ, J. Dimensioning on the building site. (In *Building Research and Documentation:* contributions at the first CIB Congress, Rotterdam, 1959, Amsterdã, Elsevier, 1961).

NORMALISATION et coordination modulaire. In: *Cahier d'Information de l'Institut National du Logement,* 2:12-32, s.d.

NORME Regolamentari italiane di coordinazione modulare nelle costruzioni edilizie. *Prefabbricare,* Milão, *11,* 1960.

NOTE Sur le choix des dimensions des éléments de la construction: exemples d'application: Réunion des Centres de Recherches du Bâtiment. In: *Cahiers du C.S.T.B.,* Paris, 48(387), fev. 1961.

ORGANISATION Européenne de Cooperation Économique. (Agence Européenne de Productivité, Paris). *La coordinación modular en la edificación.* Buenos Aires, Ediciones 3, 1962. (Tradução da edição original da AEP de 1956).

―――. *La coordination modulaire dans le bâtiment.*

Paris, O.E.C.P., 1956. 174 p. (Sob o título *MODULAR Coordination in building* já foi feita a indicação deste livro fundamental, publicado simultaneamente em inglês e francês).

——. *La coordination modulaire: deuxième rapport.* Paris, O.E.C.P., 1961. 226 p. (Sob o título *MODULAR Coordination in building* — 2nd. report, já foi feita a indicação deste livro, publicado simultaneamente em inglês e francês).

——. *Travaux de la réunion spéciale sur la coordination modulaire dans le bâtiment.* Genebra, O.E.C.E., 1959. 85 p. (E/ECE/361).

ORGANIZAÇÃO das Nações Unidas, New York. *Coordination dimensionnelle dans le bâtiment: tendences actuelles dans les pays de la C.E.E.*, Nova York, ONU, 1967. (ST-ECE-HOU-EO).

——. *Informe del grupo de trabajo: coordinación modular en vivienda.* San Salvador, ONU, 1962.

——. *Proceedings of the "ad hoc" meeting on standardization and modular co-ordination in building.* Genebra, ONU, 1959.

ORGANIZAÇÃO das Nações Unidas. Departamento dos Negócios Econômicos e Sociais. *Modular coordination in building: Asia, Europe and the Americas.* (Nova York) ONU, 1966.

ORTEGA, R. *Modular coordination in low costing housing.* Nova York, United Nations Organization, 1961. 114 p.

OSBORNE, A.L. The jointing problem. *The Modular Quarterly*, Londres, Verão: 36-9, 1955.

OSTERBERGER, D. & HEIMBURGER, G. *Maçonnerie modulée en bétonléger.* Estocolmo, s.l.p., 1947. 822 p.

PACI, E. L'applicazione del metodo industriale alla edilizia ed il problema estatico. *La Casa*, Roma, 4, 1958.

PACQUET, J.P. L'application des traces regulateurs à la construction. *Techniques et Architecture*, Paris, :13-18, jan./fev. 1945.

PARKANYI, M. *Modul Koordinacio.* Budapeste, 1961, 2 v.

——. *Tissne structures.* Budapeste, Lakoterv, 1967. 2 v.

PASSADORE, G. Prefabrication fermé, prefabrication onverte et normalisation. *Cahiers du C.S.T.B.* Paris, 81(712) ago. 1966.

PAULICK, R. The modular building system: a prerequisite to industrialization of building. (In *Towards industrialized building:* contributions to the third CIB Congress, Copenhagen, 1965. Amsterdã, Elsevier, 1966).

PERELLI, A. & DEMAREST, W. Towards an organic constructive procedure: árguments for improving Italian housing methods by application of the modular system. *Casabella,* Milão, (269):50-5, 1962. (A revista publicou o original em italiano e um resumo em inglês).

PESSOA, A.J. *Modulação das construções: exemplos de aplicação.* Lisboa, Laboratório Nacional de Engenharia Civil, 1953. 34 p. (n. 40).

POLDNER, F.J. De standaardisatie van laboratorium inrichting. *Bouwcentrum,* Roterdã, *21*(31):1180--5, jul. 1966.

PRACTICAL Application of the module system. Stockholm, Byggstandardisering, 1953.

PREFABRICATION: the dream of factory assembly. *Progressive Architecture,* Stamford, Conn., *38*(11)122-7, nov. 1957.

PREFABRICATION in timber (Gropius-Waschmann system): timber grid frame on 3ft 4 inch module. *Pencil Points,* :36-7, abr. 1943.

PRODUCTION line structures: modular panel system. *Architectural Forum,* Nova York, *87*(1)94-5, jan. 1947.

PROPOSTE per una coordinazione modulare delle dimensioni verticali. *Prefabbricare,* Milão, *6*(6) 1963.

QUARONI, L. Tipizzazione, unificazione ed industrializzazione nell'urbanistica. *La Casa,* Roma, 4, 1958.

QUINTANILHA, O. & PEREIRA J. *Coordenação modular dimensional.* Lisboa, INEC, 1970.

RAMSEY, G.G. & SLEEPER, H.R. *Architectural graphic standards.* Fifth edition. Nova York, Wiley, 1956.

RASMUSSEN, A. *Normalrum og normalspae dvider for etageboligbyggeri.* Copenhague, Statens

Byggeforskiningsinstitut, 1958.
RECOMMENDATIONS. *The Modular Quarterly,* Londres, (2):18, jun. 1965.
RECOMENDATIONS for the co-ordinations of dimensions in buildings: basic sizes for building components and assemblies. BS, Londres, 4011, 1966.
REPORT on modular co-ordination, Sydney, Standards Association of Australia, MP, 14-PTi, 1960.
RIBA and dimensional coordination. *The Builder,* Londres, 203(6222):333, ago. 1962.
RICHTER, Roberto Paulo. Coordenação modular e déficit de 6,8 milhões de casas. *Engenharia,* São Paulo, *23*(261) mar. 1965.
ROSEN, Harold J. Modular building material sizes. *Progressive Architecture,* Stamford, Conn., *38*(11):180, nov. 1957.
ROSSI, R. Proposizioni per lo sviluppo della coordinazione delle dimensioni verticali. *Prefabbricare,* Milão, *7*(5) 1964.
ROSSI, R.; FRATEILI, E. & MAGGI, P.N. Proposizioni per una coordinazione modulare delle dimensioni verticali. *Prefabbricare,* Milão, dez. 1963.
ROSSO, Teodoro. Coordenação modular, teoria e prática. In: *Anais Tecnológicos do Instituto de Engenharia,* São Paulo, 1966.
―――. Glossário de termos técnicos utilizados na coordenação modular. *Engenharia,* São Paulo, (280), 1966. (Em cinco idiomas).
―――. A pré-fabricação: objetivos e perspectivas. *Arquitetura,* Rio de Janeiro (40):33-40, out. 1965.
―――. Teoria e prática da coordenação modular. *Arquitetura,* Rio de Janeiro (66):19-25, dez. 1967.
―――. *Teoria e prática da coordenação modular: apostilas do curso ministrado na FAUUSP,* São Paulo, FAUUSP, 1973.
ROSSO, Teodoro; NISHIKAWA, Léo; CHICHIERCHIO, Luis e outros. *Relatório da pesquisa de implantação da coordenação modular no Brasil.* São Paulo, Convênio BNH-CBC, 1969/70. 13 v.
ROYAL Institute of British Architects, London, — *Dimensional coordination.* Londres, RIBA, 1951. (Architectural science board study group n. 3.
THE SCANDINAVIAN Building Regulations Council,

Copenhagen. *Scandinavian modular coordination in building*. Copenhague, Scandinavian Building Regulations Council, 1960. 60 p.

SCHMIDT, H. Modular co-ordination repetition and architecture. (In *Towards industrialized building:* contributions at the third CIB Congress, Copenhagen, 1965. Amsterdã, Elsevier, 1966).

SCHOFIELD, P.H. *The theory of proportion in architecture*. Cambridge University Press, 1958.

SEBESTYEN, Gyula. Dimensional co-ordination in load-bearing panel buildings. (In *Large panel buildings*. Budapeste, Akademiai Kiado, 1965. Ver comentários na secção LIVROS desta bibliografia).

SEMINAR on modular method. Chicago, Museum of Science and Industry, 1952.

SENSTAD, H. & SLETTEB, B. Practical methods for controlling dimensions of prefabricated elements. (In *Towards industrialized building:* contributions at third CIB Congress, Copenhagen, 1965. Amsterdã, Elsevier, 1966).

SERVICE cores. *Interbuild*. 12(12):2425, dez. 1965.

A SINGLE Module system in building design: officials proposals for 10 centimetres module with preferred dimensions. Ostraowski Byulletin Stroitelnoi Tekniki USSR, 1946.

SIVERDINEN, L. Dependance of prefabricated unit construction and repetition upon modular co-ordination and typification. (In *Towards industrialized building:* contributions at the third CIB Congress, Copenhage, 1965. Amsterdã, Elsevier, 1965.

SMEE, R.D. Standardization and dimensional co-ordination. *Architectural Science Review*, Sidnei, :116-21, set. 1963.

SMITH, N.A. The importance of modular planning and coordination. *The Modular Quarterly*, Londres, Primavera 1960.

SMITH, R.W. *Precoordination basis for industrialized building*. Washington, U.S. Department of Commerce, 1971 (BSS 32).

SOME Experiments in prefabrication and dimensional co-ordination. 1. At Coventry. 2. At Tarran system. 3. Universal prefabrication system. *Archi-*

*tectural Design and Construction*, :206-15, out. 1943.

SPEEDING up industrialized building: RIBA recommended the 4 in/10 cm module as the basis for industrialized building. *The Builder*, Londres, *203*(6220):237, ago. 1962.

SQUASSONI, Enio. Prefabricação e coordenação modular. *Engenharia*, São Paulo, (303):4, ago. 1968.

STANDARD steel windows redesigned. *The Modular Quarterly*, Londres, Outono:16-9, 1964.

STANDARDIZATION — proposals of the Association Française de Normalisation (AFNOR); historical evolution, application in building, modular design, standardization and progress, analysis of work of AFNOR. *Techniques et Architecture*, Paris, :3-57, jan./fev. 1943. (Número especial — publicado em francês, com tradução resumida em inglês).

STATENS Byggeforskininginstitut. *Friesendal M: Modulprojektering* (fotelobig vejledning fra SBI's modulkomite) Copenhague, Anvisning 47, 1960.

STATHAKIS, H.E. La reconstruction de Thera. *Ann. I.T.B.T.P.*, Paris (318):619-32, 1959.

STAUCH, H. Development of standardized building elements: includes unit-planned house. *South Africa Architectural Record*, :62-75, fev. 1941.

STRUCTURAL Clay Products Institute. *Modular dimensioning practices*. Washington, 1959.

STRUCTURE use modules. *Progressive Architectura*, Stamford, Conn., *38*(11):132-9, 1957.

STUDIO metodico delle tolleranze nelle fabbricazioni di cantiere. *Edilizia Popolare*, Roma, :24, jan. 1956.

SWEET, C. Modular coordination and building costs. *The Modular Quarterly*, Londres, Primavera: 21-2, 1959.

SYRACUSE (USA) University. Audio-Visual Centre. Photo Laboratory — *Modular slide series*. Nova York, s.d. (Trata-se de uma série de *slides* preparada com fim didático e distribuída para outras instituições).

UN SYSTÈME pour apprécier la qualité des logements d'un programme de constructions industrialisées: la liste type d'exigences de la commune de Copenhagen. In: *Cahiers du C.S.T.B.*, Paris, 72(619): 15-20, jan. 1965.

TATTON, Brown. Some aspects of modular co-ordination in USA. *The Modular Quarterly*, Londres, Primavera:16-20, 1957.

LES TENDANCES de la normalisation à l'étranger. *Techniques et Architecture*, Paris, :20, jan./fev. 1945.

TESTA, C. Il problema del "componenting". *Prefabbricare*, Milão, 11(2) 1968.

THOMAS, H.M. Cheaper building: the contribution of modular coordination. *Royal society of Arts Jrl.*, Londres, 98-120, jan. 1953; *Architects' Jrl.*, Londres, :741-7, dez. 1952; *The Builder*, Londres, :900-4, dez. 1952; *Architectural Design*, Londres (1):5-12, jan. 1953.

—— . The journal's glossary: answer to criticism. *Architects' Journal*, Londres, 118:270, ago. 1953.

—— . Modular planning: article reviewing problem of dimensional coordination in building and fittings. *Architectural Design*, Londres, 18(5):103-5, maio 1948.

THOMAS, R. Machine building. *The Modular Quarterly*, Londres, Outono:39-46, 1955.

THREE dimensional planning: *The Modular Quarterly*, Londres, Outono:12-5, 1964.

TOGNI, G. Gli impianti idrosanitari prefabbricati: studio per la regolamentazione dell'altezza di piano. *Prefabbricare*, Milão, 4(4).

TORCHINI, G. & ZAMBELLI, E. Processi di intervento operativo e "componenting": le scuole californiane. *Prefabbricare*, Milão, 11(2) 1968.

TRENCH, P. First and second forum on the modular assembly, held at the Building Centre. *The Modular Quarterly*, Londres, Inverno:14-26, 1968/69.

TRIEBEL, W. Accuracy of measurements and rationalization in the execution of building projects. (In *Building Research and documentation:* contributions and discussions at the first CIB Congress, Rotterdam, 1959. Amsterdã, Elsevier, 1961).

TROWBRIDGE, A. Modulor: instrument in proportion. In: *South Africa Architectural Record*, 24:32, out. 1959.

VALENTI, Gian Paolo. Un sistema edilizio integrale.

*Prefabbricare*, Milão, *10*(6) 1967.

VAN KUYCK, H. Further experiments in modular design: paper to Modular Society. *The Modular Quarterly*, Londres, Verão:13-9, 1959.

—— . Modular co-ordination: the use of standard dimensions, specially for prefabrication: report paper. *Architect and Building News*, Londres, 27:264-5, mar. 1965.

VARIOUS short articles on modular co-ordination. *Neue Bauwelt*, Berlim, :611-21, set. 1948.

VASSALI, C. & ERCOLI, E. Le scale: studio per la regolamentazione dell'altezza di piano. *Prefabbricare*, Milão, *4*(1) 1961.

VEZIN, C. et d'autres. *Principes de la coordination modulaire*. Berna, Bureau Fédéral pour la Construction de Logements, 1968.

WACHSMANN. K. Per una industrializzazione dell'edilizia. *La Casa*, Roma, 1958.

—— . *Wendepunkt im Bauen*. Wiesbaden, Krauskept Verlag, 1959.

WACHSMANN, K. & GROPIUS, W. The General Panel Company House: a modular system divised. *Architectural Forum*, Nova York, *86*(2):115-20, 1947.

WALTERS, R. Coordinazione modulare, in Inghilterra. *Prefabbricare*, Milão, *7*(3) 1964.

—— . Dimensional co-ordination: the present position. *The Modular Quarterly*, Londres, Inverno:20-2, 1963/64.

WASHINGTON, D.C. Building Research Institute. *The Current status of modular coordination*. Washington, 1960. (Publication 782).

WEDGEWOOD, H.R. Dimensional co-ordination: H.R. Wedgewood discusses adoption of preferred sizes evolved at the Building Research Station. *Architecture and Building*, :465-7, dez. 1958.

WEISSNANGE, W. La normalisation dans la construction des logements. In: *Cahiers du C.S.T.B.*, Paris, 19(184) 1954.

WESTON, J.C. La construction par éléments: de quoi s'agit-il? In: *Cahiers du C.S.T.B.*, Paris, 95 set./ /out. 1968; *Build International*, Roterdã, *1*(1):10, set./out. 1968.

WHAT size of module? leading article. *Architects' Jrl.*,

Londres, *102*:279-80, out. 1944.

WHY a modular system of measurements in building? diagram showing human measurements as basis modules. *Der Aufbau*, Viena, :416-20, out. 1949.

WIGGLESWORTH, G.H. & THOMPSON, R.L. The design module technique applied. *The Modular Quarterly*, Londres, (1):10-5, 1966.

WILLIAMS, A. The practical selection of modular sizes for components. *The Modular Quarterly*, Londres, Outono:15-22, 1957.

WITTKOWER, R. *Architectural principles in the age of humanism*. Londres, Alec Tiranti, 1962.

ZERBE, J.I. Development of the Unic Method of house-construction (In *Towards industrialized building:* contributions at the third CIB Congress, Copenhage, 1965, Amsterdã, Elsevier, 1966).

ZLOKOVIC, N. La coordinazione modulare. (In Blachère, Chiaia, Ciribini ed altri. *Industrializzazione edilizia*, Bari, Dedalo.) (Trata-se de um capítulo do livro *Industrializzazione edilizia*, já comentado na secção de livros).

—— . La grandeur du module de projet par rapport au module de base dans l'étude fonctionnelle de l'habitation normalisée en Russie. *Dokumentakija za Gradevinarstvo i Architektur*, jul. 1959.

—— . Integration of the Modulor in the international modular system. *Architektura Urbanism*, Belgrado, jun. 1960.

—— . Interpretazione modulare degli ordini del vignola. *La Casa*, Roma, 4, 1958.

—— . *Multiples modulaires de préférence: superposition de réseaux modulaires*. Belgrado, Institut Yugoslav pour la Produtivité du Travail, 1962.

—— . Valicina projekyonog modula u odmosu na osmnovni gradevinski modul y oblasti funkcionalnog preusavanja, norminarog stana. (A medida do módulo de projeto em relação ao módulo base no estudo funcional da habitação normalizada). *Dokumentakija za Gradevinarstvo i Architektur*, jul. 1959.

## ARTIGOS DE PERIÓDICOS

*I. Números especiais*

THE ARCHITECTS' JRL., Londres, *143* (18) maio 1966; *149* (13) mar. 1969.
ARCHITECTURAL FORUM, Nova York, *126* (5) maio 1967.
ARCHITECTURAL RECORD, Nova York, *147* (4) abr. 1970.
L'ARCHITECTURE D'AUJOURD'HUI, Boulogne--sur-Seine, *39* (136) fev./mar. 1968. *41* (148) fev./ /mar. 1970.
ARQUITETURA, Rio de Janeiro (40) out. 1965.
BAUEN & WOHNEN, Zurique, *20* (11) nov. 1966; *23* (5) maio 1969; *24* (11) nov.1970; *25* (11) nov. 1971; *26* (4) abr. 1972; *27* (1) jan. 1973; *27* (4) abr. 1973.
BINÁRIO: Arquitetura, Construção, Equipamento. Lisboa (182) nov. 1973.

Ver o artigo de Walter McQuade "Os sistemas de pré-fabricação e a crise da habitação" p. 476-80.
BUILD INTERNATIONAL, Roterdã, *1* (3) dez. 1968. Ver em especial o artigo à p. 6 "Techniques de construction des logements dans les pays en voie de développement".
BUILT ENVIRONMENT, Londres, *2* (1) jan. 1973. Número dedicado à "Industrialized building". Destaque para dois artigos: "Five views on industrialized buildings", p. 12, vários autores e "The myth of the machine aesthetic", por Louis Nellmon, p. 25.

CONSTRUCTION, Paris, *20*(3), mar. 1965; *20*(5), maio 1965; *20*(6), jun. 1965.
CUADERNOS SUMMA-NUEVA VISIÓN, Buenos Aires, Série El diséno entorno humano, *1*(13), nov. 1968; *2*(33), ago. 1969.
ÉTUDES ET RÉALISATIONS, Paris, (84), maio/jun. 1962.
HOUSE & HOME, Nova York, *10*(6), dez. 1956; *12*(6), dez. 1957; *16*(6), dez. 1959.
INDUSTRIAL DESIGN, New York, *14*(7), jul. 1967.

INDUSTRIALIZED BUILDING: systems and components. Londres, Building & Contract Jrl. Ltd. Mensal, todos os números.
PROGRESSIVE ARCHITECTURE, Stamford, Conn., *45* (10) out. 1964; *49* (6) jun. 1968.
REVUE DE LA FÉDÉRATION INTERNATIONALE DU BÂTIMENT ET DES TRAVAUX PUBLICS, Paris, (33) 1º trim. 1962.
RIBA JRL., Londres, *74* (11) nov. 1967.
TECHNIQUE DES TRAVAUX, Paris, *36* (9/10) set./out. 1960.
TECHNIQUES ET ARCHITECTURE, Paris, *21* (2) fev./mar. 1961; *22* (5) jun./jul. 1962; *25* (4) maio/jun. 1965; *27* (4) dez./jan. 1966/67; *29* (5) set. 1968; *31* (1) out. 1969; *32* (4) out. 1970; *33* (3) abr. 1971; (293) maio/jun. 1973.
TRAVAUX, Paris, *45* (315) jan. 1961; *45* (316) fev. 1961.
TRAVAUX PUBLICS ET ENTREPRISES, Paris (31) set. 1961.
TUILES ET BRIQUES, Paris (36) 4º trim. 1958; (61) 1º trim. 1965.
USINES D'AUJOURD'HUI, Paris, fev. 1951.

WERK, Zürich, *53* (4) abr. 1966; *55* (8) ago. 1968; *54* (8) ago. 1967.

*II. Artigos de periódicos*

A.B. Dow Associates. Prefabricated system allows variety in house design. *Architectural Record,* Nova York, *142* (9):170-1, set. 1967.

ABRAMOVITZ, N. Construisez haut, mais combinez l'efficacité avec la rapidité et l'économie: ce que peut faire l'architecte. In: *Cahiers du C.S.T.B.,* Paris, 97 (850) mar. 1969.

L'ACCÉLÉRATION du durcissement du béton par chauffage. *Bâtir,* Paris (165) abr. 1968.

ADAMS, B.C. & FULLMAN, G.M. Method building: a case history. *RIBA Jrl.,* Londres, *75* (2):72-7, fev. 1968. Reply by M.W. Dash. *RIBA Jrl.,* Londres, *75* (4):146, abr. 1968. Rejoinder by B.C. Adams. *RIBA Jrl.,* Londres, *75* (8):333, ago. 1968.

ADAPTING a European housing system to the U.S.: a case example. *Architectural Record,* Nova York, *151* (3):129-32, mar. 1972.

ADJIMAN, E. L'évolution des coffrages. *Techniques et Architecture,* Paris, *25* (4):144-6, maio/jun. 1965.

ADLER, Ladislau et SILVAN, Ion. La typification des constructions en Roumanie. In: *Cahiers du C.S.T.B.,* Paris, 32(269):15-21 jun. 1958.

AESTHETICS and technology of preassembly. *Progressive Architecture,* Stamford, Conn., *45*(10):162--222, out. 1964. (número especial).

AGRÉMENT des procédés de construction non traditionnels: règles de calcul d'exécution, de réception et d'emploi des planchers préfabriqués en béton armé. In: *Cahiers du C.S.T.B.,* Paris, 69(584) ago. 1964.

AGRÉMENT technique des materiaux nouveaux et des procédés non traditionnels de construction. In: *Cahiers du C.S.T.B.,* Paris, 24/25(221):45, 1955.

AGUIRRE DE YRAOLA, F. Cantate pour une dalle d'essai: un thème musical mais avec une différence unique en son genre. *Cahiers du C.S.T.B.,* Paris, 99(867) maio 1969; *Build International,* Roterdã 2(3) abr. 1969.

―― . Industrialización de viviendas: estudio comparativo de los diversos sistemas en Polonia y URSS. *Informes de la Construcción*, Madrid, 24(232):45-8, jul. 1971.

AHLUWALIA, J.J.S. Des bâtiments de dimehsions humaines. *Cahiers du C.S.T.B.*, Paris, 114(1001) nov. 1970; *Build International*, Roterdã, 3(11) nov. 1970.

AHNBERG, E. Prefabricated house on Lake Malar, Sweden. *Beton Herstellung Verwendung*. Düsseldorf, 1(12):35, jan. 1962.

AICHBERGER, F. Les multiples fonctions du plancher. In: *Cahiers du C.S.T.B.*, Paris, 102(899) set. 1969; *Build International*, Roterdã 2(6) jul./ago. 1969.

AILLAUD, Émile. Coulommiers, cité scolaire: procédé de construction Camus. Techniques et Architecture, 31(1):91, out. 1969.

―― . Les Courtilières, housing estate at Pantin, France. *Deutsche Bauzeitung*, 1(67):22-8, jan. 1962.

―― . Flats at Pantin, France. *The Architect and Building News*, Londres, 32(218):179-81, ago. 1960.

―― . Forbach, Le Wiesberg: logements, equipement culturel, scolaire et commerciel. In: *Cahiers du C.S.T.B.*, Paris, 73 (624) abr. 1965.

―― . Lycée technique de jeunes filles de Tourcoing: procédé de construction Camus. *Techniques et Architecture*, Paris, 31 (1):92-3, out. 1969.

ALBIGES, M. & GOULET, J. Contreventement des bâtiments. In: *Ann. de l'I.T.B.T.P.*, Paris, 13 (149):474-500, maio 1960.

ALLEN, C.K. Schoolrooms move with population, San Bernardino, California. *Architectural Record*, Nova York, 115 (6):197-9, jun. 1954.

ALPHILAIRE, BOURSE & COIGNET. Les chantiers d'expériences du Ministère de la Reconstruction: procédés Alphilaire, Bourse et Coignet. In: *Cahiers du C.S.T.B.*, Paris, 6:68, out. 1949.

ALL purpose military shelter. *Architectural Record*, Nova York, 108 (2):154-7, ago. 1950.

AMERICAN INSTITUTE OF ARCHITECTS JRL. Washington, D.C., 50 (4):71-82, out. 1968 (número especial).

AMRHEIN, F. et BUSSAT, P. Bâtiments scolaires préfabriqués et démontables, système homogène. *Werk,* Zurique, *49* (2) supl: 33-4, fev. 1962.

ANAHORI, E. Sulla costa, vicino ad Arrábida, Portogallo. *Domus,* Milão (377):17-9, abr. 1961; (392) :27-30, ago. 1962; *Architectural Review,* Londres, *132* (787):152, set. 1962.

ANDRAULT, M., PARAT, P. & CELNIK, N. Orléans — Le Source: lycée de jeunes filles. *Techniques et Architecture,* Paris, *32* (4):64-71, out. 1970.

ANDRAULT, M.; PARAT, P. & SARRAZIN, J. Bureaux à Rueil. In: *Cahiers du C.S.T.B.,* Paris, 116 jan./fev. 1971; *Recherche et Architecture,* Paris, (5):13-5 jan./fev. 1971.

ANGELO Mangiarotti. Conferma del trilite, struttura industriale prefabbricata in c.a.p. *Casabella,* Milão (352):40-2 set. 1970.
Sobre este extraordinário arquiteto ver também o número que lhe foi dedicado pela revista *DOMUS,* Milão (418):2-16 set. 1964.

ANGERER, K. Récents percements de tunnels dans les Alpes. In: *Cahiers du C.S.T.B.,* Paris, 99(867) maio 1969.

ANHEMBI: pré-fabricação para cumprir o prazo. *Projeto e Construção,* São Paulo, (1):20-9-32, dez. 1970.

ANQUEZ, J. & CROISET, M. L'exigence du confort thérmique au voisinage de parois froides: application aux baies vitrées. In: *Cahiers du C.S.T.B.,* Paris, 96 (833) fev. 1969.

ANTONELLO, F. Cavity panel construction in Italy. *Prefabrication, 4* (47):494-9, set. 1957.

APPLICATO in Francia un nuovo sistema italiano di prefabbricazione. *Architettura,* Roma, 12 (138) :838, abr. 1967.

ARCHITECT — manufacturer cooperation. *Architectural Review,* Londres, *115*(689):351-4, maio 1954; *116*(696):409-14, dez. 1954; *118*(705):201- -4, set. 1955; *118*(708):412+4+416, dez. 1955.

ARCHITECTS, brick mien attack prefab schools in

Washington. *House & Home*, Nova York, *9* (6) :84-5, jun. 1956.

ARCHITECTURE as furniture. *Architectural Design*, Londres, *41* (11):664, nov. 1971.

L'ARCHITECTURE du XXème siècle. *L'Oeil*, Paris, (110), fev. 1964.

ARGAN, G.C. Architettura e industrializzazione: morfologia, tipologia e modello. *Architettura*, Roma, *13* (149):750-1, mar. 1968.

L'ARGILE expansée. *Techniques et Architecture*, Paris, *22* (5):169, jun./jul. 1962.

ARNOLD, C. and others — Go-con. *Architectural Design*. Londres, *41* (11):696, nov. 1971.

ARRETCHE, L. Melun: logements, équipement social, scolaire, commercial; procédé Barets. In: *Cahiers du C.S.T.B.*, Paris, 75 (644), ago. 1965.

ARSENÊ-HENRY, Xavier. L'industriature. *Techniques et Architecture*, Paris, *25* (4):113-5, maio/jun. 1965 (número especial).

ASHTON, L.A. La sécurité incendie dans les constructions. In: *Cahiers du C.S.T.B.*, Paris, 97 (850), mar. 1969; *Build International*, Roterdã, *1* (2), nov. 1968.

ASSOCIATION de l'A.F.E. In: *Cahiers du C.S.T.B.*, Paris, 98 (858), abr. 1969.

ATAJEV, S.S. & BLÉCHIK, M.P. Technologie et économie de la construction par grands volumes. In: *Cahiers du C.S.T.B.*, Paris, 97 (844), mar. 1969.

AU Village de Saint Cloud. *Construction Moderne*, Paris, *73* (7):272-3, jul. 1957.

AUBERT, Yves. Où est l'industrialisation? *Construction*, Paris, *20*(3):69-70, mar. 1965.

—— . La politique de l'industrialization du Ministère de la Construction de France. *Techniques et Architecture*, Paris, *25*(4):90-1, maio/jun. 1965 (número especial).

AUBLET, B. & DINH, B. Elément standard de construction. *Techniques et Architecture*, Paris, *33*(3):48-9, abr. 1971.

—— . Recherche d'un élément standard de construction. *Techniques et Archiecture*, Paris, (293):93, maio/jun. 1973.

AUBRÉE, A. Deux études britanniques sur l'intimité.

In: *Cahiers du C.S.T.B.*, Paris, 110(964), jun. 1970.

AXELSON, B. Housing construction in Sweden: methods. *The Builder*, Londres, 201(6184):1005, nov. 1961.

——. Some new methods of building in Sweden. *Cement and Concrete Association*, Londres, séries B b 25:11, ago. 1962.

AZEVEDO, Alberto Vieira de. Pré-fabricação em taipa: estudo de uma casa. *Arquitetura*, Rio de Janeiro, 5(40):10-2, out. 1965.

BAAR, G.A.M. Industrial housing building. *Der Ingenieur*, 4(73):1-7, jan. 1961.

——. Manufacture and assembly of industrial dwellings according to the Dura-Coignet system. *Cement Beton*, 13(4):212-7, abr. 1961.

BADANI, D. & ROUX-Dorlut, P. — I.U.T. à Paris, Avenue Versailles. *Techniques et Architecture*, Paris, 31(1):102-4, out. 1969.

BAEHRE, R. L'aluminium défie l'ingénieur. In: *Cahiers du C.S.T.B.*, Paris, 110(971), jun. 1970. *Build International*, Roterdã, 3(6), jun. 1970.

BAEHRE, R. & JOHNSON, A. Précision des charpentes en acier. In: *Cahiers du C.S.T.B.*, Paris, 105(923), dez. 1969; *Build International*, Roterdã, 2(10):9, dez. 1969.

BAGNO a blocco centrale prefabbricato. *Domus*, Milão, (475):40-1, jun. 1969.

BAIES et escaliers: industrialisation. *Bétons Industriels*, Paris, (8), 4º trim. 1964.

BAILLEAU, P. Reconstruction in Evreux with prefabrication. *Prefabrication*, 4(42):270-1, abr. 1957.

BAKER, P.J. New Swedish "Core" building system. *The Builder*, Londres, 194(5996):388-90, fev. 1958.

——. The Semdh prefabrication system: recent developments in a Swedish method of unit construction. *The Builder*, Londres, 197(6070):259-60, set. 1959.

BALENCY-BÉARN, A. Le bâtiment peut-il devenir une industrie? Bâtir, Paris, (111), mar. 1962.

——. Le béton dans la préfabrication des logements. *Construction*, Paris, 20(5):157-63, maio 1965.

——. Un cas de préfabrication à grands éléments,

procédés Balency. In: *Ann. de l'I.T.B.T.P.*, Paris, *12*(135/6):371-88, mar./abr. 1959.

——— . Industrialisation, habitudes et règlements: un cas de préfabrication à grands éléments. In: *Ann. de l'I.T.B.T.P.*, Paris, (135/6):353-90, mar./abr. 1959.

——— . Industrialisation. *Techniques et Architecture*, Paris, *25*(4):103-5, mai./jun. 1965.

BALENCY & SCHUHL, Constructeurs. Grands éléments et panneaux lourds. *Construction*, Paris, *20*(5):179-82, maio 1965.

BALLADUR, Jean. L'architecte et l'industrialisation du bâtiment. *Techniques et Architecture*, Paris, *25*(4):112, maio/jun. 1965.

——— . L'industrialisation du bâtiment. *Construction*, Paris, *20*(3):83-4, mar. 1965.

LES BANDES servant au levage des panneaux lourds préfabriqués. In: *Cahiers des Notes Documentaires*, Paris, (51), 2º trim. 1968.

BANHIDI, L. Calcul des installations de chauffage par cayonnements. In: *Cahiers du C.S.T.B.*, Paris, 96(842), fev. 1969; *Build International*, Roterdã, *1*(1), set./out. 1968.

BAOUMAN, A.C. Le travail du plâtre et les éléments préfabriqués en plâtre. In: *Ann. de l'I.T.B.T.P.*, Paris, (305):117-56, maio 1973.

BARDET, Jacques. Boussy-Saint-Antoine, Val d'Yerres, Essonne: colletifs individualisés La Nérac. *Techniques et Architecture*, Paris, *31*(5):74-6, fev. 1970.

——— . Quoi faire avec l'industrialisation? *Techniques et Architecture*, Paris, (293):52, maio/jun. 1973.

——— . Renovation de Neuilly-sur-Marne. *Techniques et Architecture*, Paris, *31*(5):77, fev. 1970.

THE BARETS building system. *Beton stein Zeitung*, Wiesbaden, *28*(2):59-60, fev. 1962.

BARETS, Jean. Considérations sur la préfabrication lourde en France. *Techniques et Architecture*, Paris, *25*(4):134-41, maio/jun. 1965 (número especial).

Este artigo, considerada sua clareza e objetividade, foi traduzido e publicado no vol. 3 da série de textos editados para leitura dos alunos em seminários da disciplina "INDUSTRIALIZAÇÃO DA CONSTRUÇÃO", P. Bruna. Faculdade de Arquitetura e Urbanismo da USP. Departamento de Publicações, FAUUSP, nov. 1971.

——. Exemple de préfabrication totale d'une cité: la ville verte de Canteleu. In: *Ann. de l'I.T.B.T.P.*, Paris, (99/100):321-30, mar./abr. 1956.

——. Heavy prefabrication in France. *Prefabrication*, *3*(29):219-25, mar. 1956.

——. Les planchers préfabriqués. *Techniques et Architecture*, Paris, *18*(5):111-3, out. 1958.

——. La préfabrication lourde. *Ann. de l'I.T.B.T.P.*, Paris, *8*(96):1287-318, dez. 1955; *Techniques et Architecture*, Paris, *17*(5):82-8, dez. 1957.

BARNES, E.L. Une maison préfabriquée realisée par la Consolidated Vultee Aircraft Corp. *Architecture d'Aujourd'hui*, Boulogne-sur-Seine, *20*(28):94-5+ +116, fev. 1950.

BARON, J.J. Le préfabriqué léger. *Techniques et Architecture*, Paris, *17*(5):105-11, dez. 1957.

BARR, C. Box and panel construction. *The Architects' Jrl.*, Londres, *128*(3319):539-41, out. 1958.

BAS, G. Panneaux de façades préfabriqués. *Techniques et Architecture*, Paris, *17*(5):46-7, dez. 1957.

BATEY, T.W. Sheffield la cité industrielle la plus propre d'Europe. In: *Cahiers du C.S.T.B.*, Paris, 104(916), nov. 1969; *Build International*, Roterdã, *2*(8), out. 1969.

BAUER, W.T. Industrial building according to the Skarne system. *Cement & Betong*, Malmo, *36*(1) :9-16, mar. 1961.

BAUSYSTEME für den Industriebau. *Werk*, Zurique, *59*(6):336-7, jun. 1972.

BEAUPIED, J. Grands éléments et panneaux à base de corps creux: la préfabrication à l'entreprise Francis Bouygues. *Construction*, Paris, *20*(6) :251-5, jun. 1965.

BECHNIK, N.P. & ATAJAN, S.S. Technologie et économie de la construction par grands volumes. In: *Cahiers du C.S.T.B.*, Paris, 97(844), mar. 1969.

BECK, Pierre. Immeuble d'habitation collective à Dijon. *Techniques et Architecture*, Paris, *15*(1) :110-3, jun. 1955.

BECKER, H. & FRITSCHE, H. L'efficacité de la recherche. *Cahiers du C.S.T.B.*, Paris, 105(922), dez. 1969; *Build International*, Roterdã, *2*(9), nov. 1969.

BEGLEY, F. Construisez haut, mais combinez l'efficacité avec la rapidité et l'économie; ce que peut
— faire l'entrepreneur. In: *Cahiers du C.S.T.B.*, Paris, 97(850), mar. 1969; *Build International*, Roterdã, 2(1), jan./fev. 1969.

BELMONT, J. La standardisation au Japon. *Architecture d'Aujourd'hui*, Boulogne-sur-Seine, 27(65):22-4, maio 1956.

BENDER, R. General contractor as General Motors. *Progressive Architecture*, Stamford, Conn., 51(4):138-43, abr. 1970.

BENDIXON, T. Industrialized building: finding a winning system. *Design*, Londres, (200):45-51, ago. 1965.

— . Industrialized building: social and economic background. *Design*, Londres, (196):35-8, abr. 1965.

BERNDT, K. Development of prefabricated construction in the Federal German Republic. *Beton Herstellung Verwendung*, Düsseldorf, 10(11):663-4, out. 1961.

— . Large slab buildings. *Neue Heimat*, (2):18-33, fev. 1961; (6):20-7, jun. 1961.

— . Rationalization in housing: large slab buildings. *Neue Heimat*, (8):32-9, ago. 1961.

BERNHOLTZ, A. & BIERSTONE. L'étude plus poussée des projets grâce à l'ordinateur: analyse d'un cas type dans le domaine de l'architecture. In: *Cahiers du C.S.T.B.*, Paris, 99(861), maio 1969.

BERNIER, R. Paul Rudolph: un complexe industriel, résidentiel et de bureaux pour un grand syndicat. *Oeil*, Paris, (158):14-9, fev. 1968.

BESKINE, J.M. A new architecture for precast concrete. *Prefabrication*, 5(50):62-5, dez. 1957.

BÉTON industrialisé: procédé Foulquier dans la résidence du Parc de Massy. *Techniques et Architecture*, Paris, 22(4):9-11, maio 1962.

BÉTONS cellulaires Durox. In: *Cahiers du C.S.T.B.*, Paris, 22(205), 1955.

BÉTONS cellulaires Higgins. In: *Cahiers du C.S.T.B.*, Paris, 27(234), 1956.

BÉTONS cellulaires Siporex et Siporex-Maisse. In: *Cahiers du C.S.T.B.*, Paris, 21(197), 1954;

23(212), 1955; 24/5(221), 1955; 36(294), fev. 1959.

BÉTONS et plâtres légers. *Techniques et Architecture*, Paris, *18*(2):83-6, maio 1958.

BETTER design, legal attack on code stressed by PHMI. *Architectural Forum*, Nova York, *94*(5):21+25, maio 1951.

BEUFÉ, J. Habitations industrialisées S.G.A.F. *Techniques et Architecture*, Paris, *25*(4):158-62, maio/jun. 1965.

——. Mulhouse, Bourtzwiller: logements. In: *Cahiers du C.S.T.B.*, Paris, 73(624), abr. 1965.

——. Rouen — Grand Quévilly: bâtiment experimental. *Techniques et Architecture*, Paris, *33*(3):90-1, abr. 1971.

BIANCO contro disordine. *Casabella*, milão, (361):11, 1972.

BIÉTRY, J. La méthode A.R.C. d'appréciation rapide du côut de la construction: programme de calcul pour ordinateur. In: *Cahiers du C.S.T.B.*, Paris, 109(951), maio 1970.

BIGNOLI, Arturo J. Central termica desmontable construida con elementos prefabricados. *Informes de la Construcción*, Madrid, *8*(71), maio 1955.

BILL, Max. Swiss National Exhibition, Lausanne. *Architectural Design*, Londres, *33*(11):526-9, nov. 1963.

BINY, N. Constructions scolaires en bois. In: *Ann. de l'I.T.B.T.P.*, Paris, (110):224-6, fev. 1957.

BIREBENT, M.A. Étude sur la composition et les propriétés des bétons caverneux. In: *Ann. de l' I.T.B.T.P.*, Paris, (165), dez. 1950.

BIRGER, A.J.; SAMSONOV, D.D. & FLOPOUS—KY, A.F. The production of prestressed concrete panels by vibro-rolling methods. *Beton i Zehelezobeton*, Moscou, (12):551-2, 1960 (em russo).

BIRKELAND, P. Idées sur le concept de performance: conception et projet de bâtiments. In: *Cahiers du C.S.T.B.*, Paris, 111(975), jul./ago. 1970.

BIRO & FERNIER, Architectes. C.E.S. à Chateau Chinon: procédés d'industrialisation Barets. *Techniques et Architecture*, Paris, *31*(1):78-9, out. 1969.

THE BISON wall frame system. *The Architect's Jrl.*, Londres, *136*(5):262-4, ago. 1962.

BLACH, K. Conditions préalables à l'industrialisation du logement. In: *Cahiers du C.S.T.B.*, Paris, 113(995), out. 1970.

BLACHÈRE, G. Aptitude à l'emploi des éléments d'un bâtiment. In: *Ann. de l'I.T.B.T.P.*, Paris, (190), out. 1963.

——. Composition et construction industrialisée. In: *Cahiers du C.S.T.B.*, Paris, 75(646):27-33, ago. 1966.

——. Les conditions téchniques nécessaires au lancement de la préfabrication d'éléments destinés à la vente. In: *Cahiers du C.S.T.B.*, Paris, 63(529):7-9, ago. 1963.

——. Essai sur la coordination des normes dimensionnelles. In: *Cahiers du C.S.T.B.*, Paris, 32 (269), jun. 1958.

——. Idées sur le concept de performance: l'opinion de Blachère sur la notion de performance dans la construction. In: *Cahiers du C.S.T.B.*, Paris, 111(979), jul./ago. 1970.

——. Industrialisation du bâtiment en France. *Techniques et Architecture*, Paris, 25(4):94-6, maio/jun. 1965 (número especial).

BLOCKS of flats for export. *The New Scientist*, 293(14):709, jun. 1962.

BLOCS-D'EAU et canalisations préfabriqués. In. *Cahiers du C.S.T.B.*, Paris, 8(80), abr./jun. 1950.

BLOCS sanitaires. *Techniques et Architecture*, Paris, 25(4):167, maio/jun. 1965.

BLOKHIN, P. Nuove esperienze di prefabricazione. *Casabella*, Milão, (203):35-6, mar. 1962.

BLOMSTEDT, A. & REWELL, V. Habitations à Tapiola, Finlande. *Architecture d'Aujord'hui*, Boulogne-sur-Seine, 27(66):80, jul. 1956.

BLONDÉ, G. Évolution et réalisation des structures en béton et leur coffrage. In: *Cahiers du C.S.T.B.*, Paris, 108(950), abr. 1970.

BOHONYEY, J. Constructions des halls industriels en Hongrie. *Cahiers du C.S.T.B.*, Paris, 103(909), out. 1969.

BOILEAU, R. & HENRI-LABOURDETTE, J. Construction des groupes d'habitations III et IV de Choisy-le-Roi-Orly. *Travaux*, Paris, 46(329):193-6, mar. 1962.

BOILEAU, R. et d'autres. Carré Vert: modèle Région Parisiense. *Techniques et Architecture,* Paris, (293):100, maio/jun. 1973.

BOLOCAN, A.G. & MENDINI, F. Componento prepotente. *Casabella,* Milão, (373):8-9, 1973.

——. Scuole: smontabili e rimovibili. *Casabella,* Milão, (376):8-9, 1973.

BONNOME, C. Des aspects techniques de la politique du logement dans divers pays d'Europe. In: *Ann. de l'I.T.B.T.P.,* Paris, *10*(109):64-80, jan. 1957.

BONPAIX, Jean François. Ambassade de France à Monrovia: construction par éléments industrialisés. *Techniques et Architecture,* Paris, *33*(1):91-3, fev. 1971.

BOOTH & NAGLE. Erectoburger. *Progressive Architecture,* Stamford, Conn., *50*(4):134-5, abr. 1969.

BORDE, B. de. Aciers alliés et aciers inoxidables: leur place dans l'industrialisation du bâtiment. *Construction,* Paris, *20*(3):101-8, mar. 1965; *20*(5):164-8, maio 1965.

BOREL, J.C. Le confort d'été dans les constructions scolaires à structure légère. In: *Cahiers du C.S.T.B.,* Paris, 104(910), nov. 1969.

BORSOI, Acácio Gil. Pré-fabricação em taipa. *Arquitetura,* Rio de Janeiro, (40):6-9, out. 1965.

BOSSET, J. Système industrialisé de construction par caissons metalliques avec parement intérieur en plâtre incorporé: procédé W. *Construction,* Paris, *20*(6):239-46, jun. 1965.

BOUCHEZ, G.; MONTES, F. & MORAX, D. Orféo: modèle Région Parisiense. *Techniques et Architecture,* Paris, (293):96-7, maio/jun. 1973.

BOUWCENTRUM, Rotterdam. Aide internationale pour le financement du logement. In: *Cahiers du C.S.T.B.,* Paris, *109*(959), maio 1970

BOUYGNES, G. Préfabrication en série d'éléments lourds de construction. *Usines d'Aujourd'hui,* Paris, (63), fev. 1961.

BOX assemblies for student dorms at Bard College in Annandale-on-Hudson, N.Y. *Architèctural Forum,* Nova York, *133*(3):13, set. 1970.

BRADFORD'S split-level dorms. *Interiors,* Nova York, *130*(5):94-9, dez. 1970.

BREAKOUT permits emancipation of rectangle. *House & Home,* Nova York, *8*(6):124, dez. 1955.

BREAKTHROUGH. *Architectural Forum,* Nova York, *132*(4):52-61, abr. 1970.

BREGOU, G. Procédé de préfabication lourde (beton armé) par éléments à trois dimensions: chantier du Clos St. Lazare à Stains. *Bâtir,* Paris, (173) :38-48, mar. 1969.

BREUER, Marcel. Small office building: sophisticated use of precast concrete. *Architectural Record,* Nova York, *141*(2):131-6, fev. 1967.

BRITAIN'S prefab schools. *Architectural Forum,* Nova York, *97*(5):129-33, out. 1952.

BRITISH prefab schools: some Hertfordshire prefabricated shools. *Progressive Architecture,* Stamford, Conn., *31*(12):75-7, dez. 1950.

A BRITISH prefabricated system for flats. *The Builder,* Londres, *203*(6217):82-3, jul. 1962.

BRIXEN, J. Les briques et les tuiles sur la défensive. In: *Cahiers du C.S.T.B.,* Paris, 106(932), jan./ /fev. 1970. *Build International,* Roterdã, *3*(1/2), jan./fev. 1970.

BROCARD, J. Les diverses procédés d'accélération de la prise et du durcissement des bétons applicables à la préfabrication. In: *Ann. de l'I.T.B.T.P.,* Paris, (103/4):709-28, jul./ago. 1956.

BROEK, J.H. van den & BAKEMA, J.B. Unité residentielle de Overschie près de Rotterdam. *Architecture d'Aujourd'hui,* Boulogne-sur-Seine, 25(57):28-9, dez. 1954.

BRONNIKOV, P.I. Bâtiments construits par grands volumes en URSS. In: *Cahiers du C.S.T.B.,* Paris, 130(1117), jun. 1972; *Build International,* Roterdã, *5*(3):147-53, maio/jun. 1972.

——. La conception des bâtiments formés de volumes élémentaires. In: *Cahiers du C.S.T.B.,* Paris, 109(959), maio 1970. *Build International,* Roterdã, *3*(5), maio 1970.

BRUNA, P.J.V. Subsídios para uma política de industrialização da construção no Brasil: A experiência européia. *Acrópole,* São Paulo, (380):32-7, dez. 1970.

——. Subsídios para uma política de industrialização da construção no Brasil: Urbanização e desenvolvimento econômico no Brasil. *Acrópole,* São Paulo, (382):26-30, mar. 1971.

. O déficit habitacional e a industrialização da construção no Brasil. *C.J. Arquitetura,* Rio de Janeiro, (4):20-33, fev./abr. 1974.

BRUNTON, J. Mass producing concrete slabs. *Prefabrication,* 5(58):467, ago. 1958.

BRUYNEEL, A. France: usine Ferodo à Amiens *Techniques et Architecture,* Paris, 18(6):110-1, dez. 1958.

——. France: usine Kodak-Pathé de Levran. *Techniques et Architecture,* Paris, 18(6):108-9, dez. 1958.

BUCH, A. Prototype prefab structure. *Progressive Architecture,* Stamford, Conn., 42(6):188-92, jun. 1961.

BUDAYEV, A. Structural precast concrete in the Soviet Union. *Indian Concrete Jrl.,* Bombaim, 3(35):90-1, mar. 1961.

BUILDER and prefabrication. *Architectural Forum,* Nova York, 92(4):160-4, abr. 1950.

BUILDERS turn prefabbers. *House & Home,* Nova York, 5(2):152-3, fev. 1954.

BUILDING construction with plastic material. *Bauen & Wohnen,* Zurique, 27(4), abr. 1973 (número especial).

BUILDING systems and prefabrication. *Bauen & Wohnen,* Zurique, 24(11), nov. 1970 (número especial).

BUILDING, the emerging pattern: implications of industrialization. *The Builder,* Londres, 203(6238):1119-20, dez. 1962.

BUILDING with boxes: a progress report. *Architectural Forum,* Nova York, 128(4):84-91, abr. 1968.

BURCKHARDT, L. Zur voll-vorfabrizierten Wohnbebauung Rietholz. *Werk,* Zurique, 50(8):320-1, ago. 1963.

BURLAMAQUI, Ulisses P. Edifício para administração de fábrica de artefatos de cimento. *Arquitetura,* Rio de Janeiro, (40):12, out. 1965.

BYROM, J. Prefabricated brickwork in housing. *RIBA Jrl.,* Londres, 77(3):122, mar. 1970.

CACAUT, C. & MROWIEC, A. Habitat individualisé Variel. *Techniques et Architecture,* Paris, 33(1):86-7, fev. 1971.

——. Habitat tridimensionel industrialisé. *Techniques et Architecture,* Paris, 33(1):84-5, fev. 1971.

CAHIERS des charges applicables aux travaux de béton caverneux de laitier expansé ou de pouzzolane. In: *Cahiers du C.S.T.B.*, Paris, 54(432):1-25, nov. 1961.

CAHIERS des charges applicables aux travaux effectués en beton caverneux. In. *Cahiers du C.S.T.B.*, Paris, 33(272), set. 1958; 40(322), out. 1959.

CAHIERS des charges des éléments en béton cellulaire traité à l'auto-clave. In: *Cahiers du C.S.T.B.*, Paris, 21(191), 1954.

CAMPORA, P. Contro i prodotti dei tecnocrati. *Casabella*, Milão, (355):4, dez. 1970.

THE CAMUS method comes to Vienna. *Allgemeine Bauzeitung*, Hanover, *669*(17):5-6, jan. 1962.

CAMUS, R. Construction industrielle du logement: rôle fondamental de l'Organisation du Travail. *L'Etude de Travail*, (98):15-42, jul./ago. 1959.

────. Fabrication industrielle de huits logements par jour dans la Région Parisienne. In: *Ann. de l' I.T.B.T.P.*, Paris, *9*(101):427-53, maio 1956.

CAMUS, R.; DUSSERIS & SCHMITT. Visite à Montesson d'une usine de préfabrication de grands panneaux en beton munis d'un dispositif de chauffage par rayonnement. In: *Ann. de l' I.T.B.T.P.*, Paris, *8*(94), out. 1955.

CAN this simplified steel frame compete with a wood frame? *House & Home*, Nova York, *7*(6):138-45, jun. 1955.

CANDILIS, G. Une opération Million dans la Région Parisiense. *Travaux*, Paris, *45*(318):176-82, abr. 1961.

CANDILIS, G. et d'autres. Berlin (R.F.A.) Université libre. *Techniques et Architecture*, Paris, (295):67-74, nov. 1973.

CAPSULE préfabriquée Misawa. *Architecture d'Aujord'hui*, Boulogne-sur-Seine, (155):XXVIII, abr. 1971.

CARLU, J. Paris: construction de la Faculté des Lettres. *Techniques et Architecture*, Paris, *25*(4):156-7, maio/jun. 1965.

CARR, R. Truly flexible housing? *Design*, Londres, (275):29-31, nov. 1971. Reply by H. Law. *Design*, (277):85, jan. 1972.

CARR, R. When is a caravan really a prefab? *Design*, Londres, (232):22, abr. 1968. Reply by

W.M. Whiteman. *Design,* Londres, (235):71, jul. 1968.

CARRARA, Arthur & JOHANSEN, John. Alluminio prefabbricato e gusci di cemento armato per le case. *Architettura,* Roma, (12):454, out. 1956.

CARRIÈRES de Vassens: pierre industrialisée. *Techniques et Architecture,* Paris, *22*(5):167, jun./jul. 1962.

CARSTENS, Milton Júlio. Casas pré-fabricadas de alumínio. *Acrópole,* São Paulo, (267):98-9, jan. 1961.

CARTER, J. Fertighaus: an Austrian experiment in costing. *Architectural Review,* Londres, *115*(688) :281-5, abr. 1954.

CARTWELL, G.W. SCSD: Californian schools development project. *RIBA Jrl.,* Londres, *72*(8) :409-15, ago. 1965.

LA CASA albero: la città ponte sorvola la natura. Due proposte per la prefabbricazione. Living unit for prefabrication. *Domus,* Milão, (512):19-24+29--30+65, Luglio, 1972.

CASA campione. *Domus,* Milão, (493):16-20, dez. 1970.

CASA de fibrocimento pode ser montada em 10 dias. *O Dirigente Construtor,* São Paulo, *1*(7):39-44, maio 1965.

CASA mínima sai pronta da fábrica. *O Dirigente Construtor,* São Paulo, *1*(12):47-53, out. 1965.

LA CASA móvil y las viviendas capsulas. *Cuadernos Summa-Nueva Visión,* Buenos Aires, *1*(13), nov. 1968 (número especial).

CASAS desmontáveis. *Arquitetura,* Rio de Janeiro, (40):13, out. 1965.

CASAS pré-fabricadas. *Habitat,* São Paulo, (45):32-3, jul./ago. 1958.

CASE di serie senza priorità politiche. *Casabella,* Milão, (342):6, nov. 1969.

CASONI & CASONI, Architectes. Suisse: système Rondo. *Techniques et Architecture,* Paris, *32*(3) :96-7, set. 1970.

CASTELLO, M. Prefabricated housing in British Guiana. *Architectural Review,* Londres, *110* (655):27-9, jul. 1951.

CASTELLOTE, E. La prefabricación con estructura de madera: su origen e industrialización. *Informes de la Construcción*, Madrid, 24(238):59-68, mar. 1972.

CAVE, A. Metric house shells: the practice. *RIBA Jrl.*, Londres, 77(12):560-3, dez. 1970.

CAZANEUVE R. Architecture et industrialisation. *Techniques et Architecture*, Paris, 25(4):125-7, maio/jun. 1965.

—— . Housing in Genesse. *Architectural Design*, Londres, 33(4):187, abr. 1963.

CAZANUEVE, R. et PÉRAY, E. Clichy: groupe de 440 logements pour l'O.C.I.L. *Techniques et Architecture*, Paris, 17(3):98-9, maio 1957.

—— . Vincennes: groupe d'habitations O.C.I.L. *Techniques et Architecture*, Paris, 15(2):76-80, set. 1955. In: *Ann. de l'I.T.B.T.P.*, Paris, (99/100):331-42, mar./abr. 1956.

CEG — CES — CET: essais d'industrialisation des constructions scolaires. *Techniques et Architecture*, Paris, 27(4), dez./jan. 1966/67, (número especial).

CELLULAR concrete in Europe: a progress report. *Concrete Products*, Chicago, 63(9):31-6, set. 1960.

CELLULE abitative prefabbricate in acciaio: una proposta per l'edilizia industrializzata. *Domus*, Milão, (470):17-20, Gen.

LE CENTRE de Contrôle Régional à Orly. *Techniques et Architecture*, Paris, 17(4):75-7, set. 1957.

CENTRE de rationalisation des constructions scolaires à Lausanne. In: *Cahiers du C.S.T.B.*, Paris, 124, nov. 1971; *Recherche et Architecture*, Paris, (8):39-46, nov. 1971.

CEPLAN: Centro de Planejamento da Universidade de Brasília. *Módulo*, Rio de Janeiro, 8(32):35-6, mar. 1963.

C.E.S. 600: procédé Legrand-Rabinel-Studal. *Techniques et Architecture*, Paris, 31(1):80-1, out. 1969.

CERUTI, G. Une construction préfabriquée en béton armé en Italie. Travaux, Paris, 36(207):28-32, jan. 1952.

—— . Italie: structures en béton armé par éléments préfabriqués. *Architecture d'Aujourd'hui*, 28(70):100-3, fev./mar. 1957.

CHABREL, L. Les bétons légers. In: *Cahiers du C.S.T.B.*, Paris, 64(530), out. 1963.

CHADIG, U. Un dépot préfabriqué en Hongrie. *Techniques et Architecture,* Paris, *18*(2):10-1, mar. 1958.

CHAIZE, A. Contribution à l'étude des méthodes d'accélération du durcissement des bétons par la chaleur: le traitement par rayonnement infra--rouge. In: *Cahiers du C.S.T.B.,* Paris, 111(972), jul./ago. 1970.

CHAIZE, A.; DELCELIER, P. & SCHUMACHER, J. Les bétons légers. In: *Cahiers du C.S.T.B.,* Paris, 114(996), nov. 1970.

CHAIZE, A. & SCHUMACHER, J. Contribution à l'étude des méthodes d'accélération du durcissement des bétons par la chaleur: le traitement en moule chauffant. In: *Cahiers du C.S.T.B.,* Paris, 98(851), abr. 1969.

CHALK, W. Architecture as consumer product. *Perspecta,* New Haven, Conn., (11):135-54, 1967.

LES CHANTIERS d'expérience du Ministère de la Reconstruction et de l'Urbanisme. In: *Cahiers du C.S.T.B.,* Paris, 1(12), jul. 1948.

CHANTIERS d'expériences du Ministère de la Reconstruction et de l'Urbanisme: le chantier de Chartres, 200 logements, procédé Bourse. In: *Cahiers du C.S.T.B.,* Paris, 12(122), abr./jun. 1951.

LES CHANTIERS d'expériences du Ministère de la Reconstruction: procédés Villages Français et Schindler. In: *Cahiers du C.S.T.B.,* Paris, 5(57), jul. 1949.

CHAPEROT, Yves. Les polycorolles. *Techniques et Architecture,* Paris, *33*(3):58, abr. 1971.

CHARGROSSE, C. & FORGET, P. Essai d'étancheité des couvertures en soufflerie. In: *Cahiers du C.S.T.B.,* Paris, 101(878), jul./ago. 1969.

CHARRIÈRE, J. Fabrication et utilisation des differents types d'éléments de construction en terre cuite et béton précontraints fabriqués en France. In: *Ann. de l'I.T.B.T.P.,* Paris, *9*(108):1177-97, dez. 1956.

CHATEAU, Stéphane du. Les structures tridimensionnelles dans l'industrialisation du bâtiment. In: *Cahiers du C.S.T.B.,* Paris, 108; *Recherche et Architecture,* Paris, (2):23-30, 1970.

CHATELIER, M. & BIÉTRY, J. La méthode A.R.C.

d'appréciation rapide du côut de la construction: programme de calcul par ordinateur. In: *Cahiers du C.S.T.B.*, Paris, 109(951), maio 1970.

CHAUVEAU, P.A. C.E.S. à Garches. *Techniques et Architecture*, Paris, 31(1):78-9, out. 1969.

—— . C.E.T. à Fécamp: procédé de construction Dumez. *Techniques et Architecture*, Paris, 31(1):90, out. 1969.

—— . C.E.T. à Saint Paul s/Ternoise: procédé Constructions Métalliques Fillod. *Techniques et Architecture*, Paris, 31(1):90, out. 1969.

CHENUT, D. Préalables à la production industrielle de l'habitat. *Techniques et Architecture*, Paris, 25(4):119-21, maio/jun. 1965.

CHENUT, D. et d'autres. Une proposition pour l'industrialisation de la construction des logements. *Techniques et Architecture*, Paris, 24(6):97-112, set./out. 1964.

CHESKIN, D.B. New approach to multistory housing construction. *Progressive Architecture*, Stamford, Conn., 49(11):142-3, nov. 1968.

CHOMETTE, H. Quartier du pont à Abidjan. In: *Cahiers du C.S.T.B.*, Paris, 38(307):6-14, jun. 1959.

CHRISTENSEN, K. Idées sur les logements de l'avenir. In: *Cahiers du C.S.T.B.*, Paris, 104(916), nov. 1969; *Build International*, Roterdã, 2(8), out. 1969.

CHURCH assembled in three days. *Architectural Record*, Nova York, 117(6):218, jun. 1955.

CHYATANI, M. Space unit project, Kusatsu, Shiga prefecture: platforms and space units as places to live, a look at the space unit project. *Japan Architect*, Tóquio, 45(11):95-102, nov. 1970.

CIBULA, E. Systèmes de contrôle de la construction. In: *Cahiers du C.S.T.B.*, Paris, 114(1001), nov. 1970; *Build International*, Paris, 3(11), nov. 1969.

CIRIBINI, G. L'étude complète du projet dans la théorie de l'industrialisation du bâtiment. In: *Cahiers du C.S.T.B.*, Paris, 65(548), dez. 1963.

—— . Integrazione fra disegno e produzione nella fabbricazione di complessi assemblati isolati per la costruzione. *Prefabbricare*, Milão, (3), jun. 1965.

CITÉ technique de Saint Louis (Haut Rhin). *Techniques et Architecture*, Paris, *16*(5):80-1, set. 1956.

CLARK, C.A. Development of tilt-up construction. *Jrl. of the American Concrete Institute*, Detroit, *19*(9):813-20, maio 1948.

CLARO, Léon. Hôpital mixte de Tizi-Ouzon, Algérie. *Techniques et Architecture*, Paris, *12*(1/2):121-4, 1953.

CLARO, Léon & DARBEDA, Jacques. École National des Beaux Arts à Alger. *Techniques et Architecture*, Paris, *12*(1/2):108-10, 1953.

CLAUDE, P. France-bungalow préfabriqué. *Architecture d'Aujourd'hui*, Boulogne-sur-Seine, *24* (49):96, out. 1953.

CLAUSES techniques générales (C.T.G.) applicables aux immeubles collectifs réalisés pour le compte des organismes de l'H.L.M. In: *Cahiers du C.S.T.B.*, Paris, 101(882), jul./ago. 1969.

COBO, Jaime Herdoiza. Sistema de pré-fabricação leve de canteiro. *Arquitetura*, Rio de Janeiro, (40):30-1, out. 1965.

LE COFFRAGE dans le bâtiment. *Bâtir*, Paris, (118), fev. 1963.

COFFRAGE G.L.D.: béton-coffrage industrialisé dans les constructions de l'Ile de France. *Techniques et Architecture*, Paris, *22*(5):158-60, jun./jul. 1962.

COFFRAGES chaufants. *Bâtir*, Paris, (106), out. 1961.

COIFFARD, J. et PAISNEL, G. Le secteur industrialisé d'Athis-Mons: une réalisation de préfabrication semi-lourde. In: *Cahiers du C.S.T.B.*, Paris, 44(357):1-23, jun. 1960.

COIGNET n. 2: agrément des matériaux nouveaux et des procédés non traditionnels de construction. In: *Cahiers du C.S.T.B.*, Paris, *55*(441):3, abr. 1962.

THE COIGNET system. *The Architect and Building News*, Londres, *221*(14):493-6, abr. 1962.

COLAJANNI, B. Prefabbricazione, razionalizzazione, industrializzazione. *Architettura*, Roma, *13* (155):332-3, set. 1967; (156):400-1, out. 1967.

COLLBORG, H. Mass production of prestressed structural concrete in Sweden. *Jrl. of the American Concrete Institute*, Detroit, *27*(7):781-90, mar. 1956.

COLLINS, P. Advanced technique of site-organization at Le Havre. *Architecture and Building,* 30(3):239-40, mar. 1955.

—— . The classical concept of variety: the three quarter mile long South front of le Havre. *Architecture and Building,* 30(6)100-2, jun. 1955.

—— . An estate built economically on a large scale. *Architecture and Building,* 30(1), jan. 1955.

COLOM, R. Prefabrication sur chantier: 300 logements de l'O.C.I.L., à Vincennes. In: *Cahiers du C.S.T.B.,* Paris, 22(201), 1955.

COLGUHOUN, A. & SARTOGO, P. Invenzione gioca produzione: indicazioni nel movimento moderno ad una possibile progettazione per componenti. *Casabella,* Milão, (352):28-31, set. 1970.

COMMUNITY problems of the space age. *Prefabrication and New Building,* 5(61):588-94, nov. 1958.

COMPONENT dorms may save 12%: prefabrication system for student housing. *Progressive Architecture,* Stamford, Conn., 49(11):58, nov. 1968.

COMPONENT systems for schools. *Architectural Record,* Nova York, 133(2):180-1; fev. 1963.

COMPONENTING. *Architecture d'Aujourd'hui,* Boulogne-sur-Seine, (141):XX, dez. 1968.

COMPONENTS. *RIBA Jrl.,* Londres, 74(11):474-94, nov. 1967.

COMPOSIZIONI con il cubo. Prefab. a Bologna. Edificio industriale a Zola Pedrosa. Prefab. a Monaco. *Domus,* Milão, (515):20-7, out. 1972.

COMPTE rendu succint du symposium sur les murs porteurs, Varsovie, jun. 1969. In: *Cahiers du C.S.T.B.,* Paris, 108(950), abr. 1970; *Build International,* Roterdã, 3(4), maio 1970.

LA CONCEPTION, la production et l'utilisation futures d'éléments de construction fabriqués industriellement. In: *Cahiers du C.S.T.B.,* Paris, 103(904), out. 1969.

CONDITIONS générales d'emploi et de contrôle des éléments préfabriqués en plâtre à parements lisses pour cloisons de distribution et de doublage. In: *Cahiers du C.S.T.B.,* Paris, 129(1105), maio 1972.

CONSORTIA of local authority architects. *Architectural Review,* Londres, 136(825):384, nov. 1964.

CONSTRUCCIÓN de un puente con elementos prefabricados de hormigón. *Informes de la Construcción*, Madrid, 6(56), dez. 1953.

CONSTRUCTION de 811 logements H.L.M. à Pantin, secteur industrialisé. In: *Ann. de l'I.T.B.T.P.*, Paris, 7(79/80):612-25, jul./ago. 1954.

CONSTRUCTION de 1890 logements à Meaux. *Techniques et Architecture*, Paris, 21(2):148-65, fev./mar. 1961 (número especial).

CONSTRUCTION systems. *Bauen & Wohnen*, Zurique, 26(4), abr. 1972 (número especial).

CONSTRUCTIONS industrialisées de la Société des Grands Travaux de l'Est. In: *Ann. de l'I.T.B.T.P.*, Paris, 22(262):1571-91, out. 1969.

DES CONSTRUCTIONS industrialisés très économiques: procédés Barets, Bourse, Camus et Costamagna. In: *Cahiers du C.S.T.B.*, Paris, 75, ago. 1965, Supl. *Bâtiment Tropical*, (1):1-11, jul. 1965.

CONSTRUCTIONS scolaires du 2e. degré: modèle agréé Foulquier. *Techniques et Architecture*, Paris, 31(1):88-9, out. 1969.

CONSTRUCTIONS scolaires: terre cuite et préfabrication. *Tuiles & Briques*, Paris, (53), 1º trim. 1963.

CONTEVILLE, J.L. Une méthode d'analyse de l'adaptation d'un plan de logement à un mode de vie. In: *Cahiers du C.S.T.B.*, Paris, 113(991), out. 1970.

CONTINENTAL prefabrication. *Architectural Review*, Londres, 133(795):321-32, maio 1963.

CONSULTATION nationale pour la fourniture d'éléments de construction industrialisées organisée par le Ministère de la Construction de France. *Techniques et Architecture*, Paris, 25(4):8-9, maio/jun. 1965.

COOP Himmelblan. *Werk*, Zurique, 59(5):240, maio 1972.

COQUES en carton plastifié pour habitat de loisir, Stuttgart. *Techniques et Architecture*, Paris, (295):100-1, nov. 1973.

CORPUS-VILLOR uppfores pa Lilla-Riseberga (Corpus bungalows erected on Lilla-Riseberga). *Biggnadstidmingen*, Estocolmo, (25):13+20, jun. 1962.

CORRADINI, G. Casa d'abitazione a Milano. *Casabella*, Milão, (230):42, ago. 1959.

CORSINI, C. In Italia: la prefabbricazione pesante nelle costruzioni industriali. *Domus*, Milão, (510):1-20, maio 1972.

COUÊ, Patrick. Maisons mobiles: logements modulaires 2,40 x 7,20 extensibles, démontables, mobiles. *Techniques et Architecture*, Paris, (293):90-1, maio-jun. 1973.

COULON, R.A. Escolier monumental de l'Institut de Recherches de la Sidérurgie à St. Germain-en--Laye. *Techniques et Architecture*, Paris, *12* (314):92-3, 1953.

COURANT, P. Réconstruction du Havre: Porte Océane, 273 appartements. In: *Ann. de l'I.T.B.T.P.*, Paris, *6*(65):438-68, maio 1953.

COURBOT, H. La préfabrication dans les travaux publics. *Travaux*, Paris, *42*(287):855-63, set. 1958.

COWAN, H.J. et d'autres. Possibilités économiques de la simulation à l'aide de modèles physiques dans la construction et les travaux publics. In: *Cahiers du C.S.T.B.*, Paris, 96(842), jan./fev. 1969.

COWLING, R.J. Toward component compatibility. *American Institute of Architects Jrl.*, Washington, *53*(2):76, fev. 1970.

CRAIG, C.N. Moulage en batterie des panneaux de revêtement de façade. In: *Cahiers du C.S.T.B.*, Paris, 103(903), out. 1969.

C.R.A.M.: les groupements de cellules les grappes. *Techniques et Architecture*, Paris, *34*(6):68-9, abr. 1972.

CROISET, M. La qualité thermique des immeubles d'habitations d'après l'appréciation d'opérations réelles: cas particuliers des grands préfabriqués. In: *Ann. de l'I.T.B.T.P.*, Paris, *17*(197):417-36, maio 1964.

CROISET, M. & ANQUEZ, J. L'exigence de confort thermique au voisinage des parois froides: application aux baies vitrées. In: *Cahiers du C.S.T.B.*, Paris, 96(833), jan./fev. 1969.

CUAK, L. Des logements économiques dans trois pays: fournir un logis décent (Etats-Unis). In: *Cahiers du C.S.T.B.*, Paris, 106(932), jan./fev. 1970.

CUPULA construida con elementos prefabricados. *Informes de la Construcción*, Madri, 4(39), mar. 1952.

CZERSKI, Z. Shaping and dimensioning of large panel structures for living houses. *Inzynieria i Budownictwo*, 2(19):51-5, fev. 1962.

DAL Messico, in fiberglass: unità in plastica prefabbricate. *Domus*, Milão, (503):18-9, out. 1971.

DALDY, A.F. & SPERLING, R. Création d'un Établissement National de Recherches sur la Construction. In: *Cahiers du C.S.T.B.*, Paris, 111(979), jul./ago. 1970; *Build International*, Roterdã, 3(7/8), jul./ago. 1970.

DAMORA, R. Architect's answer to the prefab tract house problem for New Seabury, Cape Cod. *Architectural Record*, Nova York, 131(6):52-61, met./maio 1962; *Architecture d'Aujourd'hui*, Boulogne-sur-Seine, 33(103):80, set. 1962.

DARNHALL, M.J. Innovations in American prefabricated housing: 1860-1890. *The Society of Architectural Historians Jrl.*, Filadélfia, 31(1):51-5, mar. 1972.

DAVID, P.H. Maisons mobiles aux États-Unis. *Architecture d'Aujourd'hui*, Boulogne-sur-Seine, (157):52-6, ago. 1971.

DAVIS, J.H. Urban homestead act: a proposal for America's cities. *Landscape*, Berkeley, 19(1):11-23, Inverno 1970.

DEBOMY, P.L. Les écoles et lycées industrialisés: aluminium français Saint-Gobain. *Construction*, Paris, 20(5):208-15, maio 1965.

DECAUCHY, A. Contreventement des bâtiments. In: *Ann. de l'I.T.B.T.P.*, Paris, 17(193):93-108, jan. 1964.

DÉCOPPET, A. e outros. Immeubles préfabriqués à loyers modestes à Villars-sur-Glâne. *Werk*, Zurique, 48(5):171-3, maio 1961.

DEHLER, E. & PONSOLD, F. Nouvelle méthode d'exécution des parements de panneaux. In: *Cahiers du C.S.T.B.*, Paris, 114(1001), nov. 1970; *Build International*, Roterdã, 3(11), nov. 1970.

DELACOMMUNE, A. Une plomberie préfabriquée originale à Forbach. *Techniques et Architecture*, Paris, 23(3):28-9, abr. 1963.

——. Quelques considérations sur le climat nécessaire á l'industrialisation des entreprises d'équipement technique. *Techniques et Architecture*, Paris, 25(4):166, maio/jun. 1965.

DEMANCHE, P. e outros. Système Ed-Kit. *Techniques et Architecture*, Paris, (295):103, nov. 1973.

DEMOUNTABLE space frame: Unitrust building at the University of Michigan. *Architectural Forum*, Nova York, *103*(1):140-7, jul. 1955.

DESIGN-BUILD for student housing: responds to cost, but raises other questions. *Architectural Record*, Nova York, *153*(4):149-52, abr. 1973.

DESSAUGES, G. Nuove forme per la prefabbricazione. *Domus*, Milão, (443):21-4, out. 1966.

DEUX écoles pour le London County Council: structure portante formée d'éléments de béton armé prefabriqués. *Techniques et Architecture*, Paris, *12*(3/4):86-91, 1953.

DEUX systèmes de préfabrication des constructions scolaires. *Architecture d'Aujourd'hui*, Boulogne-sur-Seine, *22*(39):49-50, fev. 1952.

DEUXIÈME colloque sur l'industrialisation du bâtiment, Belgrade, 1966. *Architecture d'Aujourd'hui*, Boulogne-sur-Seine, (128):XIII, out. 1966.

DEVELOPING the skyline of Malmö-flats at Lorensborg. *Prefabrication*, *5*(55):308-9, maio 1958.

DEVELOPMENT of mass-produced high-rise housing: Tokyo's eighth international trade fair. *Japan Architect*, Tóquio, *44*(7):12, jul. 1969.

DIALOGUE sur la préfabrication et la construction industrielle de logements entre un architecte et un entrepreneur. *Sciences et Techniques*, 25-35, jan./fev. 1967.

DIAMANT-BERGER, R. & LACOMBE, P. — Vers une industrialisation de l'habitat. *Architecture d'Aujourd'hui*, Boulogne-sur-Seine, (148):3-106, fev./mar. 1970.

DIAMANT, R.M.E. The Bollmora system. *The Architect and Building News*, Londres, *221*(20):720-2, maio 1962.
NOTA: Sob o título "INDUSTRIALIZED BUILDING — 50 International Methods" o autor reimprimiu os artigos inicialmente publicados na revista *The Architect and Building News*, tendo editado três volumes até o momento. Ver comentários aos livros na primeira parte desta bibliografia.

—— . Box unit construction. *The Architect and Building News*, Londres, *221*(11):387-90, mar. 1962.

—— . Mass production flats, East Germany. *The Architect and Building News*, Londres, 222(30):129-32, jul. 1962.

—— . Three Swedish prefabricated methods. *Building Materials*, Woldingham, Inglaterra, 21(5):187-91, maio 1961.

—— . Unit building for small houses. *The Architect and Building News*, Londres, 220(45):693-7, nov. 1961.

—— . Unit building in Sweden. *Architectural Design*, Londres, 30(2):65, fev. 1960.

—— . Unit systems for flat construction. *The Architect and Building News*, Londres, 220(49):865-70, dez. 1961.

—— . The Vam system. *The Architect and Building News*, Londres, 222(34):271-4, ago. 1962.

DIETZ, A.G.H. Pre-built components for homebuilding. *Architectural Record*, Nova York, 129(6):7 + 9 + 150, met.-maio 1961.

DIRECTIVES communes pour l'agrément des procédés de construction par grands panneaux lourds préfabriqués. In: *Cahiers du C.S.T.B.*, 80(696), jun. 1966.

DIRECTORY of prefabricated and package house manufacturers. *House & Home*, Nova York, 8(6):152-5, dez. 1955.

DIRECTORY: prefabricated packaged house; firms who sell through builders or dealers. *House & Home*, Nova York, 10(6):174-7, dez. 1956.

DITCHING the dinosaur sanctuary. *Architectural Design*, Londres, 39(8):419-24, ago. 1969.

DIXON, J.M. Industrialized housing. *Architectural Forum*, Nova York, 131(1):100-7, jul. 1969. Reply by P. Schryver. *Architectural Forum*, Nova York, 131(4):12, out. 1969.

DLUHOSCH, E. Behind the iron curtain: the good and bad of the building boom. *American Institute of Architects Jrl.*, Washington, D.C., 51(4):74-8, abr. 1969.

DOCUMENTS d'architecture: Tours. In: *Cahiers du C.S.T.B.*, Paris, 43(344), abr. 1960.

DOERNACH, R. R.F.A.: système Doernach. *Techniques et Architecture*, Paris, 33(3):52, abr. 1971.

—— . Système Doernach SBS-RFA. *Techniques et Architecture*, Paris, 32(4):56, out. 1970.

DONATELLI, R. Casa prefabbricata in alluminio e legno. *Domus*, Milão, (368):45-50, Lug. 1960.

DONNADIEU, Jean Claude. Polyèdres: maisons et constructions par éléments modulaires en polyester. *Techniques et Architecture*, Paris, (293):92, maio/jun. 1973.

DÖRING, W. Préfabrication bois: habitation à Bad Honnef, Rhein, Allemagne. *Architecture d'Aujourd'hui*, Boulogne-sur-Seine, (141):XXVII--VIII, dez. 1968.

—— . Sulla industrializzazione della edilizia: un incontro a Parigi. *Domus*, Milão, (500):5, jul. 1971.

DRAGOSAVIC, M. Stabiliteit van wanden im systeem bouw. *Heron*, (2):51-70, 1964.

DREYFUSS, M. Opération de 360 logements H.L.M. à Villeneuve-le-Roi. In: *Cahiers du C.S.T.B.*, Paris, 49(395):25-53, abr. 1961.

—— . Opération la Résidence des Lionceaux: construction de 232 logements H.L.M. type B. In: *Cahiers du C.S.T.B.*, Paris, 38(310), jun. 1959.

DRISCOLL, S.P. Industrialization: basis for a fruitful way to practice. *American Institute of Architects Jrl.*, Washington, D.C., 56(6):32-4, dez. 1971.

DROUIN, J.C. et PROUVÉ, J. Mainguerin: maison industrialisée. *Techniques et Architecture*, Paris, 33(1):78-9, fev. 1971 (número especial).

DUBACH, L. & GUILLAUME, Y. Habitation de loisír industrialisée. *Techniques et Architecture*, Paris, 32(3):98-9, set. 1970.

DUBIGEON-NORMANDIE. Éléments standardisés--système Diasphère. *Techniques et Architecture*, Paris, 33(3):57, abr. 1971 (número especial).

DUBOUILLON, Paul H. Bâtiment du camionage et des services sociaux. *Techniques et Architecture*, Paris, 10(3/4):66-70, 1951.

DUCRET, P. Méthodes et réalisations: l'industrie de la préfabrication aux États Unis. *Construction Moderne*, Paris, 72(10):348-9, out. 1956.

—— . La préfabrication dans la construction. *Construction Moderne*, Paris, 73(7):264-5, jul. 1957.

DURAND, R. & LIONS, P. La Cité Bournazel de Casablanca: étude et realisation d'un ensemble de 1 700 logements. In: *Ann. de l'I.T.B.T.P.*, Paris, 10(109):1-31, jan. 1957.

DURELL STONE & ASSOCIATES, National Homes Corps., USA. *Techniques et Architecture,* Paris, *32*(4):57, out. 1970.

DUTHEIL, J. Le complexe acier-béton appliqué à la construction du gros oeuvre des immeubles. In: *Ann. de l'I.T.B.T.P.,* Paris, *10*(117):830-46, set. 1957.

DUTHU, H. Étude d'industrialisation des fabrications pour la construction de logements: Nancy, le Haut de la Lièvre. *Travaux,* Paris, *45*(316):69-79, fev. 1961.

—— . Les sept visages de l'industrialisation. *Techniques et Architecture,* Paris, *25*(4):128-31, maio//jun. 1965.

DWELLING structures in Hamburg-Linder: Larsen and Nielsen Hammers system. *Beton Herstellung Verwendung,* Düsseldorf, *12*(3):131-2, maio 1962.

DZIEWOLSKI, Richard. Nouveaux procédés de construction. *Techniques et Architecture,* Paris, (295):92-3, nov. 1973.

EARTHWORM, France. *Interbuild, 10*(7):16-8, out. 1960.

ÉCOLE préfabriquée. *Techniques et Architecture,* Paris, *22*(1):124-5, nov. 1961.

ÉCOLES préfabriquées au Mexique. *Architecture d'Aujourd'hui,* Boulogne-sur-Seine, *34*(109):72-3, set. 1963.

ÉCOLES préfabriquées. *Techniques et Architecture,* Paris, *15*(3):86-9, nov. 1955.

EDIBRAS Construções Gerais Ltda., São Paulo. Estrutura de Concreto Armado pré-fabricado. *Acrópole,* São Paulo, (241):20-7, nov. 1958; (265):38, mar. 1960.

—— . A pré-fabricação na arquitetura industrial. *Acrópole,* São Paulo, (212):319-23, jun. 1956.

EGLIT, V.I. Précision du montage des éléments de construction préfabriqués. In: *Cahiers du C.S.T.B.,* Paris, (867), maio 1969; *Build International,* Roterdã, *2*(3), abr. 1969.

EGLIT, V.I. & YAKUB, O. Classification des joints et produits d'obturation. In: *Cahiers du C.S.T.B.,* Paris, 105(922), dez. 1969.

EHRENKRANTZ, E.D. School construction systems development program. *Arts & Architecture,* Los Angeles, *84*(4):16-21, abr. 1967.

EHRENKRANTZ, E.D. & KAY, J.D. Flexibility through standardization: the Hertforshire prefab schools. *Progressive Architecture,* Stamford, Conn., *38*(7):105-11, jul. 1957.

EKSTROM, L.A. Development of unit building method in Sweden. *Prefabrication,* 5(50):58-61, dez. 1957.

L'ÉLÉMENT coque de Jean Prouvé. *Art et Décoration,* Paris, (22):40-2, 1951.

L'ÉLÉMENT coque de Jean Prouvé et le shell-unit système de Oscar Singer. *Architecture d'Aujourd'hui,* Boulogne-sur-Seine, *22*(40):IX, abr. 1952.

ELLIOT, J. & GODWIN, A. La construction britannique en période de transition. In: *Cahiers du C.S.T.B.,* Paris, 106(922), jan./fev. 1969; *Build International,* Roterdã, *2*(10), dez. 1968.

ELLWOOD, C. Case study house nr. 18. *Arts & Architecture,* Los Angeles, *75*(3):26+32, mar. 1958.

ÉMÉRY, F. e outros. Marcoussis: Centre de Recherche de la Compagnie Générale d'Electricité. *Techniques et Architecture,* Paris, *24*(4):90-3, maio 1964.

EMMERICH, D.G. Libre-service. *Techniques et Architecture,* Paris, *25*(4):171-3, maio/jun. 1965.

EMPLEO de elementos Ytong en la construcción de viviendas prefabricadas, Suécia. *Informes de la Construcción,* Madrid, *8*(79), mar. 1956.

L'EMPLOI dans le bâtiment des bétons d'agrégats légers artificiels: compte rendu sommaire du 3e. Colloque Franco-Polonais, Paris, mar./abr. 1969. In: *Cahiers du C.S.T.B.,* Paris, 102(892), set. 1969.

ENGINEERING developments in the U.S.S.R.: prefabricated construction of flats in Russia. *Civil Engineering and Public Works Review,* Londres, *57*(669):459, abr. 1962.

ENSEMBLE de 2917 logements à Sarcelles. In: *Cahiers du C.S.T.B.,* Paris, 81(710), ago. 1966.

UN ENSEMBLE industrialisé à Toulouse Bagatelle. *Tuiles & Briques,* Paris, (61), 1º trim. 1965.

L'ENSEMBLE résidentiel Boulogne Point de Jour à Boulogne-sur-Seine. *La Technique des Travaux,* Paris, *37*(1/2):23-30, jan./fev. 1961.

LA ESCUELA industrializada. *Informes de la Construcción,* Madrid, *4*(40), abr. 1952.

ESPINOSA, L. e outros. Habitat d'urgence aux environs de Madrid. *Architecture d'Aujoud'hui*, Boulogne-sur-Seine, (120):31, abr. 1965.

ESSONNE. La cité de la Grande Borne à Grigny. *Bâtir*, Paris, maio 1969.

ÉTATS-UNIS: procédé T.R.W. *Techniques et Architecture*, Paris, *33*(3):51, abr. 1971.

ETENKO, V.P. Qualité et quantité dans la construction résidentielle en U.R.S.S. In: *Cahiers du C.S.T.B.*, Paris, 125(1081), dez. 1971; *Build International*, Roterdã, 4(6):370-9, nov./dez. 1971.

ÉTUDE de la tenue de quelques mastics utilisés comme garniture d'etanchéité des joints entre grands éléments en béton: influence de la constitution du fond de joint. In: *Cahiers du C.S.T.B.*, Paris, 101(877), jul./ago. 1969.

ÉTUDE sur le developpement de Bagnols-sur-Cèze. In: *Cahiers du C.S.T.B.*, Paris, 43(347):26, abr. 1960.

ÉTUDES de trames génératrices de tissus urbains. Système 3, 5, 7: plan construction, programme architecture nouvelle. Système tridimensionnel d'habitat préfabriqué. *Architecture d'Aujourd'hui*, Paris, (161):38-47, abr. 1972.

ENROPREFAB: congreso 1972 sobre la industrialización de la construcción en Europa, Lucerna. In: *Informes de la Construcción*, Madrid, 24(237):97-101, jan./fev. 1972.

ÉVOLUTION d'un système d'éléments composants pour constructions scolaires: système Duplay. *Techniques et Architecture*, Paris, (296):88-93, dez. 1973.

ÉVOLUTION technique. *Techniques et Architecture*, Paris, *22*(5), jun./jul. 1962 (número especial).

EXAMEN de la qualité des projets de construction de logements colletifs. In: *Cahiers du C.S.T.B.*,

EXAMEN de la qualité des projets de construction de logements d'immeubles colletifs. In: *Cahiers du C.S.T.B.*, Paris, 100(868), jun. 1969.

EXAMEN de la qualité des projets de construction de logements d'immeubles colletifs: exemple d'application. In: *Cahiers du C.S.T.B.*, Paris, 102(890), set. 1959.

EXAMEN de la qualité des projets de construction

d'habitations individuelles. In: *Cahiers du C.S.T.B.*, Paris, 105(918), dez. 1969.

EXPERIMENTAL Czechoslovakia. *Interbuild*, 3(9):36--8, mar. 1962.

EYMAR, José Maria. Prefabricación en la construcción del edificio del I.T.C.C. *Informes de Construcción*, Madrid, 6(57), jan. 1954.

ÉZAVIN, R.M. & RIEDBERGER, J.H. Le procédé Tridi. *Techniques et Architecture*, Paris, 32(3):90-3, set. 1970.

LES FAÇADES légères: compte rendu du colloque tenu à Paris du 3 au 6 Mars. 1970. In: *Cahiers du C.S.T.B.*, Paris, 117(1016), mar. 1971.

FAILURE of a high-rise system: how safe should the structure really be? *Architectural Record*, Nova York, 144(11):169-70, nov. 1968.

FALISE, I. Habitation expérimentale modulée-Eurovilla à Bruxelles-Uccle. *Techniques et Architecture*, Paris, 23(5):130-1, jun./jul. 1963.

FASANI, A. Maison préfabriquée en matière plastique. *Architecture d'Aujourd'hui*, Boulogne-sur-Seine, 26(58):XXIII, fev. 1955.

FARRELL-GRIMSHAW Partnership-Biggest outhouse: service tower, international students club, London. *Architectural Forum*, Nova York, 129(3):62-3, set. 1968.

FAUCHART, J. & CORTINI, P. Étude expérimentale de joints horizontaux entre panneaux préfabriqués pour murs de bâtiments. *Ann. de l'I.T.B.T.P.*, Paris, (300):85-103, dez. 1972.

FAURE, H. L'industrialisation et les entreprises du bâtiment. *Techniques et Architecture*, Paris, 25(4):102, maio/jun. 1965.

FAVINI, A. Un ponte tipo da costruirsi in serie. *Domus*, Milão, (429):2-3, ago. 1965.

FAYETON, J. Groupe d'habitation à Chévilly-Larue. In: *Cahiers du C.S.T.B.*, Paris, 38(307):15-20, jun. 1959.

——. Groupe d'immeubles à ossature metallique pour des logements économiques et familiaux à la Porte des Lilas. *Techniques et Architecture*, Paris, 15(2):73-5, set. 1955.

FEDERAL construction council to promote sub--systems. *Progressive Architecture*, Stamford, Conn., 52(4):40-1, abr. 1971.

FENK, S. & JACOBSEN, G. Variations on the point block. *Architectural Review*, Londres, *130*(776) :236-9, out. 1961.

FENOUX, Georges Yvon. La paroi préfabriquée: ses applications. In: *Ann. de l'I.T.B.T.P.*, Paris, (313):197-219, jan. 1974.

FERTIGBAU 66 in Ulm-Donau. *Deutsche Bauzeitung*, Stuttgart, (12):1090-1, dez. 1966.

FERTIGHÄUSER. *Werk*, Zürich, *53*(4):121-43, abr. 1966.

FIRST prefab designed around air conditioning, new series by American Houses Inc. *House & Home*, Nova York, *4*(1):117-9, jul. 1953.

FISAC, Miguel. Algunas soluciones de estructuras de hormigón armado formadas por piezas premoldadas. *Informes de la Construcción*, Madrid, *15*(149):45-51, abr. 1963.

FISHER, B. Interior components. *Architectural Review*, Londres, *144*(857):48-9, jul. 1968.

FLATS at Barking: rapid precast concrete construction. *The Builder*, Londres, *201*(6175):537, set. 1961.

FLATS at Rotterdam, Holland. *Architectural Design*, Londres, *31*(12):554, dez. 1961.

FLATS built in 22 weeks: precast units exported to site 600 miles away. *The Municipal Jrl.*, *68*(3530) :3216-7, out. 1960.

FLEXIBLES Vielzweck-Bausystem für wissenschafliche Institute. *Werk*, Zürich, *57*(7):443-5, jul. 1970.

FLOYD, P.; HEGGER, F.J. & SADAO, S. Le dôme du pavillon des U.S.A. à l'Expo 1967. In: *Cahiers du C.S.T.B.*, Paris, 105(922), dez. 1969; *Build International*, Roterdã, *2*(9), nov. 1969.

FORGET, P. & CHARGRASS, C. Essai d'étanchéité des couvertures en soufflerie. In: *Cahiers du C.S.T.B.*, Paris, 101(878), jul./ago. 1969.

FORMATION de la main-d'oeuvre qualifiée. In: *Cahiers du C.S.T.B.*, Paris, 105(923), dez. 1969; *Build International*, Roterdã, *2*(10), dez. 1969.

FORMS as process. *Progressive Architecture*, Stamfoord, Conn., *50*(3):94-123, mar. 1969.

FOUGEA, E. L'industrialisation de la construction des bâtiments. *Techniques et Architecture*, Paris, *16*(2):65-72, jul. 1956; *Travaux*, Paris, *39*(249) :645-6, jul. 1955.

—— . L'industrialisation de la construction des bâtiments: exemple concrète du chantier d'Evreux. In: *Ann. de l'I.T.B.T.P.*, Paris, (91/2):719-38, jul./ago. 1955.

——. L'opération Etincelle: exemple de construction des bâtiments suivant les méthodes industrielles. *Travaux*, Paris, *44*(305):113-9, mar. 1960.

——. La préfabrication dans les travaux publics. *Travaux*, Paris, *42*(287):855-63, set. 1958.

——. Le problème du logement et l'industrialisation de la construction. *Travaux*, Paris, *42*(281):215-6, mar. 1958..

——. Sistema de prefabricación en Suecia. *Informes de la Construcción*, Madrid, *8*(79), mar. 1956.

——. Usine de fabrication de logements de Rotterdam. *Travaux*, Paris, *44*(306):499-504, jul. 1960.

FOULQUIER, L. Procédés de construction par bétonnage in situ avec coffrages industrialisés. *Techniques et Architecture*, Paris, *25*(4):142-3, mai./ /jun. 1965 (número especial).

FRAMING and details key to efficiency: roof goes up first in latest Pierce foundation prefab house. *Architectural Record*, Nova York, *108*(1):134-9, jul. 1950.

FRAMPTON, K. Andrew Nelville Hall, ST. Andrew's University, Scotland. *Architectural Design*, Londres, *40*(9):447-62, set. 1970.

FRÈRES Arsene Henry & DUBOST, J.C. Reims: secteur industrialisé. *Technique et Architecture*, Paris, *18*(4):86-91, set. 1958.

FREY, H. Banque de données pour l'industrie du bâtiment. In: *Cahiers du C.S.T.B.*, Paris, 112(987), set. 1970; *Build International*, Roterdã, *3*(9), set. 1970.

FRIEDMAN, Yona. L'industrialisation de la ville. *Techniques et Architecture*, Paris, *25*(4):176-7, maio/jun. 1965.

FROHNWIESER, H. e outros. Habitat flexible. *Techniques et Architecture*, Paris, (293):68, maio/jun. 1973.

FRUITET, M. Problèmes posés par l'industrialisation du bâtiment. *Construction*, Paris, *20*(3):92-6, mar. 1965.

FRYER, K.G.H. Facts for industrialisation, United Kingdom. *Interbuild*, *9*(7):25-6, jul. 1962.

FUENTES, G.G. de. Planificación en dos empresas que explotan los procedimentos Camus de construcción industrial de viviendas. *Materiales Maquinaria y Metodos para la Construcción,* (19):182-93, 1961.

GENDE, M. & TAMBUTE, C. Constructions industrialisés de la Société des Grands Travaux de l'Est. In: *Ann. de l'I.T.B.T.P.,* Paris, (262):1571--92, out. 1969.

GENES, P.H. Murs-rideaux et façades traditionnelles: étude comparative. *Construction,* Paris, *20*(3):109-15, mar. 1965; *20*(5):169-76, maio 1965.

GENSEMER, J.P. Up in the hills, down on the shore with prefab house. *Progressive Architecture,* Stamford, Conn., *41*(12):58, dez. 1960.

GET with it or lose out: first international building exposition and congress. *American Institute of Architects Jrl.,* Washington, DC. *55*(2):50, fev. 1971.

GIBSON, D.E.E. Barracks Aldershot. *Architectural Review,* Londres, *131*(779):14-5, jan. 1962.

GIFFORD, F.W. & DEPRINGTON, J.A. Composite in-situ and precast construction. *Structural Concrete,* *2*(2):97-130, mar./abr. 1964.

GIFT box: Shelley systems. *Industrial Design,* Nova York, *19*(11):56-7, nov. 1972.

GINSBERG, J. Ensemble de 1860 logements à meaux. In: *Cahiers du C.S.T.B.,* Paris, 78(677), fev. 1966; *Architectural Design,* Londres, *33*(4):178-9, abr. 1963.

——. Le groupe d'immeubles et appartements Renelagh-Boulain-villiers à Paris. *Techniques et Architecture,* Paris, *34*(5/6):131-4, maio/jun. 1958.

GLADSAXENPLANEN: a Danish example of industrialized building. *A.C. International Asbestos Cement Review,* Zurique, (38):12-7, abr. 1965.

GODWIN, A. & ELLIOT, J. La construction britannique en période de transition. In: *Cahiers du C.S.T.B.,* Paris, 105(923), dez. 1969; *Build International,* Roterdã, *2*(10), dez. 1969.

GODWIN, A. & OXLEY, T.A. Nouveau mode d'emploi du bois dans le bâtiment. In: *Cahiers du C.S.T.B.,* Paris, 110(971), jun. 1970; *Build International,* Roterdã, *3*(6), jun. 1970.

GOOL, F.J. van — 900 houses in nine floors in the RBM system. *Bouwt in Beton*, (16):2-14, jun. 1960.

GONIN, A. Ris-Orangis: logements, equipement administratif, scolaire, commercial. In: *Cahiers du C.S.T.B.*, Paris, 74(637), jun. 1965.

GOODOVITCH, I.M. Keeping an eye on Israeli prefab: Hazeva, Israel. *Architecture Canada*, Toronto, 46:6, nov. 1969.

——. New sky building; school for field studies and its dormitories, Hazeva, Israel. *Japan Architect*, Tóquio, 44(11):13+16, nov. 1969.

GOUT, M. Plastiques pour construction porteuses. In: *Cahiers du C.S.T.B.*, Paris, 110(971), jun. 1970; *Build International*, Roterdã, 3(6), jun. 1970.

LA GRAND'MARE à Rouen, réalisation GEAI. *Bâtir*, Paris, (174):42-51, abr. 1969.

GRANDS éléments et panneaux légers, façades légères préfabriquées: le mur rideau Géal, son emploi dans l'ensemble Maine-Montparnasse. *Construction*, Paris, 20(6):262-3, jun. 1965.

GREGORIO de C. Il problema statico su basi sperimentali nelle costruzioni a panelli prefabbricati. *Edilizia Popolare*, Roma, (59):11-22, jul./ago. 1964.

GRINDROD, J. Concrete-core building system. *Modern Concrete*, Chicago, 22(6):46-7, out. 1958.

GROOSMAN, E.F. New building systems for dwellings. *Cement and Beton*, 12(8):666-70, abr. 1960.

GROPIUS at twenty-six, an early memorandum: program for the establishment of a company for the provision of housing on aesthetically consistent principles. *Architecture Review*, Londres, 130(773):49-51, jul. 1961.

GROPIUS, W. & WACHSMANN, K. Packaged house system: General Panel Corporation. *Architecture d'Aujourd'hui*, Boulogne-sur-Seine, 20(28):19, fev. 1950.

GROS oeuvre. In: *Cahiers du C.S.T.B.*, Paris, 12(121), abr./jun. 1951; 35(288), dez. 1958; 51(410), ago. 1961.

GROUPE de travail n° 5 pour l'étude de l'industrialisation et l'accroissement de la productivité dans la construction. *Cahiers du C.S.T.B.*, Paris, 37(297), abr. 1959.

GUENZI, C. Industrializzazione dell'edilizia: il programma del Consiglio Nazionale delle Ricerche. *Casabella*, Milão, (330):57-9, nov. 1968.

GUERRIERI, C.F. & AGOSTINI, A. Edilizia crisi dei protagonisti al SAIE. *Casabella*, Milão, (359/60):6, 1971.

GUIBERT, P.; POITIER, J.C. & SIMOUNET, O. Habitat Meccano à densité variable. *Techniques et Architecture*, Paris, (295):94-5, nov. 1973.

GUILFOYLE, J.R. Standard for living: prefabricated modules could answer the housing problems of the poor. *Industrial Design*, Nova York, *16*(3):26--31, mar. 1969.

GUNNISON homes readies plant to build steel buildings: from schools, hospitals to houses. *Architectural Forum*, New York, *98*(6):45, jun. 1953: *House & Home*, Nova York, *4*(7):54, jul. 1953.

GUNTHERT, G. Productivity and housing construction. *Bau und Bauindustrie*, (7), 1954.

GURNAUD, C. Un pionnier et un réalisateur. *La Qualité Française*, Paris, (40):8, fev./mar. 1960.

HABITAT and after. *Architectural Forum*, New York, *126*(5):34-51, maio 1967.

HABITATION à Waccabuc, Nova York. *Architecture d'Aujourd'hui*, Boulogne-sur-Seine, (157):XXXIX, ago. 1971.

HABITATION immeubles préfabriqués, caissons et panneaux. *Architecture d'Aujourd'hui*, Boulogne--sur-Seine, (147):68-9, dez. 1969.

HABITATIONS. *Architecture d'Aujourd'hui*, Boulogne-sur-Seine, *39*(136), fev./mar. 1968 (número especial).

HABITATIONS: systèmes construtifs, industrialisation. *Techniques et Architecture*, Paris, (293), maio//jun. 1973 (número especial).

HAGEMAN, I.G. De stabiliteit van febouw. *Cement*, Amsterdã, (19):4-13, jan. 1967.

HALÁSZ, O. & KORDA, J. Construction en aciers profilés à paroi mince formés à froid. In: *Cahiers du C.S.T.B.*, Paris, 113(995), out. 1970.

HALASZ, R.V. Building with prefabricated units. *Beton Herstellung Verwendung*, Düsseldorf, *12*(4):141-9, abr. 1962.

——. Development of prefabrication of high and

industrial buildings. *Prefabrication*, *4*(48):554-8, out. 1957.

— . Tendances de l'évolution dans la construction des bâtiments industriels à l'aide d'éléments préfabriqués en béton armé. In: *Cahiers du C.S.T.B.*, Paris, 77(668):10-2, dez. 1965.

HALF-WAY house for industrialized building. *Design*, Londres, (211):25-6, jul. 1966.

HALLAM, Vic e outros. System building: Vic Hallam. *RIBA Jrl.*, Londres, 76(7):287-91, jul. 1969.

HALLET, J. L'intégration des données de la construction. In: *Cahiers du C.S.T.B.*, Paris, 111(979), jul./ago. 1970; *Build International*, Roterdã, *3*(7/8), jul./ago. 1970.

HALMOS JUNIOR, E.E. Prefab-concrete forms. *Progressive Architecture*, Stamford, Conn., *43*(9):168-71, set. 1962.

HAMAYON, A. Beaumois Saint Lucien: logements, équipement social, scolaire et commercial. *Cahiers du C.S.T.B.*, Paris, 73(624), abr. 1965.

HAMMER, T. Self help and beyond: a simple modular housing system. *Architectural Forum*, Nova York, *132*(3):52-3, mar. 1970.

HAMPE, K.H. Prefabricated construction with room-size concrete units. *Deutsche Bauzeitschrift*, (5):747-52, maio 1962.

HANSEN, R.G. Experiences with the Kallton system. *Ingenioren*, *64*(44):858-62, out. 1955.

HARDWICK, T.R. Les écarts dimensionnels dans les ossatures des bâtiments. In: *Cahiers du C.S.T.B.*, Paris, 112(981), set. 1970.

HARTMANN, J. & ANDREASEN, A. Façade joints and some problems of same nature. *Teknisk Forlag*, Copenhague, :17-38, 1961.

HASAN, A. Promotion de la recherche en matière de bâtiment dans les pays en developpement. In: *Cahiers du C.S.T.B.*, Paris, 107(942), mar. 1970.

HÄUSERMANN, P. & HÄUSERMANN, C. Habitations industrialisées série "bulles". *Techniques et Architecture*, Paris, *33*(3):44, abr. 1971.

— . Habitations industrialisées série "SP70". *Techniques et Architecture*, Paris, *33*(3):44, abr. 1971.

HAY, B.A. Construizez haut, mais combinez l'efficacité avec la rapidité et l'économie: points de vue du propriétaire, de l'architecte et de l'entrepreneur.

In: *Cahiers du C.S.T.B.*, Paris, 97(850), mar. 1969; *Build International*, Roterdã, 2(1), jan./ /fev. 1969.

H.B. ZACHRY Corp., USA. *Techniques et Architecture*, Paris, 32(4):61, out. 1970.

HEALING machine: plug-ins and pre-fabs. *Progressive Architecture*, Stamford, Conn., 50(2):128-9, fev. 1969.

HEAP, R. e outros. Prefab's progress. *Architectural Forum*, Nova York, 95(4):224-6, out. 1951.

HEINEMANN, D. Home building in Hamburg to prefabricated element construction method Camus. *Betonstein Zeitung*, Wiesbaden, 27(5):225-9, maio 1961.

HEMPEL, G. Bauen mit fertigteilen aus Holz. *Deutsche Bauzeitung*, Stuttgart, (2):140, fev. 1966.

HENCLEWSKI, T. Les murs porteurs et leur comportement. In: *Cahiers du C.S.T.B.*, Paris, 108(950), abr. 1970; *Build International*, Roterdã, 3(4), abr. 1970.

HENRIKSSON, B. New methods of construction for dwelling houses. *Vag-och Vattenbyggaren*, Estocolmo, 4(6):124, jun. 1960.

HERBÉ, P. Étude de bâtiments en éléments préfabriqués. *Techniques et Architecture*, Paris, 11(5/6):81, 1952.

HERBERT, G. Cast-iron solution. *Architectural Review*, Londres, 153(916):367-73, jun. 1973.

HERE is prefabrication's biggest news for 1957; F.L.W. designs his first prefab. *House & Home*, Nova York, 10(6):117-21, dez. 1956.

HERE are the new prefab: National Houses raises its design standards. *House & Home*, Nova York, 4(5):102-11, nov. 1953.

HHFA holding test runs on demountable housing. *Architectural Record*, Nova York, 111(5):26, maio 1952.

HIGH-RISE hotel construction speeded by prefabbing concrete boxes offsite. *Architectural Record*, Nova York, 143(1):163-6, jan. 1968.

HIGGS, M. Exported iron buildings of Andrew Handyside & Co. of Derby. *The Society of Architectural Historians Jrl.*, Filadélfia, 29(2):175-80, maio 1970.

HILDEBRAND, W. & SCHULTZE-FIELITZ, E. Tainer: home for Biafran children on the island of San Tome. *Architectural Design*, Londres, *40*(2):57, fev. 1970.

HIRSHEN O VAN DER RYN. House of many parts: Kit house, Berkeley, California. *Architectural Forum*, Nova York, *127*(5):78-81, nov. 1967.

HOLST, H.A. The extremes meet. *Biggmastaren*, Estocolmo, *35*(B1):1-12, jan. 1956.

—— . A Swedish building system. *Byggeindustrien*, Copenhague, *6*(17):291-4, 1955.

HONEGGER, D. Pantin, unité résidentielle. *Techniques et Architecture*, Paris, *13*(11/12):70-9, 1954. In: *Ann. de l'I.T.B.T.P.*, (79/80):611-5, jul./ago. 1954.

HONEY, C.R. Sponsorship of building systems. *Architectural Review*, Londres, *139*(832):480, jun. 1966.

HOSPITAL addition erected quickly with prefab units at Peter Bent Brigham Hospital, Boston. *Architectural Record*, Nova York, *131*(3):163-4, mar. 1962.

HOSSDORF, Heinz. Cubierta laminar prefabricada. *Informes de la Construcción*, Madrid, *16*(159):59--66, abr. 1964.

HOUSE & Home's 4th. annual report on prefabrication. *House & Home*, Nova York, *10*(6):130-7, dez. 1956.

HOUSE building in Australia: new techniques to cut cost and time. *The Builder*, Londres, *202*(6193)::216-7, jan. 1962.

HOUSING at Alton Estate, Roehampton Lane, London, S.W.15. *The Architects' Jrl.*, Londres, *130*(3368):461-78, nov. 1969.

HOUSING at Roehampton Lane, London, S.W.15. *The Builder*, Londres, *196*(6043):174-81, jan. 1959.

HOUSING development in the U.R.S.S. *The Builder*, Londres, *203*(6225):487, set. 1962.

HOUSING in the U.R.S.S.: extensive use of precast concrete. *Indian Concrete Jrl.*, Bombaim, *36*(2)::59, fev. 1962.

HOW to design for the market. *House & Home*, Nova York, *15*(1):137-41, jan. 1959.

HUBACHER, O.H. & HUBACHER, A.C. Swiss prefabrication: Rietholzing housing complex, Zürich. *Architectural Forum*, Nova York, *120*(3):82-3, mar. 1964.

HUBER, B. Vorfabriziertes Bauen: Arbeiten von Jean Prouvé, Frankreich. *Werk*, Zurique, *43*(10):317--26, out. 1956.

HUD'S in-city program develops hard data on systems. *Architectural Record*, Nova York, *144*(11):87-8, nov. 1968.

HUNT, C.; NOEL, C. & SULTANA, R. Méthode A.R.C. d'analyse raisonnée et d'appréciation rapide du coût de construction: méthode A.R.C. en graphiques. In: *Cahiers du C.S.T.B.*, Paris, 110(962), jun. 1970.

HUR, E. & GUYON, H. ST. Etienne, groupe Beaulieu. *Techniques et Architecture*, Paris, *13*(11/12): :54-5+57-9, 1954. In: *Ann. de l'I.T.B.T.P.*, Paris, (78):541-69, jun. 1954.

HURTADO, J. Parois préfabriquées scellées dans le sol. In: *Ann. de l'I.T.B.T.P.*, Paris, (299):33-48, nov. 1972.

L'IMMEUBLE-TOUR Les Poissons à Courbevoie. *Bâtir*, Paris, maio 1969.

IN California, slab doors become prefab panels. *House & Home*, Nova York, *7*(1):148-9, jan. 1955.

IN-SITU concrete construction with less shuttering: new Scandinavian method. *Building Materials*, Woldingham, Inglaterra, *17*(3):121, mar. 1957.

INBEX: systems and seminars. *Progressive Architecture*, Stamford, Conn., *53*(1):33, jan. 1972.

INDEX notes: industrialized building exposition and congress. *Architectural Record*, Nova York, *150* (12):37, dez. 1971.

INDUSTRIAL construction: building systems. *Bauen & Wohnen*, Zurique, *27*(1), jan. 1973 (número especial).

INDUSTRIALISATION. *Architecture d'Aujourd'hui*, Boulogne-sur-Seine, (144):96-9, jun. 1969 (número especial).

INDUSTRIALISATION des chantiers: procédé G.L.D. *Techniques et Architecture*, Paris, *19*(6):21+23, out. 1959.

INDUSTRIALISATION du bâtiment. *Construction,* Paris, *20*(3), mar. 1965; *20*(5), maio 1965; *20*(6), jun. 1965 (números especiais).

INDUSTRIALISATION du bâtiment. *Techniques et Architecture,* Paris, *25*(4), maio/jun. 1965 (número especial).

INDUSTRIALISATION du bâtiment. *Techniques et Architecture,* Paris, *29*(5), set. 1968 (número especial).

INDUSTRIALISATION, habitudes et règlements: un cas de prefabrication à grands éléments. In: *Ann. de l'I.T.B.T.P.,* Paris, *12*(135/6):353-90, mar./ /abr. 1959.

INDUSTRIALISATION: lycée à Paris et à Vincennes. *Techniques et Architecture,* Paris, *20*(3):147-8, mar. 1960.

INDUSTRIALISATION: réalisation d'un programme en préfabrication lourde: 1860 logements à Meaux. In: *Ann. de l'I.T.B.T.P.,* Paris, *14*(162): :1-23, jun. 1961.

INDUSTRIALISIERTES bauen. *Werk,* Zurique, *55*(8):497-524, ago. 1968 (número especial).

INDUSTRIALIZACIÓN. *Cuadernos Summa-Nueva Visión,* Buenos Aires, *2*(33), ago. 1969 (número especial).

THE INDUSTRIALIZATION of building: a report to the RIBA. *RIBA Jrl.,* London, *72*(4):163-70, abr. 1965.

INDUSTRIALIZATION of building construction is inevitable: one million houses in five years? *De B.A.B. Bowt,* (23):2-13, abr. 1962.

INDUSTRIALIZATION of building in Poland. *Prefabrication,* *3*(35):497-500, set. 1956.

INDUSTRIALIZATION of housing: modern construction techniques in Sweden and Denmark. *The Contract Jrl.,* Londres, *187*(4331):1048-51, jun. 1962.

INDUSTRIALIZED building. *The Architects' Jrl.,* Londres, *143*(18), 1966 (número especial).

INDUSTRIALIZED construction, prefabrication, assembly construction. *Bauen & Wohnen,* Zurique, *20*(11), nov. 1966 (número especial).

INDUSTRIALIZED housing analysed at conference. *Progressive Architecture.* Stamford, Conn., *51*(7): :35, jul. 1970.

INDUSTRIALIZED housing: British firms adopt Danish system. *The Builder*, Londres, *203*(6216): :30-1, jul. 1962.

INDUSTRIALIZED school: Unitrust structure is durable, flexible, 100% reusable. *Architectural Forum*, Nova York, *95*(5):124-9, nov. 1951.

LA INDUSTRIALIZZAZIONE dell'edilizia scolastica. *Casabella*, Milão, (348):48, maio 1970 (número especial).

INDUSTRIES nouvelles du bâtiment: la Rennaise de préfabrication et les procédés Barbé. In: *Cahiers du C.S.T.B.*, Paris, 17(163), 1953.

INDUSTRY and the house. *Interiors*, Nova York, *132*(11):98-101, jun. 1973.

INGHILTERRA: per una edilizia industrializzata, casa R. a Wimbledon, Surrey. *Domus*, Milão, (496):10-4, mar. 1971.

INSTITUT Suédois de Recherche du Bâtiment: les logements transformables et leurs avantages. In: *Cahiers du C.S.T.B.*, Paris, 99(867), maio 1969; *Build International*, Roterdã, *2*(3), abr. 1969.

INTEGRATED systems of construction. *Byggnadsindustrin*, Estocolmo, *10*(30):572-5, jun. 1960.

IS prefabrication just another lie? *Industrial Design*, Nova York, *17*(4):44-5, abr. 1970.

IS there a prefab in your future? *House & Home*, Nova York, *8*(6):128-9, dez. 1955.

IS this the answer to Britains's housing problem? Homes from the factory speed continental building and cut costs. *Contractors Record and Municipal Engineering*, 73(22):18-20, maio 1962.

IT'S a bird! man? superfad? *American Institute of Architects Jrl.*, Washington, D.C. *49*(5):120, maio 1968.

IVANOF, I. Épinal, logements: procédé Foulquier. In: *Cahiers du C.S.T.B.*, Paris, 75(644), ago. 1965.

JACKBLOCK construction. *The Architect and Building News*,, Londres, *221*(6):208-10, fev. 1962.

JACKBLOCK method for multi-storey Coventry flats: technique expected to bring many advantages. *The Contract Jrl.*, Londres, *158*(4310):537-8, fev. 1962.

THE JACKBLOCK system used on high rise housing. *AC International Asbestos Cement Review*, Zurique, (38):39-41, abr. 1965.

JAENECKE, E. Malmö experimental housing. *Bauwelt*, (45), 1954.

JAENECKE, E. & SAMUELSON, S. Immeubles expérimentaux à Malmö, Suède. *Architecture d'Aujourd'hui*, Boulogne-sur-Seine, 27(66):82-3, jul. 1956.

JAMES, A.M. Precast prestressed lightweight concrete construction. *Jrl. of the American Concrete Institute*, Detroit, 26(10):1025-34, jun. 1955.

JANNEY, J.R. & WISS, J.F. Load deflection and vibration characteristics of a multi-storey precast concrete building. *Jrl. of the American Concrete Institute*, Detroit, 32(10):1323-35, abr. 1961.

JAQUITH, L.C. Batelle's prefab study reaches debatable conclusions. *Architectural Record*, Nova York, 143(4):87-8, abr. 1968.

JARLE, P.O. La Finlande en quête de méthodes de construction très économiques. In: *Cahiers du C.S.T.B.*, Paris, 101(987), jul./ago. 1969; *Build International*, Roterdã, 2(5), jun. 1969.

JEAN Prouvé. *Techniques et Architecture*, Paris, (293):44-7, maio/jun. 1973.

JENSEN, R. Operation breakthrough: the systems, the sites and the designers are chosen. *Architectural Record*, Nova York, 147(4):137-52, abr. 1970. Reply by E.B. Henry. *Architectural Record*, Nova York, 147(6):96, jun. 1970.

JOHANSEN, J. New town: Grand Isle, first completely prefabricated mining town erected in the Gulf of Mexico. *Architectural Forum*, Nova York, 127(3):44-53, set. 1967.

JOLY, P. Maison "prête-à-porter". *Oeil*, Paris, (198):36-41, jun. 1971.

JOSS, H. Gedanken zur ersten internationalen Ausstellung über Vorfabrikation, Mailand. *Werk*, Zurique, 49(10), Supl.: 228-31, out. 1962.

KALLMORGEN, W. Three and four-storey rows of houses at Hamburg-Hohenhorst embodying prefabricated construction with large panel units. *Beton Herstellung Verwendung*, Dusseldorf, 11(11):767, nov. 1961.

KAMERLING, J.W. & ODINK, B.J. Prefab telex at Slotervaart, outside Amsterdam. *Architectural Review*, Londres, 129(770):224, abr. 1961.

KARLEN, I. & SITTIG, J. La qualité dans le bâtiment. In: *Cahiers du C.S.T.B.*, Paris, 97(850), mar. 1969; *Build International*, Roterdã, 2(1), jan./ /fev. 1969.

KARNOV, H.H. La fonction crée la forme, mais comment? In: *Cahiers du C.S.T.B.*, Paris, 100(876), jun. 1969; *Build International*, 2(4), maio 1969.

KATAN, R. Prefabrication: mechanization and self expression. *Arts Magazine*, Nova York, 42(9):22- -3, set. 1967.

KAWAKAMI, K. Capsules, capsules, capsules. *Architectural Design*, Londres, 43(3):149-50, 1973.

KEENE, P.W. Risque de fissuration du béton précontraint traité par la chaleur. In: *Cahiers du C.S.T.B.*, 114(1001), nov. 1970; *Build International*, Roterdã, 3(10), out. 1970.

——. Traitement du béton précontraint à haute température. In: *Cahiers du C.S.T.B.*, Paris, 107(942), mar. 1970; *Build International*, Roterdã, 3(10), abr. 1969.

KEITH, J. Precast also used in Vienese residential building construction. *Beton Herstellung Verwendung*, Dusseldorf, 2(11):799, dez. 1961.

KELETI Ltda., São Paulo. A industrialização na construção: centro industrial Jaguaré. *Acrópole*, São Paulo, (205):24-5, nov. 1955.

KETOFF, S. L'industrialisation du bâtiment et l'habitat colletif. *Architecture d'Aujourd'hui*, Boulogne- -sur-Seine, (120):96-101, abr. 1965.

KHAZANOV, D. & MADERA, G. Les éléments modulaires en U.R.S.S. In: *Cahiers du C.S.T.B.*, Paris, 102(899), set. 1969.

KITTLE, G. I switched to prefab. *House & Home*, Nova York, 10(6):138-9, dez. 1956.

KLEIFF, Z. Le nombre de types d'éléments préfabriqués, leur dimension moyenne et la souplesse de la construction. In: *Cahiers du C.S.T.B.*, Paris, 84(737), fev. 1967.

KLEIN, F. New building systems for dwellings. *Cement and Beton*, 10(23/4):933-40, dez. 1958.

KLUTZNIVK, P.M. Construire pour le marché du logement en Amérique. In: *Cahiers du C.S.T.B.*,

Paris, 96(840), jan./fev. 1969; *Build International,* Roterdã, *1*(3), dez. 1968.

KOCH, C. Philosophical approach to industrialized housing. *American Institute of Architects Jrl.,* Washington, *53*(2):37-45, fev. 1970. Discussion. *American Institute of Architects Jrl.,* Washington, *53*(6):114, jun. 1970; *54*(1):66, jul. 1970.

___ . Prefabrication: the Acorn house. *Architectural Record,* Nova York, 107(5):152-8, maio 1950.

___ . Prefab-steel Techbuilt house in Yorktown Heights, N.Y. *Progressive Architecture,* Stamford, Conn., *44*(2):154-7, fev. 1963.

KOENING, P. Modern production house. *Arts & Architecture,* Los Angeles, *78*(1):22-3+28, jan. 1961.

KOPCIOWSKI, M.J. Le bâtiment industriel en Pologne. *Ann. de l'I.T.B.T.P.,* Paris, *15*(175/6):601-20, jul./ago. 1962.

KOPCIOWSKI, M.J. & MENS, W. Dix ans de bâtiment industriel en République Populaire de Pologne. In: *Ann. de l'I.T.B.T.P.,* Paris, *10* (109):33-62, jan. 1957.

KORNACKER, B. The first multi-storey house built in the large slab construction method. *Betonstein Zeitung,* 5(27):219-24, maio 1961.

___ . Single family house built by the method of construction using large panels. *Beton Herstellung Verwandung.* Düsseldorf, *10*(11):674-6, out. 1961.

KOROMPAY, G. La solution des problèmes d'aménagement des villes lorsque les sustèmes de construction sont utilisés pour l'habitation. In: *Cahiers du C.S.T.B.,* Paris, 106(932), jan./fev. 1970; *Build International,* Roterdã, *3*(1/2), jan./fev. 1970.

KOSITSYN, B.A. La précision dans les projets de murs. *Cahiers du C.S.T.B.,* Paris, 105(923), dez. 1969; *Build International,* Roterdã, 2(10), dez. 1969.

KOZELUHA, J. Recherches faites en Tchecoslovaquie sur les panneaux de toiture en béton avec l'étancheité provisoire appliquée en usine. In: *Cahiers du C.S.T.B.,* Paris, 98(859), abr. 1969.

KRISTENMACHER, E.G. Housing and prefabrication in West Germany. *Prefabrication,* *1*(3):16-7, jan. 1954.

KRISTIANSEN, H. Comment utiliser les feuilles d'information sur la construction. in: *Cahiers du C.S.T.B.*, Paris, 98(859), abr. 1969.

KROGH-JACOBSEN, T. Prefabrication of concrete building units in Denmark. *Prefabrication*, 2 (19):318-21, maio 1953.

KRUCHOW, N. L'atelier des voyageurs de l'espace. In: *Cahiers du C.S.T.B.*, Paris, 100(876), jun. 1969; *Build International*, Roterdã, 2(4), maio 1969.

KRUGER, R.C. e outros. Les halls du parc des expositions-foires nationales de Nancy. *Techniques et Architecture*, Paris, 25(4):163-5.

KRYER, K.G.H. Facts for industrialization, United Kingdom. *Interbuild*, 7(9):25-6, jul. 1962.

KUROKAWA, N. Component housing, Tóquio. *Perspecta*, New Haven, Conn., (11):196, 1967.

——. Deux propositions d'habitat économique: recherche pour un principe de préfabrication; megastructure aplliquée à l'habitat. *Architecture d'Aujourd'hui*, Boulogne-sur-Seine, (120):94-5, abr. 1965.

——. Progetto di casa prefabbricata ad appartamenti. *Architettura*, Roma, 10(109):476-7, nov. 1964.

KUYCK, H. van. Groupe d'immeubles du Luchtbal, Anvers, Belgique. *Architecture d'Aujourd'hui*, Boulogne-sur-Seine, 27)66(:64-5, jul. 1956.

LACEY, W.D. An architect's approach to architecture. *RIBA Jrl.*, Londres, 72(6):298-304, jun. 1965.

LACOMBE, G. & POMMERET, M. Les joints structuraux dans les constructions en grands panneaux préfabriqués. In: *Ann. de l'I.T.B.T.P.*, Paris, (314):113-44, fev. 1974.

LAGNEAU, J.F. e outros. Bâtiments évolutifs industrialisés. *Techniques et Architecture*, Paris, (293):62-3, maio/jun. 1973 (número especial).

LAMBRICHS, M. & BRODZKI, C. Belgique: siège social des cimenteries C.B.R. à Bruxelles — Boitsfort. *Techniques et Architecture*, Paris, 33(6):65-70, set. 1971.

LAMY, J. Les Grappes: modèle Haute-Normandie. *Techniques et Architecture*, Paris, (293):98, maio/jun. 1973.

LARSEN & NIELSEN. Prefab apartments: produced in Copenhagen, erected in Germany. *Engineering*

*News Record*, Nova York, 23(163):34-6, dez. 1959.

LARSEN, R.A. & USSINE, V. Economics of prefabrication: Danish flats. *Architectural Forum*, Nova York, *107*(3):198, set. 1957.

―――. Prefabricated factory construction in Denmark. *Jrl. of The American Concrete Institute*, Detroit, *26*)*8*):757-64, abr. 1955.

LARSON, C.T. Contrary to the sound of Batelle. *American Institute of Architects Jrl.*, Washington, D.C., *50*(2):44-9, ago. 1968.

LAUGA, P. e outros. Saint-Priest: logements, procédé Pascal. In: *Cahiers du C.S.T.B.*, Paris, 77(666), dez. 1965.

LAVAL, G. L'apport des matières plastiques dans l'industrialisation de la construction des bâtiments. *Construction*, Paris, *20*(6):220-9, jun. 1965.

LAVARDE, E. Modulation, espace, évolution. *Techniques et Architecture*, Paris, *33*(3):47, abr. 1971 (número especial).

L.C.C. Housing, 11 Alton Estate, Roehampton. *The Architect and Building News*, Londres, *218* (24):767-74, jun. 1958.

LEAKE, J.W. & SIPLE, A. Out-of-state builder, Hamilton, Crawford, moves into Louisville with newest designs, largest project. *House & Home*, Nova York, 5(1):112-7, jan. 1954.

LEBRET, R. Usine de disques phonographiques à Louviers en béton armé préfabriqué. *Techniques et Architecture*, Paris, *18*(1):20-2, mar. 1958.

LECLERC, J. Analyse de l'ouvrage: technologie et économie de la construction par grands volumes. In: *Cahiers du C.S.T.B.*, Paris, 97(844), mar. 1969.

LEEDS multi-storey flats make use of precast load panels. *The Municipal Jrl.*, *67*(3464):1903-4, jul. 1959.

LEGRAND, J.M. & RABINEL, J. La S.I.L.I.C. à Rungis: première expérience en France de construction de bâtiments industriels et commerciaux destinés à la location. *Techniques et Architecture*, Paris, *32*(3):64-7, set. 1970.

LEGRAND, J.M.; RABINEL, J. & CARRÉ, J.G. Ensemble d'habitations Le Gros Chêne à Rennes. In: *Cahiers du C.S.T.B.*, Paris, 71(605), dez. 1964.

——. Usines pré-construites. *Techniques et Architecture*, Paris, *24*(4):134-5, maio 1964.

LEGZDINS, A. Suède: Plasthus. *Techniques et Architecture*, Paris, *33*(3):52, abr. 1971 (número especial).

LE MEUR, G. L'industrialisation de la construction scolaire. *Techniques et Architecture*, Paris, *25*(4):97-9, maio/jun. 1965 (número especial).

LENCI, S. e outros. Scuola prefabbricata a Formello, Roma. *Architettura*, Roma, *14*(154):286-91, ago. 1968.

LENSSEN, P. Um sistema de construção escolar industrializada. *Binário*, Lisboa, (182):482-6, nov. 1973.

LÉONARD, L. Panorama des procédés de préfabrication et d'industrialisation: de la philosophie à la pratique. *Construction*, Paris, *20*(5):177-8, maio 1965; *20*(6):230-2, jun. 1965.

——. Prefabrication d'hier, industrialisation d'aujourd'hui. *Construction*, Paris, *20*(3):71-82, mar. 1965.

LEONHARDT, P. Beitrag zur Berechnung von Wanden des Grosstafelbaues. *Die Bautechnik*, (9):314-6, set. 1967.

LEVI, F. La conférence mondiale de la precontrainte à San Francisco. *Construction*, Paris, *12*(10):299-303, out. 1957.

LEVITT, D. Standardisation of a technique for housing. *The Builder*, Londres, *201*(6189):1217-221, dez. 1961.

LEWICKI, B. Design methods for construction with large precast units. *De Ingenieur*, *26*(74):54-8, jun. 1962.

——. Industrialized house building in Poland. *De Ingenieur*, *16*(74):29-35, abr. 1962.

LEWICKI, B. e outros. Méthodes de calcul des murs: étude bibliographique. In: *Cahiers du C.S.T.B*, Paris, 68(571) jun. 1964.

LIFT slab construction: successful experiment in Birmingham. *The Builder*, Londres, *198*(6104):926-7, maio 1960.

LIFT-UP and tilt-up construction: a promising new building technique. *Concrete Quarterly*, Londres, (22):38-41, abr./jun. 1954.

LIGHT buildings: interesting system from Rotterdam. *Prefabrication*, 3(30):274-5, abr. 1956.

LINNAMAKI, U. Chain building experiments in Finland. *Prefabrication*, 4(44):353-5, jun. 1957.

LITTLE boxes. *Werk*, Zurique, 55(11):769-70, nov. 1968. (Artigo assinado Pfromm comentando o número de junho 1968 da revista americana *Progressive Architecture* dedicado à industrialização da construção).

LOAD-BEARING masonry panels are site fabricated mini-factories to speed building completion. *Architectural Record*, Nova York, 153(2):144, fev. 1973.

LOCHERGUT, Zurich: a Swiss housing scheme using advanced building methods. *AC International Asbestos Cement Review*, Zurique (38):36-8, abr. 1965.

LODS, M. Escaliers préfabriqués. *Techniques et Architecture*, Paris, 18(1):60+71-3, mar. 1958.

——. Le problème: produire industriellement les bâtiments, dessiner le pays. *Techniques et Architecture*, Paris, 17(5):68-81, dez. 1957.

——. Vers l'industrialisation. *Techniques et Architecture*, Paris, 25(4):108-9, maio/jun. 1965 (número especial).

LODS, M.; DEPONDT, P. & BEAUCLARI, H. Faculté des Sciences de Reims. *Techniques et Architecture*, 31(1):110-4, out. 1969 (número especial).

LOGEMENTS an bord de la Loire. *Bâtir*, Paris, (86):65-9, jul. 1959.

LOGEMENTS de la Cité de Tours-Centre. *Bâtir*, Paris, (86):11-6, jul. 1959.

LOGEMENTS économiques expérimentaux aux États-Unis. *Cahiers du C.S.T.B.*, Paris, 103(909), out. 1969; *Build International*, Roterdã, 2(7), set. 1969.

LONDON, England: explosion collapses precast bearing wall. *Progressive Architecture*, Stamford, Conn., 49(7):52, jul. 1968.

LONGEST system built housing block in Europe: Aylesbury estate. *Architectural Review*, Londres, 148(883):144-8, set. 1970.

LOOK what's happening to the prefab panel. *House & Home*, Nova York, 8(6):124-27, dez. 1955.

LOON, F.P.G. El shockbeton en la prefabricación. *Informes de la Construcción*, Madrid, 9(87):832, jan. 1957.

LOPEZ, R. Maison préfabriquée à Noisy-le-Sec. *Architecture d'Aujourd'hui*, Boulogne-sur-Seine, 20(30):11, jul. 1950.

LOW cost component system for housing that really works: Carl Koch's Techcrete system. *Architectural Record*, Nova York, 141(3):187-94, mar. 1967.

LOW cost housing high grade results. *American Institute of Architects Jrl.*, Washington, 54(1):41-4, jul. 1970.

LQWERING the cost of housing. *Progressive Architecture*, Stamford, Conn., 49(6):95-154, jun. 1968 (número especial).

LUBITZ, W. Der "home-tainer" Entwurf. *Deutsche Bauzeitung*, Stuttgart, 102:696, set. 1968.

LUCKE, K.H. Bétons mousses pour murs légers. In: *Cahiers du C.S.T.B.*, Paris, 101(887), jul./ago. 1969; *Build International*, Roterdã, 2(5), jun. 1969.

LUGEZ, J. Influence des joints horizontaux sur la resistance des éléments préfabriqués de mur porteurs. In: *Cahiers du C.S.T.B.*, Paris, 110(961), jun. 1970.

LUGEZ, J. & SCHUMACHER, J. Observations sur la tenue des revêtements scellés sur murs préfabriqués en béton d'argile expansée. In: *Cahiers du C.S.T.B.*, Paris, 122(1057), set. 1971.

LUGEZ, J. & ZARZYCKI, A. Influence des joints horizontaux sur la résistance des éléments préfabriqués de mur porteurs. In: *Cahiers du C.S.T.B.*, Paris, 103(900), out. 1969.

LUSTENBERGER, M. Building blocks modules, USA. *Techiniques et Architecture*, Paris, 32(4):58, out. 1970.

LYON: unité de voisinage de Bron-Parilly. *Techniques et Architecture*, Paris, 13(11/2):80-7, 1954.

LA MACHINE à fabriquer les maisons. *Bâtir*, Paris, (111), mar. 1962.

MACKENZIE, R.H. Building construction with prestressed concrete compounds: an examination of the Intergrid system. *National Builder*, Londres, :6, nov. 1957.

MACLEAY, D.M. Manufacturing methods in construction. *Jrl. of the American Concrete Institute*, Detroit, 27(9):1003-12, maio 1956.

MACON, quartier sud: logements, procédé Cauvet. In: *Cahiers du C.S.T.B.*, Paris, 71(605), dez. 1964.

MC QUADE, W. Os sistemas de pré-fabricação e a crise da habitação. *Binário*, Lisboa, (182):476-80, nov. 1973 (número especial).

MADELAIN, H. Angers, citté Belle Beille. *Techniques et Architecture*, Paris, 13(11/2):62-9, 1954. In: *Ann. de l'I.T.B.T.P.*, Paris, (74):121-47, fev. 1954.

MAGALHÃES, Paulo. Habitações transitórias. *Arquitetura*, Rio de Janeiro, (40):14-5, out. 1965 (número especial).

MAILLARD, H.P. C.R.A.M.: Opération expérimentale "plan construction" Toulouse-La Terrasse. *Techniques et Architecture*, 34(6):70, abr. 1972.

MAILLARD, H.P. & DUCAMP, P. C.R.A.M.: Centre de Recherche d'Architectures Modulaires. *Techniques et Architecture*, Paris, 34(6):65, abr. 1972.

_____. Opération Mille piscines industrialisées. *Techniques et Architecture*, Paris, 34(6):100-4, abr. 1972.

MAISON à bloc sanitaire préfabriqué. *Techniques et Architecture*, Paris, 13(7/8):113, 1954.

MAISON démontable type. *Architecture d'Aujourd'hui*, Boulogne-sur-Seine, 23(46):XXXIII, fev./mar. 1953.

MAISON en matières plastiques. *Techniques et Architecture*, Paris, 15(5):16-7, fev. 1956.

MAISON Préfadur en éléments de béton de pouzzolane. *Techniques et Architecture*, Paris, 13(7/8):110, 1954.

MAISONS en ossature d'acier. *Techniques et Architecture*, Paris, 13(7/8):111-2, 1954.

MAISONS en pierre pré-tailée. *Techniques et Architecture*, Paris, 13(7/8):108-9, 1954.

MAISONS métalliques préfabriqués. *Techniques et Architecture*, Paris, 11(5/6):112-3, 1952.

MAISONS préfabriqués. *AC International Asbestos Cement Review*, Zurique, (38):42-8, abr. 1965.

MAISONS préfabriquées. In: *Cahiers du C.S.T.B.*, Paris, 12(121), abr./jun. 1951; 43(345), abr. 1960.

LES MAISONS préfabriqués en bois présentées à l'Exposition de l'Habitation au XXIII$^e$ Salon des Arts Ménagers. *Techniques et Architecture,* Paris, *13*(7/8):103-7, 1954.

MAISONS préfabriquées, Porto Rico. *Architecture d'Aujourd'hui,* Boulogne-sur-Seine, (142):XXVI, fev. 1969.

MALLIS, A.G. Economy plus architectural appeal with tilt-up construction. *Civil Engineering,* Nova York, *26*(9):50-1, set. 1956.

MAMILLAN, M. Les propriétés mecaniques du béton frais pour la préfabrication. In: *Ann. de l' I.T.B.T.P.,* Paris, *17*(201):911-55, set. 1964; *Bétons Industriels,* Paris, (2), 2º trim. 1963.

MANEVAL, J. Coque "Cascaron argentino". *Techniques et Architecture,* Paris, *33*(3):42-3, abr. 1971 (número especial sobre matérias plásticas n. 5).

———. Habitat modulaire. *Techniques et Architecture,* Paris, *33*(3):46, abr. 1971 (número especial).

MANGIAROTTI, A. Un capannone industriale prefabbricato. *Casabella,* Milão, (218):84-9, jan. 1958.

———. Con elementi prefabbricati. *Domus,* Milão, (394):1-4, set. 1962.

———. Una nuova struttura per coperture industriali prefabbricate. *Casabella,* Milão, (343):30-4, dez. 1969.

———. Préfabrication intégrale: construction industrielle à Lissone, Italie. *Architecture d'Aujourd'hui,* Boulogne-sur-Seine, (133):XLIII, set. 1967.

MANNICHE, N.J. Procedimientos clásicos y modernos en la construcción de pabellones industriales. *Informes de la Construcción,* Madrid, *8*(79), mar. 1956.

THE MANUFACTURED house: what you can expect to see in 1960. *House & Home,* Nova York, *16*(6), dez. 1959 (número especial).

MARBURG, Western Germany: a system for prefabricating university buildings. *AC International Asbestos Cement Review,* (38):28-35, abr. 1965.

MARCHAND, R. L'industrialisation de la construction des immeubles par l'emploi des coffrages glissants: le procédé Concretor Prometo. *Construction,* Paris, *20*(6):217-9, jun. 1965.

MARQ, D. Procédé CTICM A2. *Techniques et Architecture*, Paris, (293):58, maio/jun. 1973 (número especial).

MARSHALL, K.; GANS & KAHN. Planification des cités modèles aux États-Unis. In: *Cahiers du C.S.T.B.*, Paris, 105(923), dez. 1969; *Build 'International*, Roterdã, 2(10), dez. 1969.

MARTIN-LAVIGNE, F. Variations 73: modèle Région Parisienne. *Techniques et Architecture*, Paris, (293):99, maio/jun. 1973 (número especial).

MARTINS JUNIOR, J. Grupos escolares pré-fabricados do Departamento de Obras do Estado de Pernambuco. *Arquitetura*, Rio de Janeiro, (40):17-8, OUT: 1965 (número especial).

MARZOLF, K. Production line architecture: a warning from Scandinavia. *American Institute of Architects Jrl.*, Washington, D.C., *48*(4):62-70, out. 1967.

MASINI, L.V. Arte programata e prefabbricazione: una proposta di Bruno Morassutti e Enzo Mari. *Domus*, Milão, (428):13-5, jul. 1965.

MASSÉ, G.; BIGOT, P. & ROY, F. C.E.S. de la Flèche. *Techniques et Architecture*, Paris, *31* (1):86, out. 1969 (número especial).

——. C.E.S. de Salbris, Indre et Loire. *Techniques et Architecture*, Paris, *31*(1):87, out. 1969 (número especial).

——. C.E.S. de Ribecourt, Oise. *Techniques et Architecture*, Paris, *31*(1):84-5, out. 1969 (número especial).

——. I.U.T. de Bordeaux, Gironde. *Techniques et Architecture*, Paris, *31*(1):97-9, out. 1969 (número especial).

——. I.U.T. de Dijon, Côte d'Or. *Techniques et Architecture*, Paris, *31*(1):100-1, out. 1969 (número especial).

MASSÉ, G. e outros. Lycée de Coëtquidan, Morbihan. *Techniques et Architecture*, Paris, *31*(1):70-2, out. 1969 (número especial).

DES MATÉRIAUX nouveaux et des procédés non traditionnels de construction. In: *Cahiers du C.S.T.B.*, Paris, 42(337), fev. 1960.

MATHIEU, M.T. Actualité: habitations individuelles à Sceaux. In: *Cahiers du C.S.T.B.*, Paris, 101(885), jul./ago. 1969.

MATHUR, G.C. Nouveaux matériaux de construction en Asie du Sudest. In: *Cahiers du C.S.T.B.*, Paris, 110(971), jun. 1970.

MAUNOURY, D. Chartres Beaulieu: logements et equipement scolaire et commercial. In: *Cahiers du C.S.T.B.*, Paris, 73(624), abr. 1965.

MAURIOS, G. Procédé de construction pour l'habitat evolutif. *Techniques et Architecture*, Paris, (293):66-7, maio/jun. 1973 (número especial).

MAXA, P. Prefabrication of apartment cells in the U.R.S.S. *Technical Digest*, 10(11):43-7, out. 1960.

MAZURE, J.P. Systeembouw (nontraditional building in the Netherlands). *De Ingenieur*, 34(7):135-48, ago. 1959.

MENDINI, A. Fabbricazione aperta e environmental design: convegno organizzato da Casabella presso il IV Salone Internazionale dell'Industrializzazione Edilizia. *Casabella*, Milão, (330):59-61, nov. 1968.

___. Metaprogetto si e no. *Casabella*, Milão, (333):4-15, fev. 1969.

MENGHI, R. Italian prefabricated weekend cottage. *Architectural Review*, Londres, 143(852):134-5, fev. 1968.

MENTRE l'università è progetto: prefab, Finlandia. *Domus*, Milão, (508):17-9+22-4, mar. 1972.

MERLET, J.D. & SCHUMACHER, J. Utilisation en fond de moule de pierres calcaires comme parement extérieur d'éléments préfabriqués. In: *Cahiers du C.S.T.B.*, Paris, 113(989), out. 1970.

MESLAND, P. Avantages des ossatures métalliques et des murs-rideaux dans la construction rapide et économique d'immeubles. In: *Ann. de l' I.T.B.T.P.*, Paris, 10(113):453-75, maio 1957.

___. La préfabrication légère. *Techniques et Architecture*, Paris, 25(4):150-4, maio/jun. 1965 (número especial).

METAL buildings for sport. *Architectural Forum*, Nova York, 135(1):50-1, jul. 1971.

MÉTHODE systématique d'analyse et de programmation pour la conception architecturale et la description des ouvrages. In: *Cahiers du C.S.T.B.*, Paris, 97(843), mar. 1969.

MÉTHODES de préfabrication apliquées à la construction des écoles. *Architecture d'Aujourd'hui*, Boulogne-sur-Seine, *34*(107):95-102, abr./maio 1963.

METRIC house shells. *RIBA Jrl.*, Londres, *76*(11):466, nov. 1969.

MEUNIER, A. Les joints de construction dans les bâtiment industrialisés: matériaux et méthodes de jointoiement. In: *Ann. de l'I.T.B.T.P.*, Paris, *18*(211/12):1031-51, jul./ago. 1965.

MEUIER, J. Tendances nouvelles de l'industrialisation du bâtiment. In: *Ann. de l'I.T.B.T.P.*, Paris, *9*(107):961-76, nov. 1956.

MEYER, E.V: Building with prefabricated concrete units in Denmark. *Beton Teknik*, 21(4):129-34, 1955.

MICCINESI, M. Componibilità e flessibilità con elementi tipici. *Casabella*, Milão, (371):58-9, 1972.

MILZ, J. Precast one-family houses. *Beton Herstellung Verwendung*, Düsseldorf, *12*(2):77-80, fev. 1962.

MINOLETTI, G. Per la serie: una campana prefabbricata in lamiera d'acciaio. *Domus*, Milão, (395):48-50, out. 1962.

MISCHECK, H.K. Production à la chaîne d'éléments préfabriqués. *Bétons Industriels*, (4), 4° trim. 1963.

MKRTUMYAN, A.K.; PARSHINA, K.I. & SOKOLOV, V.A. Manufacture of reinforced concrete panels in mechanized vertical cassette moulds. *Beton i Zhelezobeton*, Moscou, (5):198-202, 1959.

MODULAR house that's different. *Architectural Forum*, Nova York, *137*(4):60-2, out. 1972.

MODULAR prefabs and the Shelley system. *Interiors*, Nova York, *132*(11):99, jun. 1973.

MOHAN, D. Technique de construction de logements dans les pays en voie de développement. In: *Cahiers du C.S.T.B.*, Paris, 96(842), jan./fev. 1969; *Build International*, Roterdã, *1*(3), dez. 1968.

MOISE, H. L'unité de voisinage de Bron-Parilly, secteur industrialisé: programme de 2600 logements. In: *Ann. de l'I.T.B.T.P.*, Paris, *11*(127/8):834-58, jul./ago. 1958.

MONDIN, C. Industrialisation du bâtiment. *La Technique Moderne Construction*, Paris, *9*(5):133-44, maio 1954.

———. Industrialized building in France. *Prefabrication*, *1*(11):7-12, set. 1954.

MONFRED, Y.B. & MIKHANOVSKII, D.S. Experience in moulding reinforced concrete panels without hollows in vertical case moulds. Translated from the Russian by G.N. Gibson. *Beton i Zhelezobeton*, Moscou, (3):127-30, 1959.

MONGE, J. Alfortville: C.E.S. expérimental. *Techniques et Architecture*, Paris, 31(1):82-3, out. 1969.

MONGE, J.; BLANCARD DE LERY, G.J.P. & MASS, J.P. Modèles, préfabrication: Sicca, procédé Sigma, modèle innovation. *Techniques et Architecture*, Paris, (293):84-5, maio/jun. 1973.

MONSTED, J.M. How to design concrete elements. *Ingenioren*, 66(22):567-70, ago. 1957.

MONTAGE: 8 jours. *Connaissance des Arts*, Paris, (243):98-101+177, maio 1972.

MORA, R. Structures porteuses en métal: construction de la nouvelle Faculté des Lettres à La Halle aux Cuirs, à Paris, *Construction*, Paris, 20(5):201-3, maio 1965.

MORE prefab firms begin selling components, others plan to do so. *House & Home*, Nova York, *12* (3):63, set. 1957.

MORRISON, Gee, Walker & Slater Ltd. New precast concrete building system. *The Municipal Jrl.*, 66(3387):131-2, jan. 1958.

MOZZATTI, R. Systèmes construtifs: système de construction en acier pour utilisations multiples. *Techniques et Architecture*, Paris, (293):54-5, maio//jun. 1973.

A MULTI-STOREY precast building. *Concrete Buildings and Concrete Products*, 35(4):147, abr. 1960.

MUROS prefabricados com bloques huecos de piedra pomez y respaldo de hormigón ligero. *Informes de la Construcción*, Madrid, 4(37), jan. 1952.

MURS et planchers préfabriqués. *Techniques et Architecture*, Paris, 4(3/4):11, 1952.

MURS portants préfabriqués. *Cahiers du C.S.T.B.*, Paris, 9(94), jul./set. 1950; 11(108), jan./mar. 1951; 12(121), abr./jun. 1951; 26(227), 1956.

MURS préfabriqués en bois. *Techniques et Architecture*, Paris, *18*(2):108, maio 1958.

MUSGROVE, J. Participation after the event? *RIBA Jrl.*, Londres, 77(6):262, jun. 1970.

___ . SCAN: low rise technology. *RIBA Jrl.*, Londres, *77*(12):571, dez. 1970.

NADAL, J. Cantate pour une dalle d'essai jusqu'à des charges de rupture de 100 tonnes. In: *Cahiers du C.S.T.B.*, Paris, 99(867), maio 1969; *Build International*, Roterdã, *2*(3), abr. 1969.

___ . La évolución de la industria de la construcción. *Informes de la Construcción*, Madrid, *17*(161):3-12, jun. 1964.

NATIONAL homes biggest prefabber cuts prices, restyles design to boost volume. *House & Home*, Nova York, *4*(4):44, out. 1953.

NATIONAL homes makes Wright decision. *Progressive Architecture*, Stamford, Conn., *53*(4):48, abr. 1972.

NAVE industrial prefabricada en Amsterdam. *Informes de la Construcción*, Madrid, *8*(79), mar. 1956.

NELLA foresta di Fontainebleau. *Domus*, Milão, (491):21-4, out. 1970.

NELSON, G. & CHADWICK, G. Experimental house. *Architectural Record*, Nova York, *122*(6):136-42, dez. 1957.

NELSON, P. L'homme, l'architecte et l'industrie du bâtiment. *Techniques et Architecture*, Paris, *25*(4):110-1, maio/jun. 1965.

NEUMANN, A. e outros. Geometric prefabbing. *Progressive Architecture*, Stamford, Conn., *50*(3):116-23, mar. 1969.

NEUMANN, G. Prefabrication in Italy. *Prefabrication*, *3*(25):23-5, nov. 1955.

NEUTRA, R. Prefabrication. Excerpts from "Survival through Design". *Arts & Architecture*, Los Angeles, *67*(6):34-7+144, jun. 1950.

NEW development in building systems. *Design*, Londres, (225):56-7, set. 1967.

THE NEW look in prefabs. *House & Home*, Nova York, *8*(6):108-17, dez. 1955.

NEW method of fixing Ytong blocks by means of plastic plates. *Betonstein Zeitung*, Wiesbaden, *27*(11):566, nov. 1961.

NEW prefab stair units include structural fire-resistant walls. *Architectural Record*, Nova York, *143*(2):162, fev. 1968.

NEW prefab subfloor is laid in 1 hour in a house which

boasts five other good ideas. *House & Home,* Nova York, 4(5):158-60, nov. 1953.

NEW products: prefab curtain wall. *Architectural Forum,* Nova York, 100(4):168, abr. 1954.

NEW spirit in St. Louis: houses by Todd Construction Co. *House & Home,* Nova York, 8(2):124-5, ago. 1955.

NEW system of construction. *Concrete and Constructional Engineering,* Londres, 50(6):239-40, jun. 1955.

NEW trends in prefabs. *Industrial Design,* Nova York, 14(7):54-69, jul. 1967.

NIEMEYER, Oscar. Habitação pré-fabricada em Brasília. *Módulo,* Rio de Janeiro, 7(27):27-38, mar. 1962 (número especial de grande interesse).

NIMS, R. Beyond prefabrication: the manufactured sleeping unit offers startling implications. *Architectural Record,* Nova York, 123(4):220-2, abr. 1958.

1957 models by Modern Homes and other leading prefabbers. *House & Home,* Nova York, 10(6):122-9, dez. 1956.

NO flight of fancy: a prefabricated steel staircase from Britain's Royal College of Art. *Industrial Design,* Nova York, 16(3):56-7, mar. 1969.

NOIROT, F. & ROBIN, H. La fabrication industrielle de logements et d'autres constructions en Union Soviétique: mission d'étude en Russie. In: *Ann. de l'I.T.B.T.P.,* Paris, 19(221):483-501, maio 1966.

NON-TRADITIONAL hous.. ..ilding in Holland: overcoming the shortage of skilled labour. *The Builder,* Londres, 202(6203):691-2, abr. 1962.

UN NOUVEAU bloc technique d'équipement suédois. *Architecture d'Aujourd'hui,* Boulogne-sur-Seine, 30(83):XLIII, abr./maio 1959.

UN NOUVEAU procédé de construction tridimensionnelle: des volumes d'habitations réalisés en deux temps à partir de panneaux préfabriqués. *Bâtir,* Paris, (10):49-56, out. 1971.

NOVARINA, M. e outros. Evreux, La Madeleine: logements, équipement scolaire et commercial. In: *Cahiers du C.S.T.B.,* Paris, 74(637), jun. 1965.

NOYES, E. Continuing study of the window wall.

*Architectural Record*, Nova York, *141*(4):173-80, abr. 1967.

NUEVA cámara radiante en la vivienda individual. *Informes de la Construcción*, Madri, *8*(79), mar. 1956.

NUEVOS muelles prefabricados de acero. *Informes de la Construcción*, Madri, *6*(53), ago./set. 1953.

NUOVA società di ricerca nel quadro del fondo IMI: Tecnocasa. *Casabella*, Milão, (373):15, 1973.

ODDIE, G. The future: can we face it? the architectural implications of industrialized building. *Architectural Review*, Londres, *140*(837):321-5, nov. 1966; *Arts & Architecture*, Los Angeles, *84*(4):28-30, abr. 1967.

─── . New English humanism, prefabrication in its social context: school building programme. *Architectural Review*, Londres, *134*(799):180-2, set. 1963.

ODENHAUSEN, H. La construction légère en acier. *Cahiers du C.S.T.B.*, 104(916), nov. 1969; *Build International*, Roterdã, *2*(8), out. 1969.

OHL, H. Il design della costruzione metallica industrializzata. *Casabella*, Milão, (304):18-25, abr. 1966.

─── . Teoria e Técnica nella prefabbricazione e sua influenza sull'architettura. *Stile Industria*, Milão, (33):5-16, ago. 1961.

─── . Industrialized building. *Architectural Design*, Londres, *32*(4):176-85, abr. 1962.

OHNENWALD, P. & MARTIN, G. Prefabrication en aluminium: groupe scolaire. *Techniques et Architecture*, Paris, 10(5/6):10-1, 1951.

OLIVERI, G.M. Industrializzazione dell'edilizia. *Casabella*, Milão.

Sob este título foram publicados treze artigos do número 297 (1965) ao número 313 (1967). Estes artigos foram posteriormente reunidos no livro "Prefabbricazione o metaprogetto edilizio", editado por Etas Kompass, Milano, 1968.

─── . Comincia la ricerca. *Casabella*, Milão, (336):55-6, maio 1969.

OLIVERI, G.M. & MENDINI, A. Componenti edilizi industrializzati per la libera realizzazione di tipologie abitative. *Architettura*, Roma, *13*(148):648-9, fev. 1968.

OLIVIERI, R. Scuola prefabbricata alla Triennale di Milano. *Architettura*, Roma, *14*(163):22-3, maio 1968.

OLLIVON, J. La prefabrication dans les bâtiments industriels. *Construction*, Paris, *20*(3):117-22, mar. 1965.

ON site prefabrication for multi-storey construction: Laing's acquire UK rights on Sectra precision formwork. *The Surveyor and Municipal and County Engineer*, *121*(3663):1040, ago. 1962.

OPERAIO sotto scocca: Mangiarotti a Cinisello Balsamo. *Casabella*, Milão, (365):21-7, 1972.

L'OPÉRATION de Colombes: 112 logements en petits colletifs préfabriqués. In: *Ann. de l'I.T.B.T.P.*, Paris, *7*(79/80):12, jul./ago. 1954.

OPÉRATION de 2700 logements à Blace-Mesnil. In: *Ann. de l'I.T.B.T.P.*, Paris, *20*(238):1409-33, out. 1967.

OPÉRATION Meaux-Beauval: 1810 logements H.L.M. In: *Ann. de l'I.T.B.T.P.*, Paris, *20*(238):1409-33, out. 1967.

LES OPÉRATIONS Million et Lopofa. In: *Cahiers du C.S.T.B.*, Paris, *40*(326):1-42, out. 1959; 41(333):41-83, dez. 1959; 42(340):3-109, fev. 1960.

UNE OPINION britannique sur les ensembles d'habitation en construction industrialisée dans la Région Parisienne. In: *Cahiers du C.S.T.B.*, Paris, 73(626), abr. 1965.

OPOIX, P. Le bois et l'industrialisation de la construction. *Techniques et Architecture*, Paris, *17*(5):112-6, dez. 1957.

ORNA, B. Czechoslovak mechanization in building: progress linked to increasing industrialisation. *The Builder*, Londres, *201*(6173):436-8, set. 1961.

OSTERBRAUCK, W.D. Proposition pour une banque mondiale de l'habitation. In: *Cahiers du C.S.T.B.*, Paris, 109(959), maio 1970; *Build International*, Roterdã, *3*(5), maio 1970.

OUDEN, N.W. House building by industrialized methods. *Betonstein Zeitung*, Wiesbaden, *28*(3):146-7, mar. 1962.

OUDOT, P. & PETROFF, I. Composants standards d'ossature en profils d'acier. *Techniques et Architecture*, Paris, (293):59-61, maio/jun. 1973.

OXMAN, R.M. P/A design award: a planning and structural system for use in erecting fishing villages in Puerto Rico. *Progressivo Architecture*, Stamford, Conn., 49(1):98-103, jan. 1968.

PACKAGE holiday homes. *Architectural Design*, Londres, 40(10):525, 1970.

PADDINGTON scheme includes three 21-storey blocks. *Municipal Engineering*, 139(3772):563, abr. 1962.

PAINÉIS leves de concreto permitem montar uma casa em 8 horas. *O Dirigente Construtor*, São Paulo, 1(10):47-50, ago. 1965.

PALAZ, J.P. La construction par dalles levées: méthodes et réalisations en France et à l'étranger. In: *Ann. de l'I.T.B.T.P.*, Paris, 16(190), out. 1963.

PALATCHI, P. Quelques aperçus sur la préfabrication lourde en URSS. *Techniques et Architecture*, 17(5):89-93, dez. 1957.

PANOYOTOBOULOS, A. & FATOUROS, D.A. Approche théorique des problèmes architectoniques. In: *Cahiers du C.S.T.B.*, Paris, 102(899), set. 1969; *Build International*, Roterdã, 2(6), jul./ago. 1969.

PAPPAS, G. Habitat à éléments industrialisés multicombinatoires (PAN). *Techniques et Architecture*, Paris, (293):65, maio/jun. 1973.

―――― . L'industrialisation et ses limites. *Techniques et Architecture*, (293):52-3, maio/jun. 1973.

LE PARC de Chambéry à Villeneuve d'Ornon. *Tuiles & Briques*, Paris, (58), 2º trim. 1964.

PARENT, C. Face à face: architecture et design: système de construction industrialisée pour maisons individuelles. *Architecture d'Aujourd'hui*, Boulogne-sur-Seine, (155):50-1, abr. 1971.

PASCAL, A. Prefabricated residential buildings at Revin-Orzy. *Beton Herstellung Verwandung*, Düsseldorf, 12(11):797-8, dez. 1961.

PASQUALI, D. Incontri Montedil: problemi della prefabbricazione aperto. *Casabella*, Milão, (346):7, mar. 1970.

PASSADORE, G. Préfabrication fermée, préfabrication ouverte et normalisation. In: *Cahiers du C.S.T.B.*, Paris, 81(712), ago. 1966.

PATEL, G.B. & MELITA, C.L. Load testing a large panel precast system. *Indian Concrete Jrl.*, Bombaim, 42(7):278-86, 1968.

PAU: logements, espaces verts; procédé Fiorio. In: *Cahiers du C.S.T.B.*, Paris, 71(605), dez. 1964.

PAYES, C. La mise en oeuvre des panneaux lourds préfabriqués. *Cahiers de Notes Documentaires*, Paris, (54), 1? trim. 1969.

PEISSI, P. Éléments légers préfabriqués en acier. *Techniques et Architecture*, Paris, 17(5):94-104, dez. 1957.

PER una edilizia industrializzata. *Domus*, Milão, (495):12-5, fev. 1971.

PEREIRA & LUCKMAN. Garage construido con elementos prefabricados. *Informes de la Construcción*, Madri, 5(48), fev. 1953.

PERELLI, A. Il 1? congresso internazionale della prefabbricazione, Milano, 17-21, giugno 1962. *Casabella*, Milão, (267):58, set. 1962.

―――. Verso un procedimento costruttivo organico: industrializzazione edilizia, un metodo. *Casabella*, Milão, (269):50-3, nov. 1962.

PERONEILLE, R. Évolution de la terre cuite dans l'industrialisation du bâtiment. *Construction*, Paris, 20(3):97-100, mar. 1965.

PERRET, A. e colaboradoes. Reconstruction du Havre: Porte Océane. In: *Ann. de l'I.T.B.T.P.*, Paris, 6(65):437-68, maio 1953.

PERRY, J.P.H. Office building of 370.000 sq. feet erected by lift slab method. *Civil Engineering*, Nova York, 25(6):43-7, jun. 1955.

PERSSON, B.D.E. Les résines epoxy dans les ouvrages en béton. In: *Cahiers du C.S.T.B.*, Paris, 113 (995), out. 1970.

PERZO, R. El porvenir de los puentes con vigas prefabricadas. *Informes de la Construcción*, Madrid, 25(245):51-73, nov. 1972.

PETERSON, C.E. Pioneer prefabs in Honolulu. *American Institute of Architects Jrl.*, Washington, D.C., 60(3):42-7, set. 1973.

PETERSON, J.L. History and development of precast concrete in the United States. *Jrl. of the American Concrete Institute*, Detroit, 25(6):477-96, fev. 1954.

PILLIET, G. e outros. Aménagement du Domaine de la Châtaignerie-Jonchère à la C. Saint Cloud. In: *Ann. de l'I.T.B.T.P.*, Paris, 7(73):80-102, jan. 1954.

PIANO, R. A Italie: couverture de l'usine Olivetti. *Techniques et Architecture*, Paris, *33*(3):55, abr. 1971 (número especial).

―――. Italie: le pavillon de l'industrie italienne à l'Exposition d'Osaka, 1970. *Techniques et Architecture*, Paris, *33*(3):53, abr. 1971 (número especial).

―――. Italie: système ouvert pour edifices à destination variable. *Technique et Architecture*, Paris, *33*(3):54, abr. 1971 (número especial).

PIKE, A. Thamesmead report. *Architects Yearbook*, Londres, (13):242-51, 1971.

PINEAU, A.G. Piscines préfabriquées. *Techniques et Architecture*, Paris, *16*(5):113-4, set. 1956.

PININSKI, Z. Konstruktionen in Polan. *Werk*, Zurique, *59*(3):168, mar. 1972.

PINTER, G. Cheaper multistorey building in sight: prefabricated concrete systems for U.S. public housing. *Progressive Architecture*, Stamford, Conn., *49*(2):146-9, fev. 1968.

PINTO, A.C.R. A pré-fabricação na industrialização da construção: comunicação apresentada ao II Colóquio Nacional da Indústria de Construção. *Binário*, Lisboa, (182):469-73, nov. 1973.

PLAFONDS posés avant planchers (Paris Ouest). *Bâtir*, Paris, (107), nov. 1961.

PLANCHERS préfabriqués en béton armé. In: *Cahiers du C.S.T.B.*, Paris, 17(158), 1953.

PLANCHERS préfabriqués. In: *Cahiers du C.S.T.B.*, Paris, 9(94), jul./set. 1950; 10(101), out./dez. 1950; 11(106), jan./mar. 1951; 12(121), abr./jun. 1951; 16(156), abr./jun. 1952; 18(176), 1953; 19(183), 1954; 37(301), abr. 1959; 40(323), out. 1959; 41(330), dez. 1959; 44(354), jun. 1959; 46(369), out. 1960.

PLANIFICATION des cités modèles aux États-Unis. In: *Cahiers du C.S.T.B.*, 105(923), dez. 1969.

PLANNING a summer prefab just right. *Architectural Record*, Nova York, 149(6):12, jun. 1971.

POIRIER & PERILLAT. Paris, Porte de Chaumont: ensemble scolaire. *Techniques et Architecture*, Paris, *20*(3):140, mar. 1960.

LES POISSONS à la Défense. *Bétons Industriels*, Paris, (25).37-43+45-6, jan./fev./mar. 1969.

PORTABLE prefab classrooms. *Architectural Record,* Nova York, *122*(4):253, out. 1957.

PORTO, S.M. Escolas pré-fabricadas de madeira. *Arquitetura,* Rio de Janeiro, (40):16, out. 1965 (número especial).

PORTER, R.W. The Soviet construction industry: extensive industrialization to meet short term needs. *The Builder,* Londres, *203*(6327):1092-4, nov. 1962.

POTTIER, H. Préfabrication, Paris, La Defense: Les Poissons. *Bétons Industriels,* Paris, (25):37-46, 1? trim. 1969.

POUR le formage industriel des plastiques en grands éléments; l'A.E.P.B. met des outils à la disposition des gens du bâtiment. In: *Cahiers du C.S.T.B.,* Paris, 101(880), jul./ago. 1969.

POUSSET, J.L.; MADELAIN, H. & ENGUÉ—HARD, G. Cité Belle-Beille à Angers: conditions du programme et caractéristiques du projet; physionomie et fonetionnement du groupement d'entreprises. In: *Ann. de l'I.T.B.T.P.,* Paris, *7*(74):122-47, fev. 1954.

POUYÈS, M.C. Préfabrication lourde: rebuts, securité. In: *Ann. de l'I.T.B.T.P.,* (286):85-96, out. 1971.

——. La puesta en obra de paneles pesados prefabricados. *Informes de la Construcción,* Madri, *24* (230):49-60, maio 1971.

PRE-ASSEMBLED house. *Interiors,* Nova York, *116* (6):112-5, jan. 1957.

PRECAST complete rooms. *Concrete Building and Concrete Products,* *37*(1):31-2, jan. 1962.

PRECAST building construction. *Concrete and Constructional Engineering,* Londres, *57*(1):15-22, jan. 1962.

PRECAST concrete cross-wall construction used on Barking flats. *The Contract Jrl.,* 184(4291):1427-8, set. 1961.

PRECAST concrete in residential flats. *Concrete Building and Concrete Products,* *33*(12):367, dez. 1958.

PRECAST concrete in school buildings. *Concrete and Constructional Engineering,* Londres, *49*(5):171-3, maio 1954.

PRECAST concrete wall panels used for small houses in the U.S.A. *The Architects' Jrl.,* Londres, *118* (353), set. 1953.

PRECAST exposed concrete finishes. *The Architects' Jrl.*, Londres, *149*(13), mar. 1969 (número especial; este número, ampliado e revisado, foi publicado sob forma de livro. Ver GAGE, M. com o título *Guide to exposed concrete finishes — C&CA and AP*).

PRECAST hearts enter Europe's housing market. *Concrete Products*, Chicago, 65(3):43, mar. 1962.

PRECAST superstructure for rebuilt store at Ilford: Intergrid system using factory-made floor slaks and beams with in situ columns. *The Surveyor and Municipal and County Engineer*, *118*(3520):955-6, nov. 1959.

PRECASTING on site: experimental 21-storey blocks at Paddington. *The Builder*, Londres, 203(6338):1121-2, dez. 1962.

PRE-ENGINEERED system saves time & money for Air Force. *Progressive Architecture*, Stamford, Conn., *52*(6):40, jun. 1971.

PREFAB apartments: produced in Copenhagen, erected in Germany. *Engineering News Record*, Nova York, *163*(23):4, dez. 1959.

PREFAB: cellula di abitazione. *Domus*, Milão, (506):21-4, jan. 1972.

PREFAB figures. *Architectural Forum*. Nova York, *137*(6):19, dez. 1972.

PREFAB geodesic domes cover offices. *Progressive Architecture*, Stamford, Conn., *49*(2):141-3, fev. 1968.

PREFAB: Kunststoffzellen cellule in plastica. *Domus*, Milão, (467):12-3, out. 1968.

PREFAB mission house designed to be mobile. *Architectural Record*, Nova York, *131*(1):149, jan. 1962.

THE PREFAB package is getting bigger. *House & Home*, Nova York, *8*(6):118-22, dez. 1955.

PREFAB schools designed for National Homes. *Architectural Forum*, Nova York, *102*(4):133-7, abr. 1955.

PREFAB: una cella bagno-cucina. *Domus*, Milão, (471):38-40, fev. 1969.

PREFABBERS had a better year than conventional builders. *House & Home*, Nova York, *14*(6):86-111, dez. 1958.

PREFABBERS seek more dealers: industry shoots for 1955 output of 125.000 units. *House & Home,* Nova York, 6(6):48, dez. 1954.

PREFABBERS set sights on 10% of housing market this year, half of it buy 1970. *House & Home,* Nova York, 9(5):63+68, maio 1956.

PREFABBRICAZIONE. *Domus,* Milão, (479):3, out. 1969.

PREFABBRICAZIONE pesante. *Casabella,* Milão, (363):7, 1972.

PREFABBRICAZIONE: scuola elementare Feal. *Domus,* Milão, (486):8-12, maio 1970.

PRÉ-FABRICAÇÃO: alguns aspectos em discussão no I.A.B. *Arquitetura,* Rio de Janeiro, (40):19-23, out. 1965 (número especial).

PRÉ-FABRICAÇÃO total transforma conjunto Padre Anchieta, GB, em grande jogo de armar. *O Dirigente Construtor,* São Paulo, 2(6):12-9, abr. 1969.

PREFABRICACIÓN en madera: sistema H.B. *Informes de la Construcción,* Madrid, 9(87), jan. 1957.

PREFABRICACIÓN. *Informes de la Construcción,* Madrid, 12(113), ago./set. 1959; (114), out. 1959; 12(118), fev. 1960.

PRÉ-FABRICADO é bossa na construção de residências. *Casa & Jardim,* Rio de Janeiro, (135):83-8, mar. 1966.

PREFABRICATED building system. *Prefabrication,* 5(5):423, jul. 1958.

PREFABRICATED Home Manufactures Institute convention: sales pick-up cheers prefabbers. *House & Home,* Nova York, 12(6):49, dez. 1957.

PREFABRICATED houses. *House & Home,* Nova York, 2(5):89-113, nov. 1952.

PREFABRICATED houses in Sweden. *The Architects' Jrl.,* Londres, 132(3426):859, dez. 1960.

PREFABRICATED housing in Sweden: the Techbuilt system. *The Builder,* Londres, 202(6199):504-5, mar. 1962.

PREFABRICATED promotions: US steel homes bride's house of 1955. *House & Home,* Nova York, 7(4):57, abr. 1955.

PRÉFABRICATION à Rungis: la halle aux fleurs coupées. *Bétons Industriels,* Paris, (25):23-32, jan./fev./mar. 1969.

PREFABRICATION. *Bauen & Wohnen*, Zurique, *23*(5), maio 1970 (número especial).

PREFABRICATION. *Bauen & Wohnen*, Zurique, 25(11), nov. 1971 (número especial).

PRÉFABRICATION dans les pays nordiques. *Architecture d'Aujourd'hui*, Boulogne-sur-Seine, *25*(54):86-91, maio/jun. 1954.

PREFABRICATION en acier. *Techniques et Architecture*, Paris, *15*(1):62-8, jun. 1955.

PRÉFABRICATION en Suède: un procédé de constructions économique et rapide. *Construction Moderne*, Paris, *72*(11):388-9, nov. 1956.

LA PRÉFABRICATION en U.R.S.S. *Bétons Industriels*, Paris, (8), 4º trim. 1964.

PRÉFABRICATION en Yougoslavie: procédé TU 61. *Architecture d'Aujourd'hui*, Boulogne-sur-Seine, *33*(104):XLIX, out./nov. 1962.

PREFABRICATION goes regional: new Guennison house is first one designed specially for southwest climate. *House & Home*, Nova York, *3*(6):150-3, jun. 1953.

PREFABRICATION has something for everyone: special issue with manufactures directory. *House & Home*, Nova York, *6*(6):102-60, dez. 1954 (número especial).

PREFABRICATION. *House & Home*, Nova York, *10*(4):79, out. 1956.

PREFABRICATION in the Moselle Valley. *Prefabrication*, *1*(6):15-8, abr. 1954.

PREFABRICATION issue. *House & Home*, Nova York, *10*(6):115-53+174-7, dez 1956 (número especial).

PREFABRICATION issue with directory of manufactures. *House & Home*, Nova York, *12*(6):73-115, dez. 1957 (número especial).

PRÉFABRICATION légère: études récentes de Jean Prouvé. *Techniques et Architecture*, Paris, *20*(3):137-9, mar. 1960.

LA PRÉFABRICATION lourde appliquée aux constructions industrielles en Hongrie. *Architecture d'Aujourd'hui*, Boulogne-sur-Seine, *30*(83):92-7, abr. 1959.

LA PRÉFABRICATION lourde en France: le procédé Camus. *Architecture d'Aujourd'hui*, Boulogne-sur-Seine, *27*(64):96-9, mar. 1956.

PRÉFABRICATION lourde: Pantin, groupe des Courtilierès. *Techniques et Architecture*, Paris, *20*(3):146, mar. 1960.

PRÉFABRICATION lourde par cellules de grandes dimensions: nouvelles précisions sur lesessais actuellement poursuivis en Union Soviétique. *Bâtir*, Paris, (134), nov. 1964.

LA PRÉFABRICATION lourde pour des bâtiments scolaires. *Werk*, Zurique, *50*(9), supl. 189-92, set. 1963.

PREFABRICATION: 1935-1950. *Arts & Architecture*, Los Angeles, *67*(6):40-4, jun. 1950.

PREFABRICATION sales boom. *Architectural Forum*, Nova York, *95*(5):62, nov. 1961.

PRÉFABRICATION sémi-lourde: écoles de Chaville, Chambourcy et Seine-Oise. *Techniques et Architecture*, Paris, *20*(3):142-4, mar. 1960.

PREFABRICATION sur chantier: 300 logements de l'O.C.I.L., à Vincennes. In: *Cahiers du C.S.T.B.*, Paris, 22(201), 1955.

PREFABRICATION with large concrete façade units. *Building Materials*, Woldingham, England, *18*(2):72, fev. 1958.

PRÉFABRICATION'S changing role. *Architectural Forum*, Nova York, *107*(5):138-43, nov. 1957.

PREFABS or proprietary plans for schools? *Architectural Record*, Nova York, *119*(2):209-19, fev. 1956.

PREMIO internazionale Regolo d'Oro 1966 concorso ricerca Brenta precompressi AB. *Domus*, Milão, (447):7-23, fev. 1967.

LE PRIME esperienze di A.K. Burov. *Casabella*, Milão (263):30-4, maio 1962.

PREMIER congrès européen de la lumière, Strasbourg. In: *Cahiers du C.S.T.B.*, Paris, 101(881), set. 1969.

PROBLÈMES de préfabrication á Marly-les-Grandes-Terre. *Architecture d'Aujourd'hui*, Boulogne-sur-Seine, 28(74):XI, out./nov. 1957.

PRINCE, G.M. Prefab walk-in coolers and freezers meet changing demands for food storage. *Architectural Record*, Nova York, *141*(6):201-2, jun. 1967.

PROCÉDÉ Agglogiro: béton préfabriqué. *Techniques et Architecture*, Paris, *22*(5):162, jun./jul. 1962.

*Architecture*, Paris, 22(5):162, jun./jul. 1962 (número especial).

PROCÉDÉ Balency & Schuhl: béton préfabriqué. *Techniques et Architecture*, Paris, 22(5):154-5, jun./jul. 1962 (número especial).

PROCÉDÉ Baticeram: préfabrication en terre. *Techniques et Architecture*, Paris, 22(5):164, jun./jul. 1962 (número especial).

PROCÉDÉ Camus: béton préfabriqué en usine. *Techniques et Architecture*, Paris, 22(5):149-50, jun./jul. 1962 (número especial).

PROCÉDÉ Coignet: béton préfabriqué en usine. *Techniques et Architecture*, Paris, 22(5):152-3, jun./jul. 1962 (número especial).

PROCÉDÉ Costamagna: préfabrication en terrecuite. *Techniques et Architecture*, Paris, 22(5):163, jun./jul. 1962 (número especial).

LE PROCÉDÉ de construction "self-lift", Porte des Lilas. *Construction*, Paris, 20(5):204-7, maio 1965.

PROCÉDÉ de préfabrication lourde par éléments à trois dimensions. *Bâtir*, Paris, (173), mar. 1969.

PROCÉDÉ Estiot: acier-béton. *Techniques et Architecture*, Paris, 22(5):148-9, jun./jul. 1962 (número especial).

PROCÉDÉ Fèvre: pierre présciée, pierre standard, pierre concrite. *Techniques et Architecture*, Paris, 22(5):165, jun./jul. 1962 (número especial).

PROCÉDÉ Foulquier: béton industrialisé. *Techniques et Architecture*, Paris, 22(5):161, jun./jul. 1962 (número especial).

LE PROCÉDÉ industriel Estiot. *Construction*, Paris, 20(5):191-2, maio 1965.

LE PROCÉDÉ L. Foulquier. *Construction*, Paris, 20(6):247-50, jun. 1965.

PROCÉDÉ Porte des Lilas: acier-béton. *Techniques et Architecture*, Paris, 22(5):145-7, jun./jul. 1962 (número especial).

PROCÉDÉ Tracoba n.º 1: béton. *Techniques et Architecture*, Paris, 22(5):156-7, jun./jul. 1962 (número especial).

LE PROCÉDÉ Tracoba IV. *Techniques et Architecture*, Paris, 22(4):147, maio/jun. 1965 (número especial).

LES PROCÉDÉS Contamagna. *Construction*, Paris, 20(6)-259-61, jun. 1965.

LES PROCÉDÉS de préfabrication Barets. *Construction, Paris,* 20(5):189-90, maio 1965.

PROCÉDÉS industrialisés J. Bender. *Techniques et Architecture,* Paris, 25(4):155-6, maio/jun. 1965 (número especial).

LES PROCÉDÉS industriels Coignet. *Construction,* Paris, 20(5):183-6, maio 1965.

LES PROCÉDÉS Jules Cauvet. *Construction,* Paris, 20(5):196-200, maio 1965.

PRODUCTION of housing units at Tetbury. *Prefabrication,* 3(29):208-10, mar. 1956.

PROGRAMME experimentale de maisons préfabriqués à Vienne. In: *Cahiers du C.S.T.B.,* Paris, 24/25, supl. "Informations internationales", 1955.

PROPLAC, a French steel frame system. *AC International Asbestos Cement Review,* Zurique, (38):18-20, abr. 1965.

PROTOTYPE prefab has pneumatic weather-stripping: Douglas aircomb building system. *Progressive Architecture,* Stamford, Conn., 41(4):107, abr. 1960.

PROUVÉ: una casa come un villaggio. *Domus,* Milão, (452):3-8, jun. 1967.

PROUVÉ, J. Constructions scolaires préfabriquées. *Techniques et Architecture,* Paris, 11(11/2):64-5, 1952.

—— . Maisons individuelles industrialisables. *Architecture d'Aujourd'hui,* Boulogne-sur-Seine, (131):90-3, abr. 1967.

PROUVÉ, J. & PROUVÉ, C. Constructions modulaires S.I.R.H. *Techniques et Architecture,* Paris, (293):86-9, maio/jun. 1973.

PROUVÉ, J. e colaboradores. Beauvallon: maisons de vacances. *Techniques et Architecture,* Paris, 24(2):12-5, fev. 1964.

—— . An industrialized school building. *Architectural Design,* Londres, 33(11):520-5, nov. 1963.

PURDEW, R.C. Rationalisation de l'habitation unifamiliale en briques. In: *Cahiers du C.S.T.B.,* Paris, 113(995), out. 1970; *Build International,* Roterdã, 3(10), out. 1970.

PUECH, Michel. Constructions métalliques et protection anti-corrosion. *Construction,* Paris, 20(3):96+116, mar. 1965.

PURVES, G. Metric house shells. *RIBA Jrl.*, Londres, 78(4):137, abr. 1971.

PUX, A. Réflexions sur la préfabrication légère. In: *Ann. de l'I.T.B.T.P.*, Paris, 10(113):410-20, maio 1957.

PUX, A.; MARCHAL, F. & MAZÉRY, P. Construction de logements aux États-Unis. In: *Ann. de l' I.T.B.T.P.*, Paris, 8(96):1319-35, dez. 1955.

QUEDOT, R. Système Coralog. *Techniques et Architecture*, Paris, (293):64, maio/jun. 1973 (número especial).

QUELQUES usines de produits en béton et de matériel de fabrication. *Bétons Industriels*, Paris, (10), 2º trim. 1965.

RABENECK, A. Hier today: fibershell. *Architectural Design*, Londres, 40(8):389+406-7, ago. 1970.

——. Low-cost industrialized housing. *Architectural Design*, Londres, 42(9):541, set. 1972.

RABERG, M. Un nouveau procédé suédois de construction: la préfabrication de maisons hautes. *Construction Moderne*, Paris, 71(7):260-3, jul. 1955.

RANUREZ VASQUEZ, P. Rural schools. *Architectural Design*, Londres, 33(9):418-21, set. 1963.

RAPID multi-storey flat construction: Sectra system. *The Builder*, Londres, 203(6222):335-6, ago. 1962.

RATE, E.G.; ZODZISZSBIJ, I.L.Z. & TABACOW, W.F. Living houses of completely finished three-dimensional elements. *Inzynieria i Budownictwo*, Moscou, 2(19):41-50, fev. 1962.

RAMBAUSYSTEM für den stadtischen Wohnungsbau. *Werk*, Zurique, 57(4):211, abr. 1970.

RAYMOND Camus, France. *Techniques et Architecture*, Paris, 32(4):56, out. 1970 (número especial).

RAYNAUD, J. L'industrialisation dans la construction. *Techniques et Architecture*, Paris, 32(4):62-3, out. 1970 (número especial).

RÉALISATION d'un programme de 2.196 logements à Vélizy. In: *Ann. de l'I.T.B.T.P.*, Paris, 18 (211/2), supl.: 1-24, jul./ago. 1965.

THE R.B.M. system of construction. *Bouwt in Beton*, (9):14-20, set. 1958.

RECOMMENDATIONS générales de mise en oeuvre des éléments de remplissage de façades légères. In: *Cahiers du C.S.T.B.*, Paris, 96(840), jan./fev. 1969.

REED, W.E. The factory and new traditional housing. *Prefabrication*, *1*(3):19-21, jan. 1954.

REEMA prefabricated housing: New Tetbury factory in production. *Prefabrication*, *3*(29):207-10, mar. 1956.

REEMA system of building. *Architectural Review*, Londres, *114*(682):271-2, out. 1953.

RÊGO, F.M. Escola primária e refeitório de operários para Lanari S.A. *Arquitetura*, Rio de Janeiro, (40):10-1, out. 1965 (número especial).

―――. Pré-fabricação: uma nova linguagem. *Arquitetura*, Rio de Janeiro, (40):32, out. 1965 (número especial).

REIMBERT, M. & REIMBERT, A. Nouveaux silos préfabriqués au Maroc. *Travaux*, Paris, *41*(269):126-34, mar. 1957.

―――. Silos prefabricados de hormigón armado y metálicos. *Informes de la Construcción*, Madrid, *8*(79), mar. 1956.

REINERS, W.J. & BISHOP, D. Construction of multi-storey flats: the economics of large panel methods. *The Builder*, Londres, *202*(6206):879-86, abr. 1962.

REINFORCED concrete wall panels cast at basement level. *The Surveyor and Municipal and County Engineer*, *121*(3636):160, fev. 1962.

RESEARCH. *Interbuild*, *1*(9):34-7, jan. 1962.

RESIDENTIAL flats at Roehampton. *Concrete and Constructional Engineering*, Londres, *53*(1):69, jan. 1958.

LA RÉSISTANCE à la corrosion atmosphérique des aciers faiblement alliés. In: *Cahiers du C.S.T.B.*, Paris, 100(871), jun. 1969.

RÉSISTANCE des maçonneries en briques creuses soumises à des charges verticales. In: *Cahiers du C.S.T.B.*, Paris, 104(911), nov. 1969.

RETTING, H. Pourquoi une meilleure qualité du bâtiment. In: *Cahiers du C.S.T.B.*, Paris, 111(979), jul./ago. 1969; *Build International*, Roterdã, *3*(7/8), jun./ago. 1969.

UNE RÉUNION internationale sur la construction par grands panneaux. In: *Cahiers du C.S.T.B.*, Paris, 52(421):16-8, out. 1961.

REUSH, E.G. Dalla Germania, una struttura montabile in aluminio. *Domus*, Milão, (428):28-30, jul. 1965.

R.F.A.: système Kömig. *Techniques et Architecture*, Paris, 33(3):50, abr. 1971 (número especial).

R. FRAZER & SONS. Parc à autos démontable de la B.O.A.C. à l'aéroport de Londres-Heathrow. *Techniques et Architecture*, Paris, (295):96-7, nov. 1973.

RIANI, P. Kurokawa and his capsules. *Architectural Record*, Nova York, 153(2):109-13, fev. 1973.

RIBOULET, P. e outros. Un centre éducatif et culturel à Istres. *Techniques et Architecture*, Paris, (296):77-87, dez. 1973.

RISON, J. Open to the sea and sky customized pre-fab reflects simple design philosophy. *Interior Design*, Nova York, 39(11):120-5, nov. 1968.

ROBBIE, R. Turning point? the systems approach to building: with questions and answers. *RIBA Jrl.*, Londres, 77(6):254-61, jun. 1970. Reply by R. Barnard. *RIBA Jrl.*, Londres, 77(7):290, jul. 1970.

ROBICHON, R. Motels préfabriqués. *Architecture d'Aujourd'hui*, Boulogne-sur-Seine, 26(61):18-9, set. 1955.

ROCHE, F.L. Midlands Housing Consortium. *AC International Asbestos Cement Review*, Zurique, (38):6-11, abr. 1965.

RODIN, J. Progrès dans le bâtiment en Europe. In: *Cahiers du C.S.T.B.*, Paris, 112(987), set. 1970; *Build International*, Roterdã, 3(9), set. 1970.

RODRIGUES, S. Casa prefabricada e individual. *Módulo*, Rio de Janeiro, 5(23):26-9, jun. 1961.

ROEHANPTON Lane major contract completed. *The Contract Jrl.*, Londres, 170(4135):1421-2, set. 1958.

ROGER, P. Le plancher préfabriqué en béton. In: *Cahiers du C.S.T.B.*, Paris, 1(2):XXXI, jul. 1948.

ROGERS residence and guest house: a new system in Wimbledon. *Progressive Architecture*, Stamford, Conn., 53(5):116-9, maio 1972.

ROJOT, J.P. Trois procédés nouveaux de préfabrication au Havre. In: *Cahiers du C.S.T.B.*, Paris, 11(106), jan./fev. 1951.

ROSMAN, R. Beitrag zur statischen Berechnung waagerecht Belasteter Querwande bei Hochbauten. *Der Bauingenieur*, 35(4):133-6, abr. 1960.

ROSNER, R. Industrialized building: the Camus, Larsen and Nielsen systems in use at Hamburg. *The Builder*, Londres, 203(6223):375-7, ago. 1962.

ROSSO, T. Comment le Brésil finance les logements sociaux. In: *Cahiers du C.S.T.B.*, Paris, *109* (959), maio 1970.

——. A pré-fabricação: objetivos e perspectivas. *Arquitetura*, Rio de Janeiro, (40):33-40, out. 1965.

ROTH, A. Winners of the fifth Misawa homes prefabricated housing international design competition, 1973. *Japan Architect*, Tóquio, 48(9):97-104, set. 1973.

ROTHENSTEIN, G.B. Industrialized building: quality demands participation. *Progressive Architecture*, Stamford, Conn., 48(2):141-3, fev. 1967.

ROTTINGHUIS, H. Rottinghuis constructional system. *Bouw*, (11), 1956.

ROZAN, J. & FAURE LADREYT, H. Marseilles: les Aygalabes; logements, équipement social et commercial, procédé Fiorio. In: *Cahiers du C.S.T.B.*, Paris, 75(644), ago. 1965.

ROZANOV, N. La construction par grands panneaux en Union Soviétique. In: *Cahiers du C.S.T.B.*, Paris, 100(876), jun. 1969.

RUCCIUS, B. & RUCCIUS, M. Used cube lot: mass housing technology. *Progressive Architecture*, Stamford, Conn., 49(10):217, out. 1968.

RUDOLPH, P. La brique du 20e. siècle. *Techniques et Architecture*, Paris, 33(1):90, fev. 1971.

——. Mobile home is the 20th. century brick. *Architectural Record*, Nova York, 143(4):137-46, abr. 1968.

——. Nature of prefabricated system design. *Japan Architect*, Tóquio, 46(1):20, jan. 1971.

——. Paper prefab is strong, well insulated and cheap.

*House & Home*, Nova York, 7(1):144-7, jan. 1955.

SAFDIE, M. Habitat Israel: projet d'un ensemble d'habitation, système de construction industrialisée. *Techniques et Architecture*, Paris, 33(1):88-9, fev. 1971:

——. . Habitat Puerto Rico in San Juan. *Progressive Architecture*, Stamford, Conn., 49(9):46, set. 1968.

——. . Modular student union looks for approval, San Francisco, California. *Progressive Architecture*, Stamford, Conn., 49(9):47-8, set. 1968.

SAFRI, O. Hangar d'aviation préfabriqué au Canada. *Techniques et Architecture*, Paris, 16(2):96-7, jul. 1956.

SAILLARD, Y. Techniques de construction en Europe Orientale: recherches et réalisations dans le domaine de la prefabrication du béton en Allemagne Orientale, en Hongrie et en U.R.S.S. In: *Ann. de l'I.T.B.T.P.*, Paris, 9(105):785-822, set. 1956.

SAINT-ARROMAN, J. & CHATEAU, S. Tribunes du pac municipal des sports. *Techniques et Architecture*, Paris, 33(3):58-9, abr. 1971 (número especial).

SAINT-GERMAIN-en-Laye: le SHAPE village, procédé Camus. *Techniques et Architecture*, Paris, 11 (9/10):41-52, 1952.

SARGER, R. Les enseignements du Colloque de Delft. *Techniques et Architecture*, Paris, 25(4):116-8, maio/jun. 1965 (número especial).

SAVIGNY-sur-Orge: logements, espaces verts, jeux; procédé Coignet. *Cahiers du C.S.T.B.*, Paris, 70 (596), out. 1964.

SAVIO, J. Maisons préfabriquées en Finlande. *Zodiac*, Milão, (1):276, 1957.

SCHADLICH, C. Industrialized methods of construction as applied to housing in the Soviet Union. *Wissenschaftliche Zeitschrift des Hochschule fur Architektur und Bauwesen*, Weimar, 1(9):25-46, 1962.

SCHEICHENBAUER, M. Italie: maisons Ogamma. *Techniques et Architecture*, Paris, 33(3):56, abr. 1971 (número especial).

SCHIMD, A. e colaboradores. Influence des progrès du bâtiment sur la précision de la construction. In: *Cahiers du C.S.T.B.*, Paris, 105(923), dez. 1969; *Build International*, Roterdã, 2(10):13, dez. 1969.

SCHINDLER, G. Vorfabriziertes Typenhaus S.G.H. im England. *Werk*, Zurique, 41(11):416-9, nov. 1954.

SCHMIDT, W. Sistemas de prefabricación en Suecia: construcción de un grupo experimental de viviendas. *Informes de la Construcción*, Madrid, 8(79), mar. 1956.

SCHNEIDER, K. Prefab university for Marburg. *Architectural Review*, Londres, 137(815):3-4, jan. 1965.

SCHNEIDER, K.; SCHOLL, W. & SOIEKER, H. Université de Marburg: un système construtif global. *Techniques et Architecture*, (295):75-85, nov. 1973.

SCHOKBETON. *Techniques et Architecture*, Paris, 25(4):148-9, maio/jun. 1965 (número especial).

SCHOLBERG, P. Prefabrication: buildings for export. *Architectural Review*, Londres, 114(680):128-32, ago. 1953.

SCHOOL inquiry: Britain's erector set of prefabricated components and the CLASP system; American prefabs make a beginning. *Architectural Forum*, Nova York, 115(5):114-27, nov. 1961.

SCHÜLER, R. & WITTE, U. Raumzellen aus Kunstoffen für ein und mehrgeschossige Bauwerke. *Werk*, Zurique, 55(6):358-9, jun. 1968.

——. R.F.A. maisons Korpus. *Techniques et Architecture*, Paris, 33(3):41, abr. 1971 (número especial).

——. R.F.A. système de construction par éléments volumiques. *Techniques et Architecture*, Paris, 33(3):40, abr. 1971 (número especial).

SCOTS rational, United Kingdom. *Interbuilt*, 11(8):36-9, nov. 1961.

LA SCUOLA officeria di I.V. Zholtovski. *Casabella*, Milão, (263),:34, maio.

SCUOLA prefabbricata a Pistoia. *Architettura*, Roma, 17(197):758-9, mar. 1972.

SECTEUR industrialisé d'Alonnes. *Techniques et Architecture*, Paris, 21(4):87, maio 1961.

SECTEUR industrialisé de Chalon-sur-Saone, Aubepin Tuilerie; 1500 logements. In: *Cahiers du C.S.T.B.*, Paris, 47(377):14-20, dez. 1960.

SECTEUR industrialisé, opération Chaperon-Vert, 1600 logements. In: *Cahiers du C.S.T.B.*, Paris, 47(377):8-14, dez. 1960.

SECTEUR industrialisé Opération Firminy Vert. In: *Cahiers du C.S.T.B.*, Paris, 47(377), dez. 1960.

SECTEUR industrialisé, 1$^{re}$ tranche: 7319 logements. *Techniques et Architecture*, Paris, *13*(11/2):52-3, 1954 (número especial e de grande interesse como perspectiva histórica).

THE SECTRA system. *The Architect and Building News*, Londres, *222*(34):275, ago. 1962.

SEVENTEEN prefabbers pick their sales leaders. *House & Home*, Nova York, *10*(6):140-5, dez. 1956.

SEYMOUR-WALKER, K.J. La fabrication des panneaux en béton/Tchécoslovaquie. In: *Cahiers du C.S.T.B.*, Paris, 91(799), abr. 1968.

SEYMOUR-WALKER, K.J. & WEBB. Développement de la recherche sur les panneaux en béton comprimé. In: *Cahiers du C.S.T.B.*, Paris, 96(842), jan./fev. 1969; *Build International*, Roterdã, *1*(3), dez. 1968.

SF1-BAUSYSTEM: Elgin estate, city of Westminster, London. *Werk*, Zurique, *59*(8):438-9, ago. 1972.

SHÄRLI, O. Système Flex-Bau, Suisse. *Techniques et Architecture*, Paris, *32*(8):60, out. 1970 (número especial).

SHELLEY SYSTEMS — USA. *Techniques et Architecture*, Paris, *32*(4):61, out. 1970 (número especial).

SHIPPAM, R. Productivité de la construction de maisons aux Etats-Unis. *Cahiers du C.S.T.B.*, Paris, 106(929), jan./fev. 1970.

SCHMITT, K.W. Architekten: die freien Sündenböcke. *Deutsche Bauzeitung*, Stuttgart, (4):261, abr. 1967.

SHOULD every lumber dealer turn prefabricator? *House & Home*, Nova York, *5*(3):154-9, mar. 1954.

SILVA, C. da. Pré-fabricação pesada na Guanabara. *Arquitetura*, Rio de Janeiro, (40):25-7, out. 1965 (número especial).

SILVY, M. Introduction aux procédés de construction par cellules. *Techniques et Architecture,* Paris, *32*(4):46-53, out. 1970 (número especial).

——. Plates-formes habitables. *Techniques et Architecture,* Paris, *25*(4):174-5, maio/jun. 1965 (número especial).

——. Procédé Sigma, France. *Techniques et Architecture,* Paris, *32*(4):55, out. 1970 (número especial).

——. La recherche, elef de l'industrialisation. *Techniques et Architecture,* Paris, *25*(4):170, maio/jun. 1965 (número especial).

——. Voie pour une industrialisation ouverte. *Techniques et Architecture,* Paris, (293):48-51, maio//jun. 1973 (número especial).

SILVY, M.; DESPORTES, J.G. & JUVET, P. Structures d'habitat évolutif. *Techniques et Architecture,* Paris, *32*(3):88-9, set. 1970.

SIMON, E.H.L. An appreciation of prefabrication trends in France. *Prefabrication,* *1*(3):18, jan. 1954.

——. Emploi actuel des méthodes de préfabrication dans le bâtiment. *Ann. de l'I.T.B.T.P.,* Paris, *3*(149), out. 1950.

SIREN, K. & SIREN, H. Préfabrication en Finlande: immeubles d'habitation collective à Otaniemi; habitations à Tapiola. *Architecture d'Aujourd'hui,* Boulogne-sur-Seine, *26*(63):110-1, dez. 1955/jan. 1956.

SITE precasting has advantages for apartment house construction. *Concrete Construction,* Elmhurst, Ill., *6*(5):128-30, maio 1961.

SIVE, A. Firminy-Vert. *Architectural Design,* Londres, *33*(4):186, abr. 1963.

SIVE, A. & PROUVÉ, J. Groupe d'habitations, Mendon, Paris. *Architecture d'Aujourd'hui,* Boulogne-sur-Seine, *23*(45):48-9, nov. 1952.

THE SKARNE system building round a central core. *Building Materials,* Woldingham, England, *21*(7):248, jul. 1961.

SKRZYPEZAK-SPAK, M. Experience with precast structural components, Poland. *Beton Herstellung Verwendung,* Düsseldorf, *11*(12):799, dez. 1961.

SLÁDE, T.M. Crystal house of 1934. *The Society of Architectural Historians Jrl.,* Filadélfia, *29*(4):350-3, dez. 1970.

SLOAN, D. Créteil: centre multidisciplinaire. *Techniques et Architecture*, Paris, *33*(6):82-5, set. 1971.

SMITH, C.A.V. & MOCKRIDGE, I.P. Prototype aluminium prefabricated house. *Architectural Review*, Londres, *112*(674):332, nov. 1952.

SMITH, E.M. Architectural integration of lift-slab techniques. *Jrl. of the American Concrete Institute*, Detroit, *27*(1):35-45, set. 1955.

SNOZZI, L. & VACCHINI, L. Vorfabrizierter Pavillon für das Spital der Heiligen Jungfrau in Mendrisio. *Werk*, Zurique, *54*(9):548, set. 1967.

SOCIÉTÉ Anonyme des grands Travaux de Leste. Des constructions industrialisées très économiques: procédé Société Anonyme des grands Travaux de Leste. In: *Cahiers du C.S.T.B.*, Paris, 77, Supl. "Bâtiment Tropical", (2), dez. 1965.

SOCIÉTÉ d'Urbanisme et d'Architecture Boileau-Labourdette-I.U.T. de Grenoble: procédé industrialisé Costamagna. *Techniques et Architecture*, Paris, *31*(1):105-7, out. 1969 (número especial).

SOLOMON, D. Easy come, easy go: notes on ephemera. *Design Quarterly*, Minneapolis, (76):1, 1970.

UNE SOLUTION à la crise du logement: les maison mobiles. In: *Cahiers du C.S.T.B.*, Paris, 112 (987), set. 1970; *Build International*, Roterdã, *3*(9), set. 1970.

SOME characteristics of tilt-up construction. *Concrete Construction*, Elmhurst, Ill., *9*(6):254.

SONTAG, H. Les garages en hauteur à charpente d'acier. *Acier*, Paris, (11):488-98., nov. 1970.

SORIANO, R.S. The house, Belvedere, California, marks a big step in steel construction. *House & Home*, Nova York, *12*(4):104-7, out. 1957; *Architecture d'Aujourd'hui*, Boulogne-sur-Seine, *23*(78):52, jun. 1958.

——. Preview of the future: experimental houses is a flexible space under a steel umbrella. *Architectural Forum*, Nova York, *95*(5):214-9, nov. 1951.

SOROKER, V.I.; SPIVAK, N.Y.A. & SOROLOV, V.A. Casting hollow and ribbed thin walled reinforced concrete pannels in vertical moulds (casettes). *Beton i Zhelezobeton*, Moscou, (3):100-3, 1950.

SOUL city: Washington, D.C. *Progressive Architecture*, Stamford, Conn., *49*(7):50-1, jul. 1968.

SPEEDING up building by mechanisation: meeting the industry's need for higher out-put. *The Builder*, Londres, *203*(6223):389-90, ago. 1962.

SPINETTA, A. L'industrialisation du bâtiment au Japon. In: *Ann. de l'I.T.B.T.P.*, Paris, (313):1--83, jan. 1974.

———. S.H.A.P.E. Village: une expérience française d'industrialisation, procédé Camus. *Techniques et Architecture*, Paris, *11*(11/2):6-14, 1952.

DER SSC-BAUKASTEN für Skelettbauten: ein neues, variables Fertigteilsystem. *Wcrk*, Zurique, *59*(8):478-9, ago. 1972.

STANDARD precasts. *Interbuild*, *6*(6):42-3, jun. 1959.

STEINER, G. Un coup d'oeil neuf à la qualité. *Cahiers du C.S.T.B.*, Paris, 104(916), nov. 1969; *Build International*, Roterdã, *2*(8), out. 1969.

———. Des logements économiques dans trois pays; logements des indigènes en Afrique du Sud. In: *Cahiers du C.S.T.B.*, Paris, 106(932), jan./fev. 1970; *Build International*, Roterdã, *3*(1/2), jan./fev. 1970.

STEINER, G. e outros. Ablon Metz, logements: procédé Costamagna. In: *Cahiers du C.S.T.B.*, Paris, 77(666), dez. 1965.

STERN, E.G. Les clous du charpentier. In: *Cahiers du C.S.T.B.*, Paris, 98(859), abr. 1969; *Build International*, Roterdã, *2*(2), mar. 1969.

STEVENS, D.G. Impressions sur le deuxième congrès sud-africain de recherche sur le bâtiment. Construire pour l'Avenir. In: *Cahiers du C.S.T.B.*, Paris, 109(959), maio 1970; *Build International*, Roterdã, *3*(5), maio 1970.

STILLMAN & EASTWICK-FIELD. Hide Tower for the Westminster City Council. *RIBA Jrl.*, Londres, *3*(69):86-98, mar. 1962.

STOCSKOPF, G. e outros. Strasbourg, Esplanada: logements. In: *Cahiers du C.S.T.B.*, Paris, 74(634), jun. 1965.

STOFREGEN, U. Ungewöhnliche Montage einer Hallen-Bogendachkonstruktion. *Beton und Stahlbetonbau*, Berlim Ocidental, (5):113-7, maio 1971.

STREAMLINED system, Czechoslovakia. *Interbuild*, *8*(3):35, mar. 1961.

STRUCTURES prefabriquées en béton armé. *Techniques et Architecture*, Paris, *12*(3/4):11+13, 1953.

UNA STRUTTURA in legno; un telaio in cemento. *Domus*, Milão, (465):4-7, ago. 1968.

UNA STRUTTURA strutturata. *Domus*, Milão, (484):6-7, mar. 1970.

SUGA, R. Normalisation dans la conception publique de logements au Japon. In: *Cahiers du C.S.T.B.*, Paris, 109(959), maio 1970; *Build International*, Roterdã, *3*(5), maio 1970.

SWEDES in the top flight: prefabs solve drift problem. *The Contractors Record and Municipal Engineering*, *44*(72):36, nov. 1961.

A SWEDISH method of construction of tall buildings. *Concrete and Constructional Engineering*, Londres, *57*(5):210-2, maio 1962.

SWEET, R.L. Lumber dealer turning prefabber, Kansas City's. *House & Home*, Nova York, *6*(2):144-7, ago. 1954.

SYSTÈME Cash: construction industrialisée Schwartz-Hautmont. *Techniques et Architecture*, Paris, (293):55-7, maio/jun. 1973 (número especial).

SYSTÈME do construction Geep-Alco Trelement. *Techniques et Architecture*, *31*(5):66-9, fev. 1970.

LE SYSTÈME de préfabrication Camus. *Construction*, Paris, *20*(5):187-8, maio 1965.

SYSTÈME I.D.B., France. *Techniques et Architecture*, Paris, *32*(4):58, out. 1970.

SYSTÈME intergrid de construction légère avec des éléments préfabriqués standardisés. *Technique Moderne Construction*, Paris, *11*(1):16, jan. 1956.

SYSTÈME Variel, Suisse. *Techniques et Architecture*, Paris, *32*(4):54, out. 1970.

SYSTÈMES préfabriqués pour halls industriels. *Techniques et Architecture*, Paris, (297):48-9, fev./mar. 1974.

SYSTEMKATALOG CRB. Nachlieferung 1969. *Werk*, Zurique, *56*(11):760, nov. 1969.

SYSTEM'S disciplines become clear as an architect works with it for two high-rise dormitories. *Architectural Record*, Nova York, *151*(4):143-6, abr. 1972.

SWB-SIEDLUNG Adlikon: Abstimmung des Projektes

auf die gegebenheiten der Produktion. *Werk,* Zurique,*54*(10):634-7, out. 1967.

TAVELLON-COMPOSIT system for wall construction and prefabricated units. *Deutsche Bauzeitschrift, 10*(4):578, abr. 1962.

TAYLOR, J. Design and building by English local authorities. *Zodiac,* Milão, (18):208-11, 1968.

TCHUMI, J. Bâtiment social, bureaux et laboratoires à Noisy-le-Sec. *Techniques et Architecture,* Paris, *15*(4):99-100, jan. 1956.

TECHNIQUES industrielles de construction: procédés Fiorio: procédés, de maçonnerie à base de terre Cuite. *Construction,* Paris, *20*(6):256-9, jun. 1965.

TECHNOLOGY: pre-engineered metal building systems. *Architectural Forum,* Nova York, *134*(4):52-5, abr. 1971.

TERNY, M. Pourquoi et comment nous devons industrialiser le bâtiment. *Construction,* Paris, *20*(3):85-91, mar. 1965.

LA TERRE cuite dans la construction moderne. *Techniques et Architecture,* Paris, *22*(2):145-55, fev. 1962.

TERRE cuite: préfabrication. *Techniques et Architecture,* Paris, *22*(2):156-8, fev. 1962.

TESSIER, M. Le procédé Tracoba n. 1. *Construction,* Paris, *20*(5):192-6, maio 1965.

———. Structures porteuses massives par bétonnage continu: le procédé Tracoba n? 4. *Construction,* Paris, *20*(6):233-6, jun. 1965.

THAMESMEAD, England: new town near London utilizing systems building HUD breaks through; industrialized housing production. *Architectural Forum,* Nova York, *131*(1):58-65, jul. 1969; *Architecture d'Aujourd'hui,* Boulogne-sur-Seine, (146):62-7, out. 1969.

LE THERMO-COFFRAGE Sectra. *Construction,* Paris, *20*(6):236-8, jun. 1965.

THIAIS: logements, espaces verts, jeux d'enfants; procédé Balency et Schuhl. In: *Cahiers du C.S.T.B.,* Paris, 70(596), out. 1964.

THIS conventional looking house is a new prefab with an aluminium skin. *House & Home,* Nova York, *14*(4):112-21, out. 1958.

TILT-UP walls cast on concrete floors. *Building Materials Digest,* *14*(11):390, nov. 1954.

TINDALE, P. Post mortem on 5M. *RIBA Jrl.,* Londres, *76*(3):122, mar. 1969.

TINKERTOY houses: three demonstration town houses in Lancaster. *Architectural Forum,* Nova York, 130:96-9, jan. 1969.

TINTORI, S. La prefabbricazzione francese: un esperimento potenziale per la città moderna. *Casabella,* Milão, (248):15-39, fev. 1961.

TOR, A.A. Management of systems-building projects: what it means to architects and engineers. *Architectural Record,* Nova York, *152*(7):141-4, jul. 1972.

TORROJA, E. Le hangar métallique pour l'Aéroclub de Cuatro Vientos. *Techniques et Architecture,* Paris, *12*(314):94-5, 1953.

TRACOBA 1. décision n. 1422. In: *Cahiers du C.S.T.B.,* Paris, *52*(418), out. 1961.

TRIEBEL, W. Building with prefabricated units in Western Germany; trends and developments. *Bauwirtschaft,* Wiesbaden, 17(14):373-80, 1960.

―――― . Chantiers modèles en Allemagne de l'Ouest. In: *Cahiers du C.S.T.B.,* Paris, 103(909), out. 1969; *Build International,* Roterdã, *2*(7), set. 1969.

TROFIMOV, V.I. L'emploi des feuilles d'aluminium comme matériau de construction. In: *Cahiers du C.S.T.B.,* Paris, 110(971), jun. 1970; *Build International,* Roterdã, *3*(6), jun. 1970.

TROUMAN, R. How to precast an entire apartment building. *Concrete Products,* Chicago, *5*(64):47-50+54+57, maio 1961.

TRUSSED walls structure stronger boxes; Architect Lamont Langworthy's concept for prefab boxes provides greater flexibility in the design of wall openings. *Progressive Architecture,* Stamford, Conn., *50*(6):116-7, jun. 1969.

TRYER, K.G.H. Facts for industrialisation, United Kingdom. *Interbuild,* *9*(7):25-6, jul. 1962.

TUCKER, R.G. La construction industrialisée doit grandir. *Revue de la F.I.B.T.P.,* (52), 4º trim. 1966.

TWENTY-ONE storey blocks under construction at Paddington site. *The Contract Jrl.,* Londres, *186* (4316):317, mar. 1962.

UJHELYI, J. Méthodes modernes pour determiner la composition appropriée d'un béton. In: *Cahiers du C.S.T.B.*, Paris, 98(859), abr. 1969; *Build International*, Roterdã, 2(2), mar. 1969.

UNITÉ residentielle, Picton Street, Lambeth, Londres, *Architecture d'Aujourd'hui*, Boulogne-sur-Seine, 27(66):42-3, jul. 1956.

URSS. *Techniques et Architecture*, Paris, 32(4):60, out. 1970 (número especial).

USHKOV, F.V. Murs respirants en béton. In: *Cahiers du C.S.T.B.*, Paris, 104(916), nov. 1969; *Build International*, Roterdã, 2(8), out. 1969.

L'USINE à logements d'Aulnay-sous-Bois, le chantier de Blanc-Mesnil. In: *Ann. de l'I.T.B.T.P.*, Paris, 14(173):12, maio 1962.

UTESCHER, G. Multi-storey building construction with precast reinforced concrete structural units. *Betonstein Zeitung*, Wiesbaden, 27(12):587-92, dez. 1961.

LES UTILISATIONS de l'argile expansée dans les constructions en Danemark et en Allemagne. In: *Ann. de l'I.T.B.T.P.*, Paris, 15(174), jun. 1962.

VALENTI, G.P. Contributi alla ricerca sulla prefabbricazione edilizia. *Casabella*, Milão, (318):24-9, set. 1967.

VALLETTE, Y. Evolution de quelques procédés d'industrialisation sur chantier. *Techniques et Architecture*, Paris, 25(4):132-3, maio/jun. 1965 (número especial).

VALOTA, M.P. Industrializzazione/prefabbricazione: chi se ne occupa? *Casabella*, Milão, (364):6, 1972.

VASCONCELLOS, S. de. Arquitetura: pré-fabricação. *Suplemento literário do Estado de São Paulo*, São Paulo, (429):6, 15-5, 1965.

VEHLE, A.C. Une étude du comportement effectif des bâtiments d'habitation. In: *Cahiers du C.S.T.B.*, Paris, 106(932), jan./fev. 1970; *Build International*, Roterdã, 3(1/2), jan./fev. 1970.

VELTER, L. Hangars préfabriqués en béton armé. In: *Cahiers du C.S.T.B.*, Paris, 1(3):I-XIII, jul. 1948.

VERS l'industrialisation du bâtiment: 3e. congrès du C.I.B., Copenhague, Août. 1965. In: *Cahiers du C.S.T.B.*, Paris, 69(589), ago. 1964.

VIGAS prefabricadas ligeras para cubiertas de grandes luces: procedimiento Barredo pretensado. *Informes de la Construcción*, Madrid, 9(87), jan. 1957.

VINCENT, L.G. All systems go for industrialized building systems. *Town & Country Planning*, Londres, 38(1):26-8, jan. 1970.

VITALE, F. Chantiers et ateliers Augustin Normand au Havre. *Techniques et Architecture*, Paris, 10(3/4):36-40, 1951.

VITTORIA, E. Modelli quantità e struttura architettonica del paesaggio, appunti su una ricerca di architectura, *Zodiac*, Milão, (16):188-206, 1966.

VITRY: logements, espaces verts, jeux d'enfants, parkings; procédé de construction Foulquer. In: *Cahiers du C.S.T.B.*, Paris, 68(578), jun. 1964.

VIVIEN, P. Boulogne-sur-Mer: opération au titre du secteur reservé. *Techniques et Architecture*, Paris, 13(11/2):96-103, 1954.

VLAARDIGEN. Construction of prefabricated dwellings. *Cement and Beton*, 14(4):240-3, abr. 1962.

VOLBEDA, A. Des logements économiques dans tous pays: autoconstruction assistée pour le logement en Éthiopie. In: *Cahiers du C.S.T.B.*, Paris, 106(932), jan./fev. 1970; *Build International*, Roterdã, 3(1/2), jan./fev. 1970.

VORFABRIZIERTE Wohnbauten. *Werk*, Zurique, 54(8):465-93, ago. 1967.

WAHERHOUSE, R. Primary instruction: St. Paul's Bow Common primary school. *Design*, Londres, (280):48-54, abr. 1972.

WAHLSTRÖM, B. Swedish prefabrication. *Prefabrication*, 1(3):7-14, jan. 1954.

WATANABE, Y. Habitat'70. *Japan Architect*, Tóquio, 45(10):114-6, out. 1970.

WEISS, M. & HAAS, F. Herstellung und Montage des Kirchendaches für St. Andrees in Würzburg. *Bauingenieur*, Berlim Ocidental, (6):203-7, jun. 1969.

WELLER, J. Packaging the factory farm. *RIBA Jrl.*, Londres, 78(5):194-9, maio 1971.

WESTERN prefabbers eye small town markets, see big growth. *House & Home*, Nova York, 9(6):85, jun. 1956.

WHAT is hidden under the tarpaulin? it is the heart of the house. *The Municipal Jrl.*, *68*(3531):3284, out. 1960.

WHAT'S new in prefabrication? *House & Home*, Nova York, *8*(6):100-7, dez. 1955.

WHITE, R.B. Prefabrication: past, present and potential. *RIBA Jrl.*, Londres, *69* s3 (9):341-51, set. 1962; *The Builder*, Londres, *203*(6217):90-4, jul. 1962.

WHITEHEAD, B. L'application des méthodes analytiques à l'étude du tracé des projets de bâtiments. In: *Cahiers du C.S.T.B.*, Paris, 109(959), maio 1970.

WHITTLE, J. Houses from the factory. *The Architects' Jrl.*, Londres, *6*(135):282-4, fev. 1962.

WIERIG, H.J. Comportement au feu des produits en béton et des éléments préfabriqués en béton armé. *Bétons Industriels*, Paris, (2), 2º trim. 1963.

WILSON, R. Mobility in building. *Architect's Yearbook*, Londres, (12):112-23, 1968.

WINKLER, J. Russia reorganizes its approach to housing. *Architectural Record*, Nova York, 146 (10):169-71, out. 1969.

WINNERS of the fourth annual Misawa homes prefabricated house international design competition, 1971. *Japan Architect*, Tóquio, *47*(3):107-13, mar. 1972.

WINNERS of the Misawa homes international prefabricated house design competition 70. *Japan Architect*, Tóquio, *46*(1):143-52, jan. 1971.

WISE, A.F.E. Service core design for industrialized housing. *Architectural Review*, Londres, *138* (826):460-2, dez. 1965.

WITH steel components you can build a house. *House & Home*, Nova York, *8*(6):138-49, dez. 1955.

WOGENSCKY, A. MEX the extensible house commissioned for the Salon des Art Ménagers by Elle. *Architectural Review*, Londres, *130*(776):222, out. 1961.

WOOD crystals: making it happen, Robin house. *Progressive Architecture*, Stamford, Conn., *52*(5):82-3+114-5, maio 1971.

THE WORK of Jean Prouvé. *Architectural Design*, Londres, *33*(11):511-9, nov. 1963.

WORLD'S biggest prefabs. *House & Home*, Nova York, *10*(6):146-53, dez. 1956.

WORLD'S largest producer of factory-built housing teams up with FLW foundation. *American Institute of Architects Jrl.*, Washington, D.C., *57*(2):6, fev. 1972.

WORTHINGTON, J. Matric house shells: the theory. *RIBA Jrl.*, Londres, *77*(11):506-11, nov. 1970.

WRIGHT, F.L. A prefabricated house. *The Builder*, Londres, *199*(6117):313, ago. 1960; *House & Home*, Nova York, *16*(2):176-7, ago. 1959.

——. Prefabrication and the role of creative man in the machine age. *House & Home*, Nova York, *13*(4):120-2, abr. 1958.

WRIGHTMOBILE. *Architectural Forum*, Nova York, *136*(3):61, mar. 1972.

WULKAN, E.K.H. Une vue réaliste de l'avenir des matières plastiques dans le bâtiment. In: *Cahiers du C.S.T.B.*, Paris, 108(950), abr. 1970; *Build International*, Roterdã, *3*(4), abr. 1970.

YAMASAKI & LEINWEBER. USA, un dépôt en béton préfabriqué. *Techniques et Architecture*, Paris, *19*(1):18-9, fev. 1959.

YOU can sum up prefabrication like this. *House & Home*, Nova York, *8*(6):136-7, dez. 1955.

ZANUSO: case complete e attrezzature pronte; Rosselli: casa mobile. *Casabella*, Milão, (366):16+20, 1972.

ZANUSO, M. Prefabbricazione popularesca: la casa della Boca e del Dock Sud a Buenos Aires. *Casabella*, Milão, (213):57-68, nov./dez. 1956.

ZEHRFUSS, B.H. Groupe H.L.M. à Maison Carrée. *Techniques et Architecture*, Paris, *12*(1/2):74-5, 1953.

ZEHRFUSS, B.H. & TOURNIER, M. Le secteur industrialisé de Nancy le Haut-du-Lièvre. *Travaux*, Paris, *45*(315):13-22, jan. 1961; *45*(316):69-80, fev. 1961.

ZELATI, A.C. A construção e a prefabricação. *Acrópole*, São Paulo, (209):195, maio 1956.

ZIEGELMAN & ZIEGELMAN. Success formula: ability, adaptability and enterprise in low-income housing for Detroit's inner city. *Architectural Record*, Nova York, *145*(4):86-7, abr. 1969.

ZIOLEK, M. Resistencia al fuego de elementos estructurales prefabricados de hormigón armado. *Informes de la Construcción,* Madrid, *23*(229):75-83, abr. 1971.

ZWART, J. The weather resistance of precast elements used in the R.B.M. building system. *Betonstein Zeitung,* Wiesbaden, *38*(4):209-10, abr. 1962.

URBANISMO NA PERSPECTIVA

*Planejamento Urbano* – Le Corbusier (D037)
*Os Três Estabelecimentos Humanos* – Le Corbusier (D096)
*Cidades: O Substantivo e o Adjetivo* – Jorge Wilheim (D114)
*Escritura Urbana* – Eduardo de Oliveira Elias (D225)
*Crise das Matrizes Espaciais* – Fábio Duarte (D287)
*Primeira Lição de Urbanismo* – Bernardo Secchi (D306)
*A (Des)Construção do Caos* – Sergio Kon e Fábio Duarte (orgs.) (D311)
*A Cidade do Primeiro Renascimento* – Donatella Calabi (D316)
*A Cidade do Século Vinte* – Bernardo Secchi (D318)
*A Cidade do Século XIX* – Guido Zucconi (D319)
*O Urbanismo* – Françoise Choay (E067)
*Regra e o Modelo* – Françoise Choay (E088)
*Cidades do Amanhã* – Peter Hall (E123)
*Metrópole: Abstração* – Ricardo Marques de Azevedo (E224)
*História do Urbanismo Europeu* – Donatella Calabi (E295)
*Área da Luz* – R. de Cerqueira Cesar, Paulo J. V. Bruna, Luiz R. C. Franco (LSC)
*Cidades Para Pessoas* – Jan Ghel (LSC)
*Cidade Caminhável* – Jeff Speck (A&U)

COLEÇÃO DEBATES
(ÚLTIMOS LANÇAMENTOS)

316. *A Cidade do Primeiro Renascimento*, Donatella Calabi.
317. *Falando de Idade Média*, Paul Zumthor.
318. *A Cidade do Século Vinte*, Bernardo Secchi.
319. *A Cidade do Século XIX*, Guido Zucconi.
320. *O Hedonista Virtuoso*, Giovanni Cutolo.
321. *Tradução, Ato Desmedido*, Boris Schnaiderman.
322. *Preconceito, Racismo e Política*, Anatol Rosenfeld.
323. *Contar Histórias com o Jogo Teatral*, Alessandra Ancona de Faria.
324. *Judaísmo, Reflexões e Vivências*, Anatol Rosenfeld.
325. *Dramaturgia de Televisão*, Renata Pallottini.
326. *Brecht e o Teatro Épico*, Anatol Rosenfeld.
327. *Teatro no Brasil*, Ruggero Jacobbi.
328. *40 Questões Para Um Papel*, Jurij Alschitz.
329. *Teatro Brasileiro: Ideias de uma História*, J. Guinsburg e Rosangela Patriota.
330. *Dramaturgia: A Construção da Personagem*, Renata Pallottini.
331. *Caminhanta, Não Há Caminho. Só Rastros*, Ana Cristina Colla.
332. *Ensaios de Atuação*, Renato Ferracini.
333. *A Vertical do Papel*, Jurij Alschitz
334. *Máscara e Personagem: O Judeu no Teatro Brasileiro*, Maria Augusta de Toledo Bergerman
335. *Razão de Estado e Outros Estados da Razão*, Roberto Romano
336. *Teatro em Crise*, Anatol Rosenfeld
337. *A Tradução Como Manipulação*, Cyril Aslanov
339. *Teoria da Alteridade Jurídica*, Carlos Eduardo Nicolletti Camillo
340. *Estética e Teatro Alemão*, Anatol Rosenfeld

Este livro foi impresso na cidade de Cotia,
nas oficinas da Meta Brasil,
para a Editora Perspectiva.